**혼돈의 부동산시장,
그래도 기회는있다**

혼돈의 부동산시장,

다가올 3년,
아직 부동산 투자
기회는 남아있다

그래도 기회는 있다

김인만 지음

메이트북스

메이트북스 우리는 책이 독자를 위한 것임을 잊지 않는다.
우리는 독자의 꿈을 사랑하고,
그 꿈이 실현될 수 있는 도구를 세상에 내놓는다.

혼돈의 부동산시장, 그래도 기회는 있다

초판 1쇄 발행 2018년 12월 15일 | **지은이** 김인만
펴낸곳 ㈜원앤원콘텐츠그룹 | **펴낸이** 강현규 · 정영훈
책임편집 안미성 | **편집** 이가진 · 이수민 · 김슬미
디자인 최정아 | **마케팅** 한성호 · 김윤성 · 김나연 | **홍보** 이선미 · 정채훈
등록번호 제301-2006-001호 | **등록일자** 2013년 5월 24일
주소 06132 서울시 강남구 논현로 507 성지하이츠빌 3차 1307호 | **전화** (02)2234-7117
팩스 (02)2234-1086 | **홈페이지** www.matebooks.co.kr | **이메일** khg0109@hanmail.net
값 16,000원 | **ISBN** 979-11-6002-191-2 03320

메이트북스는 ㈜원앤원콘텐츠그룹의 경제 · 경영 · 자기계발 · 실용 브랜드입니다.

이 도서의 국립중앙도서관 출판시도서목록(CIP)은 e-CIP홈페이지(http://www.nl.go.kr/ecip)에서
이용하실 수 있습니다.(CIP제어번호 : CIP2018037714)

현명한 투자자는 특정 자산의 미래수익에 대한
전망을 바탕으로 자산을 매수하는 사람이다.

· 존 메이나드 케인즈(영국 경제학자) ·

영원히 상승만 하는 부동산은 없다!

2018년 서울 아파트가격이 급등하면서 '이렇게 올라도 괜찮을까' 걱정이 커졌다. 도대체 서울 집값은 왜 이렇게 오를까? 필자도 이 정도로 서울 집값이 급등하리라고는 생각하지 못했다.

집을 사지 못한 이들은 오르는 집값을 보면서 허탈감과 박탈감, 우울증을 호소한다. 2018년 10월 이후 상승세가 둔화되자 걱정하는 목소리도 나온다.

집을 가진 사람들도 불안하기는 마찬가지다. 이러다가 집값이 쭉 떨어지는 것은 아닐까? 경제가 어렵다는데 부동산만 이렇게 올라도 될까?

요즘 집을 가지지 못한 사람과 집을 가진 사람들 모두 불안하기는 마찬가지다. 오르는 집값만큼이나 정부의 부동산규제도 폭탄 수준이다.

서울과 달리 지방의 부동산시장은 침체에 빠져 있다. 투자자들은 지방에서 서울로 몰린다. 그래서 서울 집값과 우리나라 부동산시장에 대한 근원적인 고민을 하기 시작했다.

이 책은 총 5장으로 구성되어 있다. 1장에서는 현재 부동산시장의 흐름과 문제점을 조목조목 정리했다.

2장에서는 과거는 현재와 미래를 보는 거울인 만큼 과거 박정희 정부부터 박근혜 정부까지 부동산시장의 흐름과 정책을 분석·정리했다. 지금 당장의 부동산시장만 보고 지나치게 미시적인 관점에 빠지기보다는 좀더 넓은 거시적인 시각으로 나무가 아닌 숲을 볼 필요가 있기 때문이다.

3장에서는 부동산 정책의 메커니즘과 시차, 왜곡인지를 설명하고 부동산 폭락, 순환흐름, 인구 변화, 입주물량, 금리인상, 일본 신도시, 다주택자 이야기까지 부동산시장의 흐름을 읽고 예측하는 데 필요한 각 요소들을 상세히 설명했다.

4장에서는 앞으로 3년 간의 부동산시장을 팩트 체크하면서 예측했다. 서울 집값 상승 원인과 전망, 서울과 지방, 강남과 강북, 소형아파트와 대형아파트, 새 아파트와 기존 아파트, 지역별 입주물량, 전세시장, 세금폭탄, 일본형 장기불황으로 갈지 등에 대해 다양하고 재미있게 분야별로 정리했다.

5장에서는 그래도 희망을 찾기 위해 규제의 틈새와 갭 메우기 투자, 도시재생사업, 신규 택지 청약, 서울시 정책, 수익형 부동산 갈아타기 등을 다루었다.

말장난뿐인 책이 아니라 읽고 나서 무엇인가 도움이 될 만한 제대로 된 책을 만들기 위해 2018년 뜨거운 여름을 지나 가을까지 온 힘을 집중했다. 부디 혼돈의 부동산시장을 잘 헤쳐 나가 기회를 잡는 데 이 책이 조금이나마 도움이 되기를 바란다.

『혼돈의 부동산시장, 그래도 기회는 있다』를 세상에 나올 수 있게 도움을 주신 메이트북스에 감사의 마음을 전하고 싶다.

항상 기도해주는 사랑하는 아내 윤집사와 두 딸 민지·현지, 부모님과 장모님께 감사드린다. 마지막으로 진실하게 믿음 생활을 인도해주시는 원장님께 감사드리며 하나님께 이 영광을 돌린다.

김인만

과거부터 현재까지의 부동산 정책 흐름, 인구변화 등
부동산가격에 영향을 주는 여러 요인들을
팩트로 분석해야 최대한 정확한 예측을 할 수 있다.

차례

1장 혼돈의 부동산시장, 우리는 어디쯤 서 있나?

2장 부동산시장, 과거를 알면 미래가 보인다

3장 부동산 보는 눈을 키워야 한다

4장 부동산시장, 다가올 3년을 말한다

5장 그래도 부동산으로 돈 벌 기회는 있다

『혼돈의 부동산시장, 그래도 기회는 있다』 저자 심층 인터뷰

> '저자 심층 인터뷰'는 이 책의 심층적 이해를 돕기 위해 편집자가 질문하고 저자가 답하는 형식으로 구성한 것입니다.

Q. 『혼돈의 부동산시장, 그래도 기회는 있다』를 소개해주시고, 이 책을 통해 독자들에게 전하고 싶은 메시지가 무엇인지 말씀해주세요.

A. 이 책은 현재 부동산시장의 정확한 진단, 과거부터 현재까지의 부동산 정책 흐름, 인구변화, 입주물량, 금리인상 등 부동산가격에 영향을 주는 여러 요인들을 팩트로 분석해 최대한 정확한 예측을 할 수 있도록 안내하는 책입니다. 분위기에 휩쓸리기보다 이 책을 읽고 냉정하게 분석하고 판단해 위기 속 기회를 잡을 수 있길 바랍니다.

Q. 문재인 정부의 9·13 부동산 대책이 발표된 이후 폭등하던 서울 집값이 주춤하면서 '집을 팔아야 하나, 집을 사야 하나' 매우 혼란스러운 상황입니다. 이러한 부동산시장에 어떻게 대응해야 할지 설명해주세요.

A. 영원히 오르지도 내리지도 않는 것이 부동산입니다. 장기적으로 부

14

동산은 인플레이션에 따라 화폐가치가 떨어지는 것보다 더 오르기에 결국에는 가지고 있는 자가 이기는 게임입니다. 다만 중간에 찾아오는 위기상황을 잘 넘길 수 있도록 위험관리는 할 필요가 있습니다.

Q. 문재인 정부의 부동산 규제폭탄은 계속 이어질 것이라고 하셨는데, 규제책이 부동산 투자에 어떠한 영향을 미치리라 예상하십니까? 이에 따른 부동산 투자 전략에 대해 설명 부탁드립니다.

A. 부동산 정책은 과열이 되면 규제를 강화하지만 반대로 시장이 냉각되면 규제를 완화해주는 매커니즘이 있습니다. 부동산 정책은 부동산시장에 큰 영향을 미칩니다. 영원히 풀어주지 않고 규제만 할 것 같아도 또 시간이 지나서 부동산시장이 침체되면 규제를 풀어줍니다. 문재인 정부가 부동산규제를 강화하는 것은 집값이 많이 올랐기 때문인 것이고, 향후 시간이 지나 주택시장이 안정되면 규제는 나오지 않을 것입니다.

Q. 금리와 집값은 반비례 관계라고 말씀하셨습니다. 금리인상이 부동산시장에 미치는 영향에 대해 설명 부탁드립니다.

A. 금리는 부동산가격에 반비례합니다. 금리가 0.5~1% 오르면 집값은 1~2%정도 내립니다. 금리가 오르면 대출이자 부담이 커지면서 집을 사려는 수요자의 구매능력은 떨어지게 되고, 주택보유자는 보유능력이 낮아지면서 수요감소와 공급증가의 원인이 됩니다. 특히 미국의 기준금리 흐름은 우리나라 기준금리뿐만 아니라 경제상황에도 밀접한 영향을 주기 때문에 금리변화를 각별히 주시해야 합니다.

Q. 우리나라 주택보급률은 이미 100%를 넘어 주택 공급이 부족한 상황이 아닙니다. 그런데도 집값은 왜 계속 오르는 걸까요?

A. 수요와 공급에서 주택공급이 많다는 것은 분명 주택가격상승에 부정적인 영향입니다. 하지만 새 아파트에 대한 선호도가 높아지면서 오래된 기존 주택을 모두 포함하는 주택보급률보다 입주물량 흐름이 더 밀접한 영향을 줍니다. 주택보급률이 100%가 넘어도 새 아파트는 여전히 부족하고, 특히 서울의 경우에는 신규아파트를 공급한 땅이 부족하기 때문에 지방과 달리 입주물량이 지속적으로 부족한 상황입니다.

Q. 정부규제에도 틈새는 있다며, 틈새를 공략하는 투자 전략을 세울 것을 당부하셨습니다. 규제 틈새 전략에 대해 설명해주세요.

A. 항상 틈새시장은 존재합니다. 초과이익환수와 안전진단 강화 등 재건축사업에 대한 규제가 굉장히 강화된 반면, 재개발사업은 규제는 늘어났지만 재건축에 비하면 아직 기회가 있습니다. 또한 청약규제가 강화되었지만 무주택 실수요자에 대한 문은 오히려 더 넓어졌습니다. 공급물량을 늘리기로 하면서 향후 수도권지역에 3기 신도시를 포함한 30만호가 공급될 예정입니다. 또 서울시의 도시재생사업도 있습니다. 시장분위기에 너무 위축되기보다 그래도 살아있는 틈새 기회를 찾아보는 전략이 중요합니다.

Q. 부동산 대책의 효과는 3년 정도 시차가 발생한다고 하셨습니다. 이러한 대책의 시차 효과를 알고 어떤 타이밍에 투자를 해야 하는지 알려주세요.

A. 수요자의 심리는 자기에게 유리한 대로 해석하는 왜곡인지를 하기 때문에 대책이 발표돼도 곧바로 대책의 효과가 나타나지 않습니다. 부동산대책의 실질효과가 나오기까지 2~3년 정도 시간이 필요합니다. 지금 당장 대책의 효과가 보이지 않는다고 해서 무시할 것이 아니라 계속 누적되고 있는 대책의 무게를 알고 있어야 합니다. 대책이 주는 시그널을 잘 읽으면서 적절한 예측을 하는 것이 부동산 투자에서는 매우 중요합니다.

Q. 서울 집값을 잡기 위해 양도소득세, 종합부동산세 등 세금규제가 계속 강화되고 있습니다. 향후 부동산시장의 흐름에 대해 설명 부탁드립니다.

A. 수요자의 구매능력과 구매욕구에 따라 집을 살 수도, 사지 않을 수도 있습니다. 각종 세금이나 대출이 강화되는 것은 구매능력과 구매욕구를 낮추는 역할을 합니다. 2013년부터 상승한 서울 집값은 2018년까지 6년 정도 상승하면서 상승 에너지가 많이 소진되었고, 경제상황도 좋지 않으며, 규제강화로 구매능력과 욕구가 현저히 낮아진 상태이기 때문에 지역과 틈새에 따라 반등하는 지역도 있겠지만 전반적으로는 당분간 약세가 이어질 가능성이 있습니다.

Q. 베이비붐 세대의 은퇴가 시작되거나 임박하면서 수익형 부동산으로 노후를 준비하고 있다고 하셨습니다. 수익형 부동산 투자시 유의사항이 있다면 알려주시기 바랍니다.

A. 임대수익이 목적인 수익형 부동산은 무조건 높은 임대수익률만 고집하기보다 시장에 형성된 적정 수익률을 안정적으로 꾸준히 이어

갈 수 있는 수익률의 지속성이 중요합니다. 또한 수익률보다 더 중요한 것이 공실률입니다. 공실이 발생하지 않도록 건물과 임차인 관리에 많은 노력을 기울여야만 성공적인 수익형 부동산 투자를 할 수 있습니다.

Q. 부동산시장의 흐름과 전망에 대해 알고 싶어하는 독자들에게 당부의 한 말씀 부탁드립니다.

A. 내리막이 있으면 오르막이 있고, 차면 기울고, 빛이 밝으면 어둠도 짙어집니다. 집값이 많이 상승했기에 향후 조정기가 올 수도 있고, 침체가 몇 년 동안 지속이 될 수도 있습니다. 영원히 무조건 상승만 하는 부동산은 없습니다. 오늘 해가 저물고 밤이 와도 내일에는 내일의 태양이 뜹니다. 희망을 가지면 결국에는 가진 자가 승리합니다. 부동산은 기다림의 미학이 필요한 투자상품입니다. 위험관리를 하면서 때를 기다린다면 반드시 좋은 결과가 올 것입니다.

1. 네이버 검색창 옆의 카메라 모양 아이콘을 누르세요.
2. 스마트렌즈를 통해 이 QR코드를 스캔하면 됩니다.
3. 팝업창을 누르면 이 책의 소개 동영상이 나옵니다.

부동산은 기다림의 미학이 필요한 투자상품입니다.
위험관리를 하면서 때를 기다린다면
반드시 좋은 결과가 올 것입니다.

2018년 부동산시장은 혼돈 그 자체다. 서울 집값은 폭등했다. 2000년대 버블시대를 뛰어넘고 있다. 반면 지방은 서울과 정반대로 침체에 빠져 있다. 2017년 8·2 부동산 대책을 시작으로 다주택 양도세 중과, 재건축초과이익 환수, 보유세 인상, 대출규제 등 문재인 정부에서 몰아치는 부동산규제는 당장이야 큰 효과가 없는 것 같지만 시간이 지날수록 부동산시장을 억누를 가능성이 높다. 거기에 매매가격의 버팀목 역할을 해주는 믿었던 전세시장이 약세로 돌아섰고, 2015년부터 늘어난 분양물량의 입주가 시작되면서 입주물량도 늘어나고 있다. 미국은 경제호황으로 실업과 고용지표가 좋아지면서 금리인상 속도를 내고 있다. 상황이 이렇다보니 대구 등 일부 지역을 제외한 대부분 지방 주택시장의 침체는 심각한 상황이고, 서울도 상승은 하지만 그렇다고 안심할 수 있는 상황도 아니다. 이렇듯 혼돈에 빠진 부동산시장의 현주소를 1장에서 자세히 살펴보자.

1장

혼돈의 부동산시장,
우리는 어디쯤 서 있나?

서울 집값이
예상외로 폭등하다

2018년 서울 집값은 그야말로 폭등 그 자체다. 서울 집값의 상승세가 어느 정도인지, 원인은 무엇인지 알아보자.

'자고 나면 1억 원 더, 이게 정상입니까?' 2018년 9월 한 일간지의 경제 뉴스 제목으로, 서울 집값 급등의 단면을 볼 수 있는 예다. KB 국민은행 발표에 따르면 2018년 9월 서울 아파트 중위가격은 8억 2,975만 원으로 역대 처음으로 8억 원대에 진입했다.

중위가격이란 중간가격이라고도 하는데, 최고가격과 최저가격의 주택을 뺀 주택 매매가격을 순서대로 한 줄로 늘어놓고 한가운데 위치한 주택가격을 말하는 것이다. 이는 매우 비싸거나 싼 집의 가격이 과도하게 반영되는 평균가격보다 현실적인 주택가격 흐름을 보여주는 지표라 할 수 있다.

강남 11개 구 아파트 중위가격은 10억 원을 넘어 이제 10억 원 시대를 열었다. 서울 아파트 중위가격은 2009년 7월 5억 203만 원으로 처음 5억 원을 넘어선 후 2017년 4월 6억 원대 돌파까지 7년이 넘게 걸렸는데 2018년 1월 7억 원, 9월 8억 원을 순식간에 넘어버렸다.

반면 6대 광역시 중위가격은 평균 2억 4,400만 원, 기타 지방 중위가격은 1억 5,646만 원으로 차이가 더 벌어졌다. 기타 지방 아파트 5채 이상을 팔아야 서울 아파트 1채를 살 수 있는 셈이다.

자고 나면 1억 더, 이게 정상인가? 상황이 이렇다보니 2007년 부동산가격 침체 직전과 닮았다는 우려의 목소리도 나오고 있다. 한국감정원에 따르면 서울 아파트 매매가격지수(2017년 11월=100)는 2000년 초반부터 꾸준한 상승세를 보이며 2008년 9월 95.8까지 상승했다가, 침체에 빠지면서 2012~2013년 86까지 하락했다.

그런 아파트 매매가격지수가 2018년 9월 160을 넘어 계속 오르니 과열되었다는 우려의 목소리가 나오는 것은 어떻게 보면 당연한 결과다. 2018년 하반기가 되면서 안정을 찾을 것이라는 당초 예상을 뒤엎고 서울 아파트가격은 폭등했다. 2017년 8·2 부동산 대책이 발표된 이후 계속 강력한 수요억제 대책들이 발표되었고 입주물량도 늘어날 것으로 예상되면서 2018년 하반기부터 약세가 될 것이라는 전망이 많았다. 하지만 예측과 반대로 폭등이라는 결과가 나왔다.

"너무 많이 오른 것 아니에요? 지금 들어가도 될까요? 떨어지지는 않을까요?" 2018년 1월 걱정이 많은 한 고객이 찾아왔다. 어차피 미래는 아무도 모르고, 아직 시장 분위기가 꺾이지 않았으며, 무엇보다 무주택이니 보험 삼아 내 집 마련은 하는 것이 좋겠다는 의견을 드렸다.

불안감에 주저주저하면서 몇 번 고비가 있었다. 하지만 그래도 필자가 힘을 실어준 덕에 그 고객은 아파트 구입에 성공했다.

그런데 2018년 9월 전화가 왔다. 너무 감사하다고, 만약 1월에 마포에 집을 사지 않았다면 땅을 치고 후회할 뻔했다며 가슴을 쓸어내리고 있다고 했다. 그도 그럴 것이 마포 아파트가격은 2018년 1월 대비 5억 원가량 상승했다.

마포가 이 정도인데 강남은 말할 것도 없고, 용산·성동·광진 등 기존 인기 지역 외에 동작·종로·중구도 폭등에 동참했고, 그동안 상승에서 소외되었던 은평·관악·노원·도봉·강북구까지 아파트가격 상승의 불이 번졌다.

이런 서울 집값 상승 분위기에 힘입어 서울 아파트시장은 완전한 매도자 우위 시장이 되었다. 부동산시장에는 항상 팔려는 매도자와 사려는 매수자 간 줄다리기가 있다. 매도자와 매수자 간 줄다리기의 균형이 맞으면 부동산시장은 안정을 찾는다. 그런데 2018년 서울 아파트시장은 매도자와 매수자 간 균형이 붕괴되면서 유례없는 매도자 우위 시장이 된 것이다.

KB국민은행 조사에 따르면 2018년 9월 서울 아파트 매수우위지수는 171.6을 기록했다. 이는 매수우위지수를 집계한 2003년 이후 최고치라고 한다. 참고로 매수우위지수는 부동산중개업체 3,600여

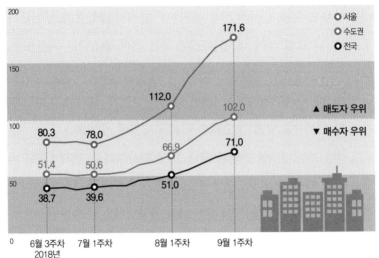

▼ 서울 아파트 매수우위지수 　　　　　　　　　　　　　　　(단위: %)

- 서울
- 수도권
- 전국

▲ 매도자 우위
▼ 매수자 우위

171.6
112.0
102.0
80.3　78.0
66.9
71.0
51.4　50.6
51.0
38.7　39.6

6월 3주차　7월 1주차　8월 1주차　9월 1주차
2018년

출처: KB국민은행

곳을 대상으로 주택 매도자와 매수자 중 어느 쪽이 많은지를 확인해 산출하는 지수다. 기준점인 100을 넘으면 매수자가, 100 아래면 매도자가 시장에 상대적으로 많다는 의미다. 즉 지수가 높을수록 매도자가 원하는 가격에 주택을 팔 수 있는 매도자 우위시장이 된다.

매수우위지수가 서울 부동산시장이 매우 과열이었던 2006년 157.4보다 더 높은 171.6이라는 것은 현재 서울 부동산가격이 얼마나 폭등했는지를 알 수 있는 바로미터다. 서울 부동산시장이 침체였던 2012년에는 매수우위지수가 한 자릿수까지 떨어졌고, 2016년까지 100 아래에 있으면서 매수자 우위시장이 형성되었다.

**서울 집값이
폭등한 이유**

이렇게 서울 집값이 폭등한 이유는 시중에 뿌려진 갈 곳 잃은 풍부한 유동자금과 지방 대비 상대적으로 제한적인 서울의 새 아파트 입주물량, 부산 등 지방보다 2~3년 늦게 시작된 부동산시장 상승 흐름, 전통적인 서울 선호사상 등 부동산시장 상황이 서울 집값 상승에 유리하게 형성되었기 때문이다. 여기에 서울 집값을 잡기 위해 서둘러 발표한 부동산규제 대책의 부작용이 더해지면서 서울 아파트가격은 폭등했다.

부동산 대책이 주로 수요억제에 초점이 맞춰지면서 다주택보유자를 타깃으로 양도세와 종합부동산세 중과가 적용되자 다주택 보유가 부담스러운 시장이 되었다. 그러자 다주택보유자들이 시장 분위기가 좋지 않은 지방 아파트는 정리했다. 반면 보유가치가 높은 서울 아파트를 그대로 보유하거나 장기 임대주택으로 등록하면서 매물 잠김현상이 더 심해졌고, '똘똘한 한 채 가지기'에 따른 서울 아파트 선호사상이 더 강화되었으며, 지방 아파트는 약세가 이어지고 있다.

여기에 정부에서 강력하게 수요억제 규제를 했는데도 집값 하락보다는 상승을 기대하는 심리가 확산되면서 매도자들이 매물을 내놓지 않거나 호가를 올리는 반면, 더는 정부가 서울 집값을 잡지 못할 것 같고 이러다가 혼자 뒤처져 영원히 집을 살 수 없을 것 같다는 불안감에 사로잡힌 매수자들이 뒤늦게 부랴부랴 '사자'에 뛰어들면서 매도자·매수자 간 균형이 무너져 매도자 우위시장이 되었다.

다행히 2018년 10월부터 서울 집값 상승세는 안정을 찾고 있다. 2018년 9월 상승률이 1.25%까지 치솟으면서 10년 만에 가장 큰 상승폭을 기록한 서울 집값은 9·13 부동산 대책 발표 이후 10월 상승률이 0.1%로 하향 안정을 찾고 있다. 9·13 부동산 대책에서 유주택자의 대출을 원천봉쇄하고 종합부동산세 강화, 임대사업자 혜택 축소 등 강력한 추가규제를 발표했고, 9·21 부동산 대책에서 수도권 30만 호 대규모 주택공급계획을 발표하면서 심리적 안정을 주었기 때문이다.

물론 지나치게 급등한 집값에 대한 피로감도 크게 작용했다. 집값이 떨어진 것이 아니라 상승이 둔화된 것이지만 안정을 찾고 있는 것은 바람직하다. 또 어디로 어떻게 튈지 모르는 것이 부동산이기도 하지만 이렇게 살아 움직이는 것이 부동산이고, 그래서 더 재미있는 것이 부동산이다.

부동산규제 폭탄,
상당한 규모로 터지다

8·2 부동산 대책부터 9·13 부동산 대책까지 부동산규제 폭탄이 터졌다. 연이어 부동산규제가 나왔지만 아파트시장은 아직 죽지 않고 있다.

2012년 바닥을 찍고 2013년부터 거래량이 늘어나기 시작한 서울 아파트시장이 2015년 이후 과열 양상을 보이자 2016년 청약조정대상지역 규제를 포함한 11·3 부동산 대책이 발표되었다. 이 대책은 2013년 1주택자가 집을 사면 5년간 양도세를 면제해주는 양도세 특례 등 파격적인 규제완화 정책을 펼친 박근혜 정부에서 규제강화로 부동산 정책을 변경한 의미가 있는 대책이었지만 큰 효과를 보지 못했다.

어디 부동산 대책 한 번으로 잡히면 부동산이겠는가. 11·3 부동산 대책 발표 후 보유하고 있던 집을 팔아버리거나 사야 하는 상황인데도 기다리는 판단 실수를 한 이들이 많았다. 그도 그럴 것이 당시 박근혜 통령 탄핵과 미국 금리인상, 미국 트럼프·대통령 당선, 영국의 유럽연합 탈퇴인 브렉시트Brexit 등 굵직한 국내외 변수들이 잇달아 터지면서 불확실성이 커졌고, 노무현 정부 2기라는 문재인 정부가 출범하면 역시나 강력한 부동산규제를 시행할 가능성이 높아 이 정도에서 아파트가격 상승이 멈출 것이라고 말하는 이들이 많았다. 하지만 그것은 착각이었다.

2017년 5월 박근혜 대통령 탄핵에 따라 조기대선으로 문재인 정부가 출범하자 예상과 달리 서울 아파트가격은 다시 움직이기 시작했다. 새 정부 출범이 오히려 불확실성을 제거하는 역할을 한 것이다.

바야흐로 부동산규제의 시대 화들짝 놀란 문재인 정부는 부랴부랴 경기 광명, 부산 기장과 진구 3개 지역을 청약조정대상지역에 포함시켜 청약조정대상지역을 40개로 확대 적용하고, 대출규제와 재건축 조합원 주택공급 수를 제한하는 재건축 규제도 포함시킨 6·19 부동산 대책을 발표했다.

하지만 시장의 예상보다 다소 수준이 약한 6·19 부동산 대책을 비웃기라도 하듯이 상승폭은 더 확대되었다. 상승의 중심에는 역시 아파트시장의 선두주자인 강남 아파트가 있었다. 부동산 투기와의 전쟁에서 실패한 노무현 정부의 아픔을 기억하는 문재인 정부는 이대로 두고볼 수만은 없었고, 초강력 규제종합선물세트인 8·2 부동산 대책을 발표하게 된다.

8·2 부동산 대책에는 참여정부 시절 5년간 쏟아부었던 부동산규

제들이 총망라되어 있다. 양도세, 대출, 재건축·재개발, 주택거래신고, 청약까지 대부분 부동산 관련 분야가 조정대상지역과 투기과열지구로 지정되면 자동으로 규제가 적용될 수 있도록 잘 만든 대책이 8·2 부동산 대책이다.

2018년 4월 1일부터 시행되는 다주택 양도세 중과의 경우 조정대상지역 내 다주택이 그 대상이다. 즉 다주택 양도세 중과를 적용하고 싶다면 조정대상지역으로 지정만 하면 자동으로 다주택 양도세 중과가 적용된다.

8·2 부동산 대책으로 집값이 쉽게 잡히지는 않겠지만 적어도 10개월 정도 안정을 찾지 않겠냐는 예상이 있었지만, 아쉽게도 8·2 부동산 대책의 유효기간은 한 달 정도밖에 되지 않았다. 8·2 부동산 대책 발표 후 한 달이 지나자 강남 고가 아파트가격이 다시 급등했다. 전형적인 시장의 왜곡인지歪曲認知가 시작된 것이다.

정부의 다주택자 규제는 실수요자가 아닌 투자 수요자는 주택 구입을 그만하라는 시그널을 보낸 것이지만, 시장에서는 주택을 여러채 가지고 가기에는 부담스러우니 똑똑한 한 채를 가지고 가야 한다는 심리가 확산되면서 강남 재건축 아파트를 중심으로 가격이 큰 폭으로 상승했다.

당분간 규제폭탄은 더 이어질 것

8·2 부동산 대책 발표 후에도 정부는 분당과 대구 수성 등 투기과열지구를 새롭게 추가한 9·5 부동산 대책과 신新DTI, DSR 등

▼ 문재인 정부의 주요 부동산규제

구분	규제 내용
규제지역 (2018년 9월 13일 기준)	**조정대상지역** 서울 25개 구, 경기 과천, 성남, 하남, 고양, 광명, 남양주, 동탄2 신도시, 구리, 안양 동안구, 광교 신도시, 부산(해운대, 연제, 동래, 부산진, 남, 수영), 세종 **투기과열지구** 서울 25개 구, 경기 과천, 성남 분당, 광명, 하남, 세종, 대구 수성 **투기지역** 서울(강남, 서초, 송파, 강동, 용산, 성동, 노원, 마포, 양천, 영등포, 강서, 종로, 중구, 동작, 동대문), 세종
양도세	**조정대상지역** – 양도세 1주택 비과세요건에 2년 거주 추가(2018년 8·2 이후 취득) – 일시적 2주택 기간을 3년에서 2년으로(2018년 9·13 이후 취득) – 다주택자 양도세 중과(2주택＋10%p, 3주택＋20%p) – 분양권 양도세 중과(일괄 50%) – 다주택자 장기보유특별공제 배제 – 1주택자 장기보유특별공제 요건을 2년 거주 추가
종합부동산세	**공정시장가액비율 상향조정** – 2019년 85%, 2020년 90%, 2021년 95%, 2022년 100% **종합부동산세율 인상** – 0.1~1.2%p 인상 – 3주택 및 조정대상지역 2주택 중과
대출	**규제지역 2주택자 LTV 0** 규제지역 1주택, 공시가격 9억 원 예외사유 아니면 담보대출 금지 **투기과열지구, 투기지역: LTV, DTI 40%** – 주택담보대출 1건 이상 보유세대 30%, 실수요자 50% **투기지역: 담보대출 세대당 1건**

재건축·재개발	투기과열지구 – 재건축·재개발 조합원 분양권 전매제한(소유권이전등기시) – 재건축 조합원 지위양도 금지 – 재건축 조합원 지위양도 제한 예외사유 강화 – 정비사업 분양(조합원/일반) 재당첨 5년 제한
주택거래신고	투기과열지구 – 3억 원 이상 주택 거래시 자금조달 및 입주계획 신고 의무화
청약	청약조정대상지역, 투기과열지구 – 청약 1순위 자격요건 강화(2년 경과+24회 이상 납입) – 청약가점제 확대(조정대상지역 75%, 투기과열지구 100%) – 오피스텔 전매제한 강화(소유권이전등기시) – 거주자 우선 분양 20% 적용
공급	– 서울 수도권 신규 택지 확보 30만 호 공급 – 신혼부부를 위한 공공주택 신혼희망타운 건설

강력한 대출규제 계획을 담은 10·24 부동산 대책, 주거복지로드맵의 11·29 부동산 대책, 임대주택활성화 방안의 12·13 부동산 대책 등 8·2 부동산 대책 후속 대책을 2017년 12월까지 숨가쁘게 발표했다. 또 8·2 부동산 대책의 재건축초과이익환수(2018년 1월 1일)와 양도세 중과(2018년 4월 1일) 등 다주택 규제가 2018년부터 본격 시행되었다.

2018년 5월 15일 서초구청이 반포동 반포현대아파트에 1억 3,569만 원의 재건축 초과이익 예정부담금을 통보하면서 재건축시장은 출렁였다. 이는 재건축 조합의 예상보다 16배나 많은 금액으로 가구당 최대 8억 4천만 원의 부담금 추산치 경고가 현실화되는 것 아니냐는 우려가 커졌고, 재건축 안전진단까지 강화되자 강남 재건축시장은 숨을 죽였다. 안전진단 강화로 재건축 추진 자체가 어려워졌고, 재건축사업을 진행하던 단지는 초과이익환수로 막혀버렸으며, 조합원 지위양도 금지로 거래까지 틀어막혔으니 강남 재건축시장은 숨을 쉴 수 없는 상황이 되었다.

이런 규제 덕분인지 잠시 안정을 찾는 것처럼 보였던 서울 아파트시장은 7월이 지나면서 다시 폭등했다. 서울 아파트시장이 안정세를 보이던 6월 어설프게 종합부동산세 인상안을 발표하면서 종합부동산세 인상이라는 불확실성이 제거되었고, 여기에 박원순 서울시장의 여의도·용산 마스터플랜 발언이 더해지면서 7월부터 서울 아파트시장 분위기는 완전히 폭등세로 돌아섰다.

화들짝 놀란 정부는 부랴부랴 종로, 중구, 동작구, 동대문구를 추가로 투기지역으로 지정한 8·27 부동산 대책과 종합부동산세 추가 인상, 대출강화, 임대사업자 혜택 축소, 양도세 혜택 축소를 담은 9·13 부동산 대책, 그리고 신규 택지를 확보해 대규모 주택을 공급하는 9·21 부동산 대책까지 연이어 발표했다.

2018년 7~8월 지나친 급등에 대한 피로감과 유주택자 대출을 원천봉쇄한 강력한 규제의 영향으로 10월 이후 다시 보합세를 유지하고 있지만 한번 달아오른 투자 심리는 쉽게 꺾이지 않는다. 정부는 주택시장이 안정될 때까지 규제를 할 수밖에 없어서 분양원가 공개 확대 등 당분간 규제폭탄은 더 누적될 가능성이 높다.

입주물량이라는
폭탄이 터지기 시작했다

입주물량은 아파트 전세시장뿐만 아니라 매매시장에도 영향을 준다. 2013년부터
전국 입주물량은 꾸준히 늘어나고 있다.

아파트 입주물량이 늘어나면 전세시장은 약세로 전환된다. 물량 앞
에서는 장사가 없다고, 대규모 입주물량이 나오면 고정된 수요에 비
해 공급이 늘어나니 당연히 가격이 조정되는 것이다.

2008년 무렵 서울 잠실지역에 일시적으로 잠실 엘스(잠실주공1단
지), 리센츠(잠실주공2단지) 등 2만 세대 정도의 입주물량이 쏟아지면
서 1년가량 전세가격이 떨어져 보증금 반환에 어려움을 겪는 역전세
난이 집주인들을 곤혹스럽게 한 적이 있다. 1년 정도의 비교적 짧은
기간이었지만 서울 한강변의 인기 주거지역도 물량 앞에서는 속수무
책이었던 것이다.

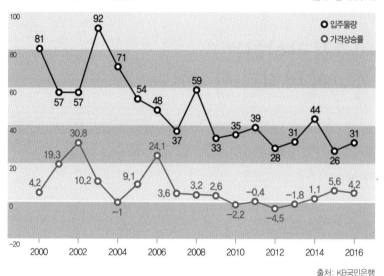

▼ 서울 입주물량과 가격상승률　　　　　　　　　　　　　(단위: 천 가구 / %)

출처: KB국민은행

　　이런 아파트 입주물량은 전세시장뿐만 아니라 매매시장에도 영향
을 준다. 위 그래프에서 보듯이 서울의 입주물량과 가격상승률이 대
체로 반비례하는 것을 알 수 있다.

**최근 입주물량은
어느 정도일까?**　　　일반적으로 아파트 입주자는 실수요자와 투
　　　　　　　　　　자자 비율이 5 대 5 또는 4 대 6 정도 된다. 입
　　　　　　　　　　주물량의 절반 이상은 새로운 전세물량이 된
다는 것으로, 수요와 공급의 균형을 맞춰오던 아파트시장에서 공급
은 늘어나는데 수요가 유입되지 않으면 공급물량 증가에 따른 가격
하락이 이어진다.

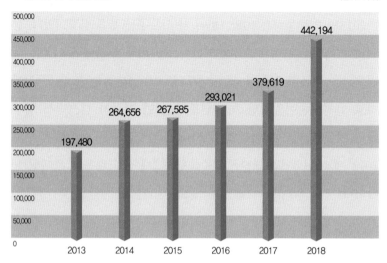

출처: 부동산114

　　매매물량뿐만 아니라 전세물량도 늘어나니 매매가격의 든든한 뒷받침이 되는 전세가격이 약세로 전환되면서 매매가격은 가중 영향을 받는다. 또 오직 투자 목적으로 잔금 전 분양권 전매를 해야 하는 분양권 투자자들은 입주시점이 다가올수록 초조해져 시세보다 낮은 가격에 급매물을 쏟아내면서 가격 하락을 더 부추기기도 한다. 아무튼 입주물량이 아파트 매매와 전세가격에 영향을 주는 것은 맞다.

　　물론 아파트가격 형성에는 오직 입주물량만 영향을 주는 것은 아니다. 부동산 정책, 금리, 국내외 경제상황, 개발호재, 투자 심리 등 복합적 요인이 작용하지만 입주물량도 중요한 요인 중 하나임은 분명하다. 따라서 전국 입주물량이 20만 가구 이하이면 공급 부족, 20만~30만 가구 정도이면 안정, 30만~40만 가구 정도이면 여유,

40만 가구 이상이면 공급 과잉이라 할 수 있다.

2013년 입주물량은 19만 7천여 가구로 공급 부족 상황이었다. 당연히 주택시장은 약세였지만 역설적으로 이때 투자했던 이들은 투자수익을 톡톡히 얻었다. 2014년부터 2016년까지는 30만 가구 이하로 안정수준이었지만 2017년부터 30만 가구가 넘으면서 입주물량 여유 단계로 접어들었다. 2018년 입주물량은 44만여 가구로 2012~2016년 5년간 연평균 입주물량의 2배 정도 많은 공급 과잉 상황이다.

**입주물량 과잉현상은
언제까지 이어질까?** │ 입주물량을 예측하려면 분양물량을 살펴볼 필요가 있다. 입주물량은 2~3년 전 분양한 물량이기 때문이다. 우리나라는 착공 전에 먼저 분양하는 선先분양제도를 도입했기 때문에 2~3년 전 분양물량이 현재 입주물량이 되고, 현재 분양물량이 2~3년 후 입주물량이 된다.

2010년, 2011년 낮은 분양물량을 보면 왜 2013년 입주물량이 부족했는지 이해가 될 것이다. 2015년 분양물량을 보면 47만 가구가 넘는다. 2018년 입주물량이 과잉인 이유는 2015년 분양물량이 사상 최대였기 때문이다. 2018년 분양물량을 감안하면 입주물량 부담은 2020년까지 또는 그 이상 이어질 가능성이 높다.

입주물량이 늘어난다는 것은 아파트시장으로서는 그리 달가운 일은 아니다. 당장 서울 집값은 오르지만 전국적으로 보면 아파트시장

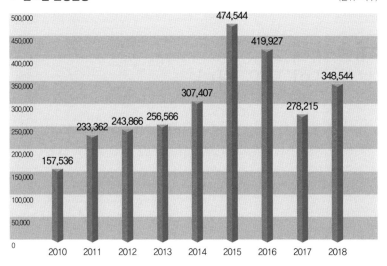

▼ 연도별 분양물량   (단위: 가구)

출처: 부동산114

분위기가 좋다고 할 수는 없다. 여기에 무거운 수요억제 규제가 누적되고 있고, 미국의 기준금리 인상으로 금리인상 압력이 꾸준히 커지고 있으며, 무엇보다 서울 아파트가격 상승폭이 커지면서 피로감도 커지는 상황에서 입주물량이 늘어나는 것은 부담이 된다.

물론 전국 입주물량은 과잉이지만 지역마다 편차가 크다. 그러므로 지역별 수요 대비 감당할 수 있는 입주물량 범위와 연도별 입주물량 추이를 꼼꼼히 따져봐야 한다.

대출규제로
부동산의 목을 죄다

가계부채 증가와 서울 주택가격 상승으로 대출규제가 강화되고 있다. 설상가상으로 대출금리까지 급격히 상승하면서 부동산시장에는 큰 부담이 되고 있다.

가계대출과 판매신용(신용카드나 할부로 구입한 금액)을 합한 가계부채는 2018년 기준 1,514조 원으로 2014년 1,089조 원 대비 무려 39%나 늘어났다. 1년에 120조 원씩 증가한 것이다.

2017년 10월 발표된 정부의 가계부채 종합대책에 따르면 우리나라의 GDP(국내총생산) 대비 가계부채비율은 95.6%로, OECD 국가 평균 70%를 크게 상회하며 OECD국가 중 7위를 기록하고 있다. 가처분소득(자신의 소득 중 세금 등을 제외한 실제 사용할 수 있는 소득) 대비 가계부채 증가율은 178.9%로, 역시 OECD 평균인 135%보다 높은 수준이며 OECD국가 중 9위다.

판매신용을 제외한 가계대출은 2018년 6월 기준 791조 8천억 원이며, 이 중에서 주택담보대출은 584조 6천억 원 규모로 74% 정도를 차지한다. 가계부채총액 1,514조 원과 비교하면 주택담보대출은 40% 수준이다.

가계부채가 대한민국의 목을 죄고 있다

정부는 가계부채 증가 문제의 주범을 주택담보대출로 보고 대출규제를 강화하고 있다. 물론 가계부채는 우리나라 경제의 발목을 잡을 수 있는 심각한 문제이기 때문에 정부의 적극적인 개입이 필요하다. 하지만 부채 중 소비해버리는 판매신용이 아닌 가장 안정성이 높은 부동산을 담보로 한 주택담보대출이 문제아 취급을 받는 것은 잘못이다.

경제가 좋아져 각 가정의 소득이 크게 늘어난다면 가계부채가 줄어들 수 있겠지만 내수경제가 침체된 상황에서 해마다 신규로 입주하는 아파트의 부동산담보대출을 감안하면 현실적으로 대출 총량이 줄어들기는 쉽지 않다. 오히려 늘어나는 것이 정상 아닐까?

가계부채 관리의 포인트는 총량이 아니라 부채의 건전성이 되는 것이 맞는다. 주택담보대출 자체는 집을 팔면 대출을 상환하게 되고, 또 매년 대출이자와 더불어 원금을 상환하도록 유도하기 때문에 크게 문제가 되지 않는다. 오히려 담보대출을 받아서 생활비나 사업자금 용도로 사용하는 것이 문제다.

가계부채 증가를 억제하기 위해 담보대출의 문턱을 높이자 대출

▼ 새로운 대출규제인 신DTI와 DSR

구분	규제 내용
신DTI (Debt To Income Ratio)	- 기존 DTI 산정방식(신규 주택담보대출의 원리금)과 기존 주택 　담보대출 등 기타 부채의 이자상환액만 포함) 개선 - 기존 주택담보대출의 이자뿐만 아니라 원금까지도 포함
DSR (Debt Service Ratio)	- 연소득 대비 주택담보대출과 신용대출 등 기타 대출의 원금과 　이자를 상환하는 비중을 나타내는 지표 - 연간 추정원리금 상한액을 연간 추정소득금액으로 나눔 - 연봉 5천만 원을 받는 직장인이 주택담보대출, 통장대출 등 　4천만 원을 원리금을 갚는 데 사용한다면 DSR는 80%가 됨 - DSR가 100%를 넘어서면 연간 벌어들인 돈을 모두 다 들여도 　원리금 상환을 할 수 없게 된다는 의미

이 필요한 수요자들이 제2금융권 등 위험이 큰 대출시장으로 몰리면서 가계부채 건전성이 오히려 더 나빠지고 있다. 아무튼 정부는 가계부채와 집값 과열이라는 2마리 토끼를 잡으려고 주택담보대출규제를 강화하면서 대출 문턱을 높이고 있다.

2017년 8·2 부동산 대책으로 투기지역 내에서는 주택담보대출이 차주借主당 1건에서 세대당 1건으로 강화되었고, LTV Loan To Value ratio(담보대출인정비율), DTI Debt To Income Ratio(총부채상환비율)를 40%로 낮춰 적용하고 있으며, 주택담보대출을 1건 이상 보유한 세대는 10%p 강화해서 30%까지만 인정해준다.

설상가상으로 2018년 9·13 부동산 대책으로 대출조건이 더 강화되어 2주택 이상 보유세대는 규제지역 내의 주택을 새로 구입할 때 LTV가 0이 되어 대출이 원천봉쇄되고, 1주택 세대나 공시가격 9억원 초과 주택도 이사나 부모 봉양 등 실수요나 불가피한 사유가 아니면 주택담보대출이 금지되었다.

주택보유 수와 무관하게 보증이 제공되던 전세자금대출도 2주택 이상은 공적 보증이 금지되고, 1주택자도 부부합산소득 1억 원 이하까지만 보증이 제공된다. 또 최대 80%까지 해주던 사업자대출한도도 40%로 축소함으로써 그동안 대출규제의 틈새였던 전세자금대출과 사업자대출의 문턱도 높아졌다. 무주택자가 아니면 대출을 받아서 집을 사지 말라는 정부의 강력한 시그널이다.

소득기준을 따지는 기존 DTI보다 더 강화된 신新DTI와 DSR 규제가 적용되면서 대출 문턱은 더욱 높아졌다. 실제 은행을 방문해보면 대출받기가 얼마나 어려워졌는지 실감할 것이다. 소득이 높은 병원 원장님도 투기지역에서는 담보대출을 받기가 어렵다.

대출규제가 강화되면서 대출금리도 동반 상승

미국의 경제호황으로 미국 기준금리는 2015년 12월 제로금리를 탈출한 이후 3년도 되지 않아 다음 '한미 기준금리 추이' 그래프에서 보듯이 2018년 9월 기준 2.00~2.25%까지 인상되면서 우리나라 기준금리 1.5%와 역전되어 0.75%p까지 벌어졌다 (2018년 11월 30일 한국은행 기준금리 1.75% 인상 예상).

물론 미국의 기준금리가 올라가도 우리나라의 기준금리가 바로 따라 올라가는 것은 아니다. 미국의 기준금리 인상으로 우리나라 기준금리 인상 압력은 높아지지만 생산, 소비, 고용, 투자, 수출의 5중고를 겪고 있는 한국 경제상황에서 기준금리를 인상하기는 쉽지 않

▼ 한미 기준금리 추이(2018년 10월 기준)　　　　　　　　　　　　　(단위: %)

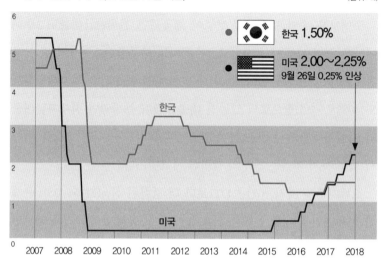

한국 1.50%

미국 2.00〜2.25%
9월 26일 0.25% 인상

출처: 한국은행, 미국연방준비제도

다. 2016년부터 미국은 해마다 1%p 정도 빠르게 금리를 인상하고 있지만 우리나라는 2017년 11월 0.25%p 인상한 후 2018년 10월까지 11개월이 넘게 동결하고 있다.

그런데 대출금리는 매우 가파르게 상승하고 있다. '기준금리와 대출금리 추이' 그래프에서 보듯이 기준금리는 2016년 이후 1.5% 수준으로 안정적인 상황을 유지하고 있지만 대출금리는 2017년부터 가파르게 상승하고 있다.

미국의 기준금리 인상으로 은행들의 자금조달 금리가 상승했다고 하지만 정부의 대출규제를 빌미로 가산금리를 올려 은행 마진을 높이는 대출 장사를 한 부분도 분명히 있을 것이다. 대출금리 상승으로 이자부담이 늘어나면서 담보대출을 받은 기존 주택보유자뿐만 아니

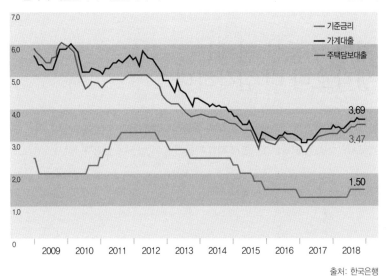

▼ 한국의 기준금리와 대출금리 추이 (단위: %)

- 기준금리
- 가계대출
- 주택담보대출

3.69
3.47
1.50

출처: 한국은행

라 새로운 투자자들도 부담스러운 상황인지라 대출금리 상승이 부동산시장에 부정적 영향을 주는 것은 분명하다.

결국 대출규제로 높아진 대출 문턱으로 자금 마련의 목줄을 죄고 있고, 대출금리 상승으로 이자 부담까지 커지면 부동산시장은 큰 부담이 될 가능성이 높아졌다.

지방 부동산 침체는
생각보다 더 심각하다

늘어나는 미분양과 입주물량으로 지방 부동산시장 침체가 깊어지고 있다. 특히 산업도시의 미래가 불투명해지면서 지방 부동산의 고민은 더 깊어져간다.

조직분양이 다시 나타났다. 조직폭력세력도 아니고 부동산에 웬 조직이냐고 의아해할 수 있는데, 조직분양은 영업사원 수십 명에서 수백 명이 전화나 SNS, 현수막 등 다양한 분양 마케팅으로 분양을 하는 방식이다. 수동적인 기존 마케팅보다 고객과 직접 접촉하다보니 계약 성공확률이 높아서 최근에는 상가, 오피스텔, 지식산업센터 등 수익형 부동산에는 보편화된 방법이다.

하지만 아파트시장에서는 흔한 방법이 아니다. 아파트는 굳이 이렇게 마케팅하지 않아도 분양이 잘되기 때문이다. 그래서 아파트 분양시장에 조직분양이 등장했다는 것은 주택시장이 침체를 겪고 있다

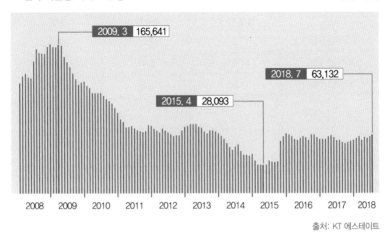

▼ 전국 미분양 아파트 현황   (단위: 가구)

2009. 3 | 165,641

2018. 7 | 63,132

2015. 4 | 28,093

2008   2009   2010   2011   2012   2013   2014   2015   2016   2017   2018

출처: KT 에스테이트

는 방증이기도 하다.

　지금은 귀한 몸이 된 세종시에서도 한때는 조직분양이 성행했다. 조직분양은 2014년 이후 주택경기가 좋아지며 자취를 감추는 듯했지만 최근 미분양이 늘면서 다시 나타나고 있다. 다만 조직분양이 등장한 지역이 서울 수도권이 아닌 지방이라는 점이 그때와 다르다.

　위 그래프에서 보듯이 국토교통부 조사에 따르면 2018년 7월 전국 미분양 아파트는 총 6만 3천 가구 정도로 증가하고 있다. 또한 서울 수도권보다는 경남, 충남 등 지방에 미분양이 집중되고 있다.

지방 주택시장이 좋지 않다 | 부동산시장의 양극화가 심화되면서 지방 주택시장 침체가 심각한 상황이다. 한국감정원 발표에 따르면 2017년 수도권 집값이 0.46%

▼ 권역별 미분양 비중 (단위: %)

구분	수도권	광역시	지방
2009년 3월	17.3	36.2	46.5
2015년 4월	51.6	6.4	41.9
2018년 7월	14.0	10.9	75.2

출처: 국토해양통계누리

상승했을 때 지방은 0.21% 상승에 그쳤고, 2018년 1~5월까지 전국 주택매매가격지수도 수도권 0.5% 상승, 지방 0.32% 하락으로 나타났다.

위의 표는 '권역별 미분양 비중'으로 역시 지방의 미분양이 최근 크게 급증했다. 지방의 분양물량은 더 늘어날 예정이어서 지방 부동산의 시름이 더 깊어질 것 같다.

이렇듯 2014년 이후 회복된 주택경기 분위기를 틈타 마구잡이 분양을 한 여파로 지방 공급물량은 지금까지 꾸준히 이어졌고, 앞으로도 더 이어질 것이다. 인구 감소는 당장의 문제는 아니니 제외하더라도 내수경기침체와 금리인상, 대출규제, 강남 집값을 잡기 위한 다주택 규제의 부작용이 부메랑이 되어 지방 부동산시장은 더 어려워지고 있는 것이다.

주택을 여러 채 보유할 경우 양도세와 보유세를 중과하겠다고 하자 다주택을 보유하기가 부담스러운 집주인들이 똘똘한 한 채인 서울 아파트는 가지고 가는 대신 상대적으로 보유가치가 낮고 시장 분위기도 좋지 않은 덜 똘똘한 지방 아파트 정리에 나섰다. 그러면서 정부 기대와 달리 지방 아파트 매물이 더 늘어나고, 그나마 주택을 구입하려는 수요자들은 서울로 몰리는 왜곡현상이 발생한 것이다.

2017년 3월 부산 롯데백화점에서 강의가 있어 부산에 간 적이 있다. 부산에 간 김에 해운대에서 부동산중개업을 하는 지인을 만났는데 부산 분양시장이 너무 과열되어 무섭다고 했다. 억 단위 프리미엄이 붙었는데 겁도 없이 투자자들이 몰려들면서 가격이 올랐다고 했다. 그런데 1년이 지난 2018년 다시 부산을 방문했더니 분위기가 완전히 꺾여 거래도 잘 안 되고 가격도 조정을 받고 있다고 했다.

지방 부동산시장의 핵심인 부산과 세종도 지방 부동산 침체 여파를 피하지 못하고 있다. 물론 대구 등 일부 지역은 여전히 온기가 남아 있지만 그동안 지방 부동산을 대표했던 부산, 울산, 창원, 구미, 포항, 군산 등이 대부분 약세로 전환되었다.

더구나 지방 부동산시장을 이끌었던 지역들 대부분이 산업단지를 끼고 성장했는데, 최근 내수경기침체가 일시적인 문제가 아니라 임금상승과 노동생산성 약화, 중국 기업의 성장 등 경쟁력 약화에 따른 장기침체로 이어질 가능성이 높다는 점에서 우려가 깊어진다. 성장을 멈춘 대한민국 산업도시의 미래를 밝게 보기 어려운 현실에서 지방 부동산 침체를 보는 마음은 무거워진다.

양극화가 점점 더
극단으로 벌어지고 있다

서울과 지방의 양극화뿐만 아니라 수도권 내에서도 양극화는 심화되고 있다. 양극화 문제는 사회문제를 넘어 경제문제로 번지고 있다.

똑똑한 한 채 가지기! 부동산 투자자라면 한번쯤 들어봤을 말이다. 2018년 서울 아파트시장의 트렌드를 말하라면 똑똑한 한 채 가지기다. 똑똑한 한 채를 가진다는 것은 똑똑하지 않은 나머지 주택은 정리한다는 의미로, 똑똑한 지역 아파트와 똑똑하지 않은 지역 아파트 간 양극화를 의미한다.

　노무현 정부 시절에 집값 잡는 핵폭탄이라 불렸던 10·29 부동산 대책과 8·31 부동산 대책을 합쳐놓은 8·2 부동산 대책을 비롯해 2018년 9·13 부동산 대책까지 문재인 정부의 부동산 정책 방향은 다주택 수요억제 정책이다. 재건축초과이익환수, 다주택 양도세와 종합부동산세 중과, 대출규제 등 다주택 고가 아파트를 타깃으로 한 강력한 규제의 칼날은 정부 기대와 달리 지방 부동산시장에 치명상을 입힌 반면에 정작 서울 부동산시장 열기는 식지 않고 있다.

어설픈 주택을 여러 채 가지고 가기보다는 똑똑한 한 채를 가지고 가자는 심리가 확산되면서 지방 아파트는 팔고 오히려 강남으로 수요가 몰린 탓이다. 침체에 빠진 지방의 집과 오르는 서울의 집을 선택해야 한다면 답은 뻔한 것 아닐까?

똑똑한 한 채 가지기 열풍 | 대치동 은마아파트 전용 76m²의 경우 2018년 초 16억 1천만 원에 거래되다가 5~6월 14억 원대까지 떨어졌는데, 다시 매수세가 살아나면서 9월에 18억 원을 넘어 신고가 행진을 이어갔다. 이런 강세 현상은 강남, 용산, 마포, 성동, 광진 등 서울 인기 지역에 공통되는 현상이다. 특히 강남은 워낙 매매가격 자체가 높아 상승 체감 강도가 더 큰데, 다음 그래프에서 보듯이 실제 상승수익률은 강남보다 뒤늦게 상승세를 탄 분당을 제외하고는 대부분 서울 도심지역이 고르게 큰 폭 상승했다.

이렇게 서울 부동산 강세 현상이 나타난 원인은 강남과 다주택자를 잡겠다던 2018년 6월의 종합부동산세 인상안 발표가 오히려 시장에서는 불확실성 제거로 받아들여졌고, 박원순 서울시장의 도심개발 발언이 개발 호재로 작용했기 때문이다.

양도세, 종합부동산세 다주택 중과로 보유가치가 낮은 주택은 정리하고 보유가치가 있는 서울 아파트는 임대사업자 등록이나 증여

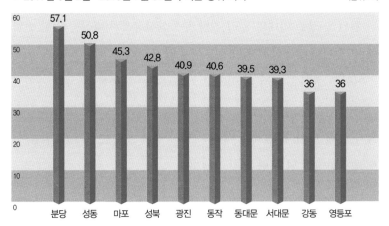

▼ 2017년 8월 2일~2018년 7월 30일 수익률 상위 지역　　　(단위: %)

출처: KB국민은행

또는 1주택으로 가지고 가기 등 살아남기 위한 방법을 찾으면서 똘똘한 한 채 서울 아파트는 가지고 가자는 심리가 확산되었다.

　하지만 이런 똘똘한 서울 강세 현상을 마냥 좋게만 볼 수 없다. 지방 부동산시장 침체가 더 깊어지고 있고, 서울과 수도권의 격차가 더욱 벌어지고 있기 때문이다.

**박탈감과
우울증을 호소하다** | 서울 집값 상승으로 수도권과 지방, 수도권 내 지역별 양극화 문제는 이제 부동산을 넘어 집을 가진 자와 가지지 못한 자, 투자에 성공한 자와 성공하지 못한 자의 사회적 양극화 문제로 비화되고 있다. 투자한 사람들은 안도의 한숨을 쉬면서 가슴을 쓸어내리는 반면, 집을 사지 말라는 정부 말만 믿고 투자 기회를 놓쳤거나 아무 생각

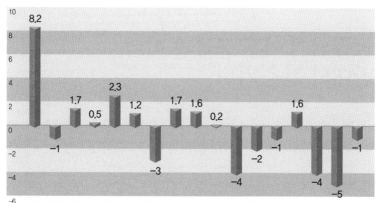

▼ 2017년 8월 2일~2018년 7월 30일 전국 매매가 변동률 (단위: %)

출처: KB 국민은행

없이 일만 열심히 한 이들은 상대적인 박탈감과 집단 우울증을 호소하고 있다.

그런데 시간이 지나면 우울증과 불안감의 주체가 바뀔지도 모른다. 서울 집값이 영원히 상승할 수는 없기 때문이다. 투자 심리는 견고한 것 같으면서도 매우 불안정하고 눈치가 빠르며 변심을 잘한다. 계속 오를 것 같아 투자하다가도 어느 순간 더 오르지 않을 것 같다는 불안감이 형성되면 언제 그랬냐는 듯 썰물처럼 확 빠져버리는 것이 투자 심리다.

2017년 봄 부산 해운대를 방문했을 때 부동산중개업소 사장님이 무섭다고 할 정도로 펄펄 끓었다지만 1년도 되지 않아 싸늘하게 식었다. 부산은 서울보다 2~3년 빨리 상승이 시작되었기에 먼저 식은 것일 수도 있다. 부산은 식고 서울만 계속 펄펄 끓는 일은 있을 수 없다. 지금의 열기가 계속되리라는 착각은 버려야 한다.

금융위기 이후 한국과 미국, 반대의 길을 가다

2008년 금융위기 이후 미국과 우리나라는 반대의 길을 가고 있다. 구조조정할 기회는 놓치고 부동산가격만 오른 우리나라의 미래가 밝지는 않다.

2008년 미국발 글로벌 금융위기는 IMF 경제위기 이후 또 한 번 우리나라 부동산시장을 덮쳤다. IMF 경제위기는 우리나라만의 외환위기로 사상 초유의 국가부도 위기에 몰렸고, 당시 표면적으로 극복은 했지만 속은 그렇지 않다.

IMF 경제위기 이후 우리나라 경제는 성장이 둔화되면서 내리막길을 걷고 있고, 사회적으로는 정규직과 비정규직 문제에 더해 가진 자와 가지지 못한 자의 빈부격차가 심화되었다. 또한 부동산시장의 불패신화는 깨졌고, 지역 간 양극화가 시작되었다.

2008년 글로벌 금융위기는 전 세계적으로는 매우 큰 격동의 시간이었지만 우리나라는 일시적인 충격을 받은 후 빠르게 안정을 찾았다. 글로벌 금융위기가 일어난 뒤 종합주가지수와 부동산시장은 큰 폭으로 하락하기는 했지만 6개월 정도 지나자 안정을 찾았다.

하지만 표면적으로 보이는 안정 속에서 빚과 저금리시대 과잉유동성의 비극이 시작되었다. 어떻게 보면 2018년 서울 부동산시장 과열의 가장 큰 원인은 갈 곳을 잃은 1,100조 원이 넘는 과잉 유동성 때문인지도 모른다.

미국 컨설팅회사 매킨지는 2008년 글로벌 금융위기 발생 직전의 상황을 이렇게 요약했다. "금리가 낮아지자 집값이 올랐다. 은행들의 대출기준이 느슨해지자 많은 사람이 감당하기 힘들 정도로 빚을 냈다. GDP(국내총생산) 대비 부채비율이 급상승했다."

금융위기 이후 미국과 우리나라는 다른 길을 갔다

미국 경제는 초호황을 맞고 있다. 미국은 금융위기를 극복하기 위해 엄청난 돈을 풀었고, 약翳달러로 수출기업들의 경쟁력이 개선되었다. 셰일가스shale gas 혁명으로 새로운 에너지 질서를 주도했고, 스마트폰과 SNS로 상징되는 모바일 혁명에 성공하면서 미국 우선주의 경제정책을 펼침으로써 경제성장률이 우리나라보다 더 높아지는 상황에 이르렀다.

미국의 양적 완화로 인해 전 세계 부채는 2000년 64조 달러(GDP 대비 198%)에서 2017년 상반기 169조 원(GDP대비 235%)으로 높아졌지만 금융위기의 주범이었던 미국은 GDP대비 가계부채가 오히려

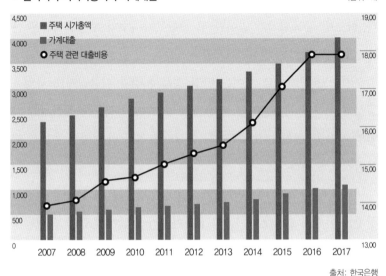

▼ 한국의 주택시가총액과 가계대출 (단위: %)

출처: 한국은행

줄어들었다.

글로벌 금융위기의 주범인 미국의 가계부채는 줄어든 반면 금융 위기의 영향을 크게 받지 않았던 우리나라를 비롯해서 호주, 캐나 다 등은 공통적으로 빚이 늘고 집값이 올랐다. 특히 우리나라 경제는 2008년 금융위기 이후 갈수록 빚을 잃고 있다.

2016년부터 대출규제를 강화하면서 대출 문턱을 높이고는 있지 만 저금리로 늘어난 유동자금과 GDP 대비 94%가 넘는 가계부채 증 가, 치솟는 집값, 갈수록 떨어지는 제조업 경쟁력, 무너지는 자영업과 중소기업, 그나마 버티고 있는 금융과 호황인 서울 주택시장, 이것이 2018년 대한민국 경제의 현주소다. 철강, 조선 등 제조업 경쟁력은 중국에 추격당하면서 경영난에 빠졌다. 자동차와 가전, 휴대전화, 반도체 등 IT는 선전하지만 이마저도 언제 추격당할지 위태롭다. 이런 상황에서 돈은 부동산으로 몰리고 있다.

2013~2014년 박근혜 정부는 구조조정 대신 쉽고 빠르게 결과를 얻을 수 있는 저금리와 부동산 활성화를 통한 경기부양을 시도했다. 대출뿐만 아니라 5년간 양도세 면제 등 파격적인 부동산규제 완화정책을 펴면서 유동자금이 부동산으로 몰렸고 부동산가격은 폭등했다.

한국은행의 금리정책에도 아쉬움이 있다

미국은 글로벌 금융위기에서 벗어나려고 파격적인 제로금리 정책을 펼쳤다. 유럽과 일본도 미국을 따라 초저금리 정책에 동참하면서 경제회복의 단맛을 보고 있는 반면, 우리나라는 금리인하 시기도 금리인하 폭도 어중간해서 경기부양을 확실히 하지 못했다. 오히려 경제회복에 대한 자신감으로 비정상의 정상화를 하고 있는 미국과 달리 우리나라는 경제침체로 미국의 기준금리 인상을 따라가지 못해 외국 자본의 유출을 걱정해야 하는 진퇴양난의 상황에 빠졌다.

지금 우리나라의 상황은 2008년 금융위기 당시 미국 상황과 비슷한 부분이 있다. 구조적 문제는 우리가 더 심각할 수도 있다. 경제와 부동산은 떼려야 뗄 수 없는 관계다. 막대한 유동자금이 생산적인 곳에 공급되지 않으면서 경쟁력을 잃은 제조업은 무너지고 있는데 집값만 나 홀로 상승하는 것은 결코 바람직하지 않다.

일본의 잃어버린 20년,
따라가는 한국

민간소비와 GDP 성장률 면에서 우리나라 경제가 일본과 같은 장기침체 국면으로
진입하고 있다. 일본의 '잃어버린 20년'을 따라가는 것이다.

우리나라 경제는 고용, 소비, 지출, 기업, 수출의 5중고에 직면한 위태
로운 상황이다. 한강의 기적이라 불릴 만큼 놀라운 성장은 이제 옛이
야기가 되었다. 잃어버린 20년이라 불리는 일본의 장기침체를 틈타
반도체를 비롯한 전자, 조선, 철강, 자동차 등 많은 부분에서 괄목할
성장을 한 대한민국이 일본의 '잃어버린 20년' 장기침체의 전철을 그
대로 따라가는 것이 아닌가 하는 우려의 목소리가 커지고 있다.

　2017년 국내 의류, 가방 등 패션상품 소비액은 42조 4,758억 원
으로 2008년 금융위기 이후 처음으로 증가세가 꺾였고, 자동차 판
매도 2015년 182만 대에서 2017년 177만 대로 줄었다. 또한 주택

거래량 역시 2015년 119만 3천 채에서 2017년 94만 7천 채로 줄었다. 2005~2008년 연평균 4.1%이던 GDP 성장률 역시 2009년부터 2017년까지 연평균 2.6%로 큰 폭으로 꺾였다.

일본의 경우 의류 내수판매가 1991년 15조 3천억 엔을 정점으로 현재는 당시의 2/3 수준이다. 자동차 내수판매 역시 1990년 777만 대 기록이 아직도 깨지지 않았으며, 주택거래량 또한 1986년을 정점으로 내리막을 걸었다. 1985~1990년까지 연평균 4.3%이던 일본의 GDP 성장률은 1991년 이후 20년 동안 연평균 1.1%로 주저앉았다.

주택거래량, 자동차판매량, 의류판매량 등 민간소비와 GDP 성장률 등을 비교해보면 우리나라 경제가 장기침체 국면에 진입하고 있음을 알 수 있다. 잠재GDP 성장률과 실질GDP 성장률 차이인 GDP 갭Output Gap이 2013년부터 연속 마이너스를 기록했는데, 일본은 1993년부터 14년간 마이너스를 기록하면서 장기침체에 빠졌다.

▼ 한국의 주택 판매량 추이 (단위: 채)

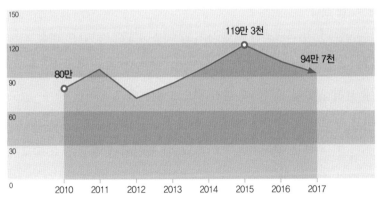

출처: 통계청

일본의 '잃어버린 20년'은 우리의 미래인가?

최근 소소하지만 확실한 행복을 추구하는 소비패턴이 늘어나면서 5만 원이나 하는 유명호텔 빙수를 먹으려면 줄을 서야 하는 진풍경이 벌어졌다. 주택, 자동차 등 규모가 큰 소비를 줄이고 저가상품을 구입하면서도 해외여행을 하거나 작은 사치를 하는 소비패턴은 내수침체의 징조다.

이런 소비감소의 원인은 고령화에서 찾을 수 있다. 일본은 1994년 인구 14%가 65세 이상인 고령사회에 진입했는데, 우리나라는 2017년 고령사회가 되었다. 일본과 거의 20년 터울 형제의 모습을 보이고 있다.

주요 상품 소비가 정점을 찍은 후 고령사회 진입과 생산가능인구(15~64세) 감소가 나타나는데, 우리나라는 늘어난 기대수명에 비해 제대로 준비되지 않은 노후에 대한 불안으로 65세가 되기 전부터 지출을 줄여서 일본보다 더 심각한 상황이다. 노인층만 소비를 줄이면 괜찮은데 취업난에 시달리는 청년층은 쓸 돈이 없어서 강제 소비감소가 되고 있다. 2014년 처음 10%대로 진입한 청년실업률은 매년 증가하고 있다.

2006~2010년까지만 해도 소득과 지출이 4.6%로 같은 비율로 올랐지만 2011~2016년에는 소득이 2.8% 늘었는데도 지출은 0.9%밖에 늘지 않았다. 엎친 데 덮친 격으로 결혼하고 싶어도 할 수 없고 하고 싶지도 않은 탓에 1990년 통계 작성 후 처음으로 혼인 건수가 30만 건 아래로 떨어지면서 비혼非婚이 확산되어 인구 감소 속도가 더 빨라지고 있다.

청년실업률, 노인자산, 부채의 질 등을 감안하면 우리나라가 일본보다 더 깊은 침체를 겪을 수 있다는 우려의 목소리도 점점 커지고 있다. 2017년 우리나라 청년실업률이 10% 정도인데, 1990년 일본의 청년실업률은 5% 정도였다. 2017년 우리나라 빈부격차는 48.5%인데 비해, 1990년 일본은 34%였다. 60세 이상 가구의 가처분소득(자유롭게 저축 또는 소비할 수 있는 소득) 역시 2017년 우리나라는 64%인데 비해, 1990년 일본은 78%였다.

초고령사회로 가는 속도도 너무 빠르다 | 고령화사회(65세 이상 인구비율이 7% 이상)에서 고령사회(65세 이상 인구비율이 14% 이상)로 가는 기간이 일본은 1970년에서 1994년까지 20년 걸린 반면, 우리나라는 1999년에서 2012년까지 13년밖에 걸리지 않았다. 고령사회에서 초고령사회(65세 이상 인구비율이 20% 이상)까지는 일본이 1994년에서 2006년까지 12년이 걸린 반면, 우리나라는 2012년에서 2021년까지 9년 정도면 가능할 것으로 예상된다.

특히 우리나라 노인층은 일본보다 소득수준이 낮고 자산이 대부분 부동산에 집중되어 있어 당장 쓸 수 있는 현금자산이 부족하다. 소비도 문제지만 자칫 일본의 '잃어버린 20년'처럼 장기간 부동산시장이 침체에 빠지면 그 후유증은 고스란히 우리나라 경제로 이어져 매우 어려운 상황이 될 가능성이 높다.

일본은 1990년대 미국 경제를 따라잡을 만큼 엄청난 기세를 보인 세계 경제 2위 대국이었고, 국가부채 역시 자국민들의 저축에서 빌린 돈이기에 같은 집안에서 부모가 자녀 돈을 빌린 것과 같아 최악의

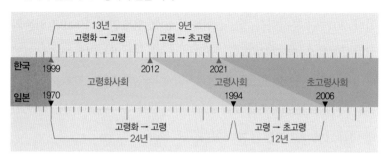

출처: 한국개발연구원(KDI)

경우 주머닛돈이 쌈짓돈이 될 수 있다. 하지만 우리나라는 수출 부문에서는 세계 10위권이지만 경제대국이라 할 수 없고, 수출을 제외한 나머지 부문에서는 개발도상국 수준에 불과하다. 국가채무 역시 저축률이 낮아서 대부분의 채무를 외국에서 조달하고 있다. 즉 위기상황이 발생할 경우 위험에 더 취약하다는 뜻이다.

고령화와 저출산, 저고용, 저성장 문제를 빨리 개선하지 못하면 일본의 '잃어버린 20년' 장기침체를 따라가는 것은 시간문제다. 세금으로 분배위주의 단기처방을 하기보다는 과감한 규제철폐와 경기부양 정책으로 장기적이면서 일관성 있는 개혁정책을 추진해야 하는 이유다. 만약 우리나라에 일본과 같은 '잃어버린 20년' 장기불황이 온다면, IMF 경제위기 몇 배 이상의 매우 혹독한 시련을 겪게 될 수 있고, 부동산시장도 예외가 될 수 없다.

양도세

양도세는 부동산을 팔 때 양도 차익에 대해 내는 세금이다. 조정대상지역 중과대상이 되는지 미리 확인할 필요가 있다.

양도소득세는 양도 차익에 대한 세금으로, 양도할 때 취득가액 대비 남는 금액이 있다면 부과된다. 즉 부동산을 팔 때 투자수익에 대한 세금이라고 이해하면 된다. 당연한 말이지만 남는 돈이 없으면 양도세를 낼 필요가 없다.

샀을 때 가격보다 더 떨어져 손해를 본 상황인데도 양도세가 얼마나 나올지 걱정하는 이들을 본 적이 있는데, 남은 돈이 없다면 전혀 걱정할 필요가 없는 세금이 양도소득세다. 양도세를 걱정한다는 것은 한편에서 보면 투자수익이 발생했다는 의미이기 때문에 남는 것이 전혀 없어서 양도세를 낼 필요가 없는 이들보다는 행복한 고민일

▼ 양도소득세 계산

구분	금액	비고
양도가액	6억 원	실거래가
− 취득가액	2억 9천만 원	
− 필요경비	1천만 원	
양도차익	3억 원	
− 장기보유특별공제	9천만 원	양도차익×30%(10년 보유)
양도소득금액	2억 1천만 원	
− 기본공제	250만 원	
과세표준	2억 750만 원	
− 세율	38%	
− 누진공제	1,940만 원	
산출세액	5,945만 원	

수도 있다.

양도세를 내는 이들은 모두 애국자다. 하지만 그래도 굳이 내지 않아도 되는 세금을 낼 필요는 없기에 양도세에 대해 상식적으로 알아둘 필요가 있다.

양도세는 양도일이 속하는 달 말일부터 2개월 안에 신고하고 다음해 5월 확정신고를 한다. 실제 거래가액을 기준으로 양도가액에 취득가액과 필요경비(취득세 등)를 뺀 양도 차익에 장기보유특별공제와 기본공제(250만 원)를 뺀 과세표준에 세율을 곱하고 누진공제액을 빼면 최종 양도소득세 산출세액을 구할 수 있다.

2억 9천만 원에 사서 6억 원에 팔 때의 양도소득세를 계산해보자. 취득세 등을 포함한 필요경비는 1천만 원, 보유기간은 10년, 비조정대상지역이라는 가정이다. 위의 표에서 보듯이 양도소득세 산출세액

▼ 양도소득세율과 누진공제액

구분	과세표준 기준	세율(%)	누진공제액
1년 미만 보유	주택, 조합원 입주권	40	
	토지, 건물 분양권	50	
1~2년 보유	토지, 건물 분양권	40	
1년 이상 보유 주택 및 입주권	1,200만 원 이하	6	
	4,600만 원 이하	15	108만 원
	8,800만 원 이하	24	522만 원
	1억 5천만 원 이하	35	1,490만 원
	3억 원 이하	38	1,940만 원
	5억 원 이하	40	2,540만 원
	5억 원 초과	42	3,540만 원
비사업용 토지	10% 추가과세	16~48	

은 5,945만 원이 된다. 2억 9천만 원에 사서 6억 원에 팔아 양도소득
세가 5,945만 원 발생하는 것이다.

1주택 양도세 비과세 요건(2년 보유/조정대상지역 2년 거주)을 충족했
다면 양도소득세 비과세가 가능하지만, 양도주택이 비과세 대상이
아니고 조정대상지역이라면 장기보유특별공제가 적용되지 않아 양
도세는 9,365만 원으로 올라가며, 2주택 중과대상이면 1억 2천만 원
이상 더 올라간다.

누진세율은 양도 차익이 적은 구간 대상자들한테 혜택을 주는 제
도다. 1,200만 원 이하 6%, 1,200만 원~4,600만 원 15%, 4,600만 원
~8,800만 원 24%, 8,800만 원~1억 5천만 원 35%, 1억 5천만 원~
3억 원 38%, 3억 원~5억 원 40%, 5억 원 초과 42%의 양도세율이
적용된다.

구간별로 계산하는 것이 복잡하니 세율을 곱한 뒤 누진공제액을 빼면 계산하기 쉬워진다. 예를 들어 과세표준이 5천만 원이면 '5천만 원×24%-522만 원=678만 원'이 된다.

장기보유특별공제는 오래 보유한 양도인에게 일정 부분을 공제해주는 제도다. 3년 이상부터 시작해 10년 이상 30%, 과세대상 1세대 1주택자는 80%까지 공제된다. 2019년 1월 1일부터는 10년 이상에서 15년 이상으로 변경된다.

1세대 1주택 보유자는 양도세 비과세가 가능한데 왜 장기보유특별공제를 80%까지 해주냐고 의아해하는 이들도 있을 것이다. 1주택 양도세 비과세는 9억 원까지만 해당되고 9억 원을 초과하는 부분에는 과세가 되기 때문에 장기 1주택자에게는 80%의 큰 폭으로 공제를 해주는 것이다.

이런 장기보유특별공제도 3년 미만 보유나 미등기자산, 분양권 등에는 적용되지 않고 2018년 8·2 부동산 대책으로 2018년 4·1 후 조정대상지역 내 2주택 이상 양도세 중과대상은 장기보유특별공제가 배제된다. 또한 2018년 9·13 부동산 대책으로 2020년 1월 1일부터 1주택 9억 원 초과분에 대한 장기보유특별공제를 받으려면 2년 거주를 해야 한다.

2주택 이상 보유자가 조정대상지역 내 주택을 양도할 때는 양도세 중과(2주택+10%p, 3주택+20%p)뿐만 아니라 장기보유특별공제도 배제되기 때문에 세금부담이 매우 커질 수 있으므로 각별히 주의가 필요하다. 그렇다면 양도세 중과와 장기보유특별공제가 배제되는 조정대상지역을 반드시 알 필요가 있다.

2018년 9월 기준 조정대상지역은 다음과 같다.

• 서울 25개 구	• 경기 과천시	• 성남시	• 하남시	• 고양시
• 광명시	• 남양주시	• 동탄2 신도시	• 광교 신도시	• 구리시
• 안양시 동안구	• 세종시	• 부산 해운대구	• 연제구	• 동래구
• 부산진구	• 남구	• 수영구		

내가 양도하는 주택이 조정대상지역에 포함되고 중과대상이 되는 2주택 이상이면, 양도세 중과와 장기보유특별공제가 적용된다. 예를 들어 서울에 2채, 세종에 1채를 보유하고 있는데 서울 집을 양도하면 조정대상지역 내 3주택으로 +20%p 중과세가 적용되며, 장기보유특별공제는 배제된다.

가끔 조정대상지역에 포함되지 않으면서 양도세 중과를 걱정하는 이들이 있는데, 양도하려는 주택이 조정대상지역이 아니라면 양도세 중과는 전혀 걱정할 필요가 없다. 의정부 집을 양도하면 양도세 중과가 적용되지 않는다는 말이다.

서울에 1채, 경기도 의정부에 2채를 보유하고 있는데 서울 집을 팔 때와 의정부 집을 팔 때 중과세가 모두 적용될까? 서울 집을 팔 때는 3주택 중과세가 적용되지만, 의정부 집을 팔 때는 중과세가 적용되지 않는다. 왜냐하면 서울은 조정대상지역이지만 의정부는 조정대상지역이 아니기 때문이다.

그렇다면 서울에 1채, 전남 해남에 2채를 보유하고 있다면 어떻게 될까? 이때는 해남 집의 공시가격이 3억 원을 초과하지 않는다면 해남 집은 중과 주택 수에 포함되지 않아 서울 집을 팔 때 3주택으

▼ 중과세 조정대상지역

구분	내용
양도세 중과대상	조정대상지역
양도세 중과 주택 수 포함	서울, 경기(읍·면 지역 제외), 인천(군 제외), 광역시(군 제외), 세종(읍·면 제외) 주택 지방과 경기/세종(읍·면), 광역시(군) 지역 공시가격 3억 원 초과 주택
양도세 중과 주택 수 미포함	지방과 경기/세종(읍·면), 광역시(군) 지역 공시가격 3억 원 이하 주택

로 간주되는 것이 아니라 1주택으로 간주되어 양도세 중과대상이 되지 않고, 장기보유특별공제도 받을 수 있다. 다만 중과 주택 수에서 빠지는 것이지 양도세 주택 수에서 빠지는 것은 아닌지라 서울 집은 1주택 비과세를 받을 수 없다.

정리하면, 조정대상지역에 포함된 주택은 팔 때 무조건 양도세 중과가 적용되며 중과 주택 수에도 포함된다. 서울, 경기(읍·면 지역 제외), 인천(군 제외), 광역시(군 제외), 세종(읍·면 제외) 주택은 조정대상지역과 상관없이 중과 주택 수에는 포함되지만 조정대상지역이 아니면 중과대상이 되지 않는다. 경기 의정부 집은 자기 자신은 중과대상이 아니지만 서울 집을 중과대상으로 만들 수는 있다는 것이다. 의정부 집 때문에 서울 집은 중과 주택 수가 늘어나 중과세가 된다.

지방과 경기/세종(읍·면), 광역시(군) 지역의 공시가격 3억 원 이하 주택은 중과 주택 수에 포함되지 않는다. 해남에 집이 여러 채 있어도 중과 주택 수에 포함되지 않아 조정대상지역인 서울 집을 팔 때 양도세 중과 주택 수에 영향을 주지 않는다는 것이다. 다만 지방이어도 공시가격이 3억 원이 넘는 주택이면, 경기 수원과 같이 양도세 중과 주택 수에 포함되어 자신은 중과대상이 아니지만 서울 집을 중과 대상으로 만들 수 있다.

양도세 중 아주 상식적이면서 기본적인 내용만 간단하게 설명한 것으로, 양도세는 범위가 넓고 매우 중요한 문제이니 반드시 매매계약 전에 세무사와 상담하기 바란다. 세금문제는 한번 터지면 수습이 불가능하기 때문에 반드시 미리 확인해야 한다.

매매가 끝난 후 "나 중과대상인데 어쩌지?" 하면 이미 늦은 것이다. 내가 팔려는 주택이 양도세 중과대상인지, 양도세는 얼마나 나오는지, 절세 방법은 있는지 사전에 충분히 점검해야 한다.

얕은 세무지식으로 이 정도는 알고 있고 스스로 맞는다고 쉽게 생각해 진행했다가 놓치거나 잘못 생각한 부분이 있어 세금폭탄을 맞은 이들을 본 적이 있다. 다시 강조하지만 세금은 예방이 최선의 방어다.

혼돈의 부동산시장을 제대로 예측하려면 과거로 시간여행을 할 필요가 있다. 과거는 미래를 볼 수 있는 거울이다. 영국의 유명한 정치인 윈스턴 처칠이 "역사를 잊은 민족에게는 미래가 없다"라고 한 것도 과거에서 현재와 미래의 문제점을 발견하고 해결책을 찾지 않으면 과거의 잘못이 또다시 되풀이된다는 말이다.

부동산은 단순히 의식주衣食住의 주거문제일 뿐만 아니라 희소성과 경제상황, 금리, 부동산 정책에 따라 투자가치가 형성되면서 상승과 하락 패턴이 반복된다. 그러므로 과거 부동산시장 흐름과 정책을 알면 현재와 미래의 부동산시장을 예측하는 데 도움이 된다. 박정희 정부부터 문재인 정부까지 부동산시장 흐름과 부동산 대책을 살펴보기 위해 시간여행을 떠나보자.

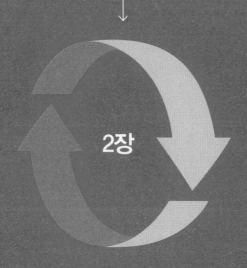

2장

부동산시장,
과거를 알면 미래가 보인다

부동산 상승의 시작을 알린
박정희 정부(1962~1979)

'대한민국 경제의 폭풍 성장'과 '독재'라는 명암이 있는 박정희 정부의 부동산 정책,
그리고 당시 부동산시장의 흐름과 분위기를 알아보자.

박정희 정부 때는 '한강의 기적'이라 불리는 폭풍 경제성장의 시기였
다. '잘살아보세'라는 새마을운동 구호에서 보듯이 배고픔에 시달린
절대빈곤에서 탈출하기 위해 불도저식 국토개발과 경제개발이 추진
되었다.

1962년 산업화에 필요한 공업지구를 조성하기 위한 토지수용법,
1963년 국토종합계획법에 따른 국토개발계획, 1971년 1차 국토종합
계획, 1972년 국토이용관리법, 1973년 산업기지개발촉진법, 1975년
공공용지의 취득 및 보상에 관한 특례법 등이 제정되면서 울산·포
항·구미 등 대규모 산업단지가 개발되었고, 경부고속도로 같은 사회

간접자본시설soc도 개발되었다.

급증하는 주택수요에 발맞춰 주택개발도 본격 추진되었다. 건축법, 도시계획법 등이 제정되고 대한주택공사가 설립되면서 우리나라 최초의 아파트인 마포아파트를 비롯해서 한강맨션, 반포1단지, 여의도, 압구정 현대아파트 등 대규모 주택공급이 시작되었다. 특히 1966년 기존의 도시계획법에서 토지구획정리사업법이 분리 제정되면서 강남 등 대규모 택지가 개발되었다.

토지구획정리사업은 택지조성을 하면서 원래 토지 면적의 일부를 공공용지로 활용하고 일부 땅을 체비지로 바꾼 후 매각해 사업비를 충당하는 방식으로 재정 부담이 적은 장점이 있는 반면 땅값 급등으로 사업기간이 길어지는 문제도 있었다. 아무튼 토지구획정리사업법이 없었다면 현재의 강남은 없었을 것이다.

**영동개발이
강남시대를 열었다**　강남시대의 시발점인 제3한강교(한남대교)와 경부고속도가 건설되었고, 영동 토지구획정리사업에 따라 2만 9,752헥타르(9천만 평) 규모의 영동1지구, 영동2지구, 잠실지구 등 대규모 택지개발이 시작되어 현재 대한민국 부동산의 중심인 강남이 탄생했다.

강남개발 프로젝트가 영동개발이었고, 지금도 영동대로가 있다. 그런데 왜 강남이 아니고 영동일까 궁금했는데, 영동은 영등포의 동쪽이라는 의미다. 1970년대 강남은 잠원동은 뽕나무밭, 잠실은 배나무밭인 농촌 지역에 불과했다. 그래서 이름도 영등포의 동쪽 지역이

74

라는 영동으로 불렸는데, 그런 영동이 30년 후 대한민국 최고 부촌인 강남이 되었다.

압구정 현대아파트 입주 당시의 풍경

부동산 투기열풍은 1960년대 중반 이후 국토개발과 함께 시작되었다. 당시에는 개인보다는 주로 기업(법인)들이 부동산 투자에 적극적이었다. 아무래도 자금력과 정보력이 되는 기업들이 먼저 투기를 한 것이다. 지금 서울의 주택공급을 늘리기 위해 정부와 서울시가 대립하고 있는 개발제한구역(그린벨트)도 기업들의 부동산 투기를 억제하려고 만들었다.

1970년 중반 이후 대규모 아파트단지들이 개발되면서 일반인들의 투기가 시작되었고, 부동산 투기의 대명사인 '복부인'이 등장했다. 석유파동 등 외적 요인에 따라 부동산시장이 일시적으로 침체를 겪기도 했지만 전국적으로 대규모 사업이 추진되었다. 풍부해진 유동성과 인플레이션 압력이 커지자 특권층 위주로 부동산 투기로 큰돈을 벌었고, 일반인들까지 부동산 투자에 뛰어들면서 부동산시장이 과열되고 부동산가격은 크게 올랐다. 당시 3.3m²당 30만 원이던 서울 아파트가격이 100만 원을 넘으면서 '개도 포기한 동네'라던 개포동이 개도 포니를 타는 동네가 되었다.

박정희 정부는 부동산 투기를 잡기 위해 양도세 강화, 재산세 개편을 포함한 부동산 투기 억제에 관한 특별조치법(1967), 부동산 투기 억제와 지가안정을 위한 종합대책(1978) 등 강력한 투기 억제 정책을 시행했지만 대규모 개발사업과 경제성장에 따른 인플레이션으로 급등하는 부동산가격을 잡기는 역부족이었다. 서슬이 퍼런 독재정권 시절에도 부동산 투자 열기를 꺾지 못한 것을 보면 투기 억제 정책만으로 부동산 투기를 잡는 것은 불가능한 일인지도 모르겠다.

본격적으로 부동산이 상승한
전두환 정부(1980~1987)

경제호황과 더불어 본격적으로 부동산이 상승한 전두환 정부의 부동산 정책, 그리고 당시 부동산시장의 흐름과 분위기를 알아보자.

쿠데타로 정권을 잡은 전두환 정부는 1978년 2차 석유파동과 정치 불안으로 1980년 경제성장률이 떨어지자 흉흉해진 민심을 잡고자 주택경기 활성화에 집중했다. 특히 인구의 도시집중이 심화되면서 대도시 주택부족 문제가 심각해지자 주택 500만 가구 건설계획을 발표했다. 결과적으로 500만 가구라는 목표를 달성하지는 못했지만 1987년까지 176만 가구가 공급되었다. 이 역시 엄청난 공급물량이었다.

1980년 도시계획법 등 19개 법률의 효력을 일시 정지시킨 뒤 특정 지역을 택지개발 예정지구로 지정해 정부가 일괄 매수해 택지로 개발하는 방식인 택지개발촉진법이 제정되었다. 기존 토지구획정리사업에서 공영개발 방식으로 도시개발 방식을 바꾼 것이다. 이 택지개발촉진법에 따라 개포·고덕·목동·상계·중계 택지지구가 조성되었고, 노태우 정부에서 1기 신도시를 개발해 대규모 주택공급을 할 수 있는 밑거름이 되었다.

집권 초기 광주민주화운동으로 부동산 투기 억제 정책을 잠깐 시행하기도 했지만 주택경기가 침체되자 1981년 양도세율 인하, 국민주택 전매기간 단축 등 규제완화 대책을 발표했다. 다시 부동산시장이 과열되자 1982년 분양가상한제와 전매제한 등 주택 투기 억제 대책이 나왔고, 1983년 채권입찰제, 1984년 토지거래신고제, 1985년 비업무용 토지 누진과세와 대형주택 중과세 등의 규제 대책이 연이어 시행되었다.

1985년 강력한 규제로 주택경기가 다시 침체되자 전두환 정부는 공공과 민간합동 토지개발과 건축규제를 완화하는 주택건설 활성화 대책을 발표했다. 1986년에도 1가구 2주택자 양도세 면제기간 연장 등이 포함된 경제 및 부동산 경기 활성화 정책을 시행하면서 부동산시장 활성화에 힘을 쏟았다. 그냥 두었으면 더 나았을 수도 있었을 텐데, 이런 규제완화로 주택시장은 결국 다시 과열되었다.

**본격적으로
부동산이 상승하다**

1987년이 되자 정부에서는 부동산 투기 억제 대책을 또 내놓았다. 이렇게 일관성 없는 정책을 왔다 갔다 하는 동안 정부 정책에 대한 신뢰가 떨어졌고, 부동산가격은 계속 상승했다. 오락가락 부동산 대책이 30여 년 전에도 있었다니 헛웃음이 나온다. 정부 정책은 내용과 타이밍도 중요하지만 신뢰가 더 중요하다. 일관성 있게 실행해 국민의 신뢰와 믿음을 확보해야 부동산 대책의 효과를 제대로 기대할 수 있다.

최근 장관 청문회를 하면 부동산 투기 의혹을 해명하느라 진땀을 빼는데, 사회지도층의 부동산 투기는 예나 지금이나 변함이 없다. 1970년대에 '복부인'이 있었다면, 1980년대에는 '빨간 바지'가 있었다. 군사정권 시절 부동산 정책 관련 고급 정보를 사전에 입수한 장교 부인들이 빨간 바지를 즐겨 입은 채 싹쓸이 투자를 하면서 빨간 바지가 등장했다. 이런 사회지도층이나 고위직의 부동산 투기가 근절되지 않는 한 국민들의 정부 신뢰가 회복되기는 쉽지 않을 것 같다.

아무튼 1981~1983년 주택가격이 40.6% 급등했고, 1981년 26.5%였던 매매가 대비 전세가격이 1987년 122.2%가 될 정도로 전두환 정부 기간에 부동산 매매 및 전세가격이 크게 상승했다. 전두환 정부 시절 집값 상승은 노태우 정부까지 이어져 1987년 이후 5년도 안돼 강남 아파트가격이 5배 정도 뛰었다. 이와 비교하면 요즘 집값 상승은 상승이라고 하기에도 민망한 수준이다.

전두환 정부는 부동산시장 상황을 수습하기 위한 투기 억제 정책과 시장 활성화를 위한 경기부양 정책을 반복하는 임기응변식 부동산 정책을 시행했지만 전반적으로는 규제완화 비중이 더 컸다. 개발 정책은 상계지구 등 주택 115만 호 건설, 한강정비사업, 1982년 임대 주택 육성방안, 1985년 중부고속도로 착공, 서울 개포·고덕·목동·상계·중계지구 개발 등 주택공급 확대에 집중했다.

1기 신도시로 집값을 잡은 노태우 정부(1988~1992)

1기 신도시 개발로 집값 폭등을 꺾은 노태우 정부의 부동산 정책, 그리고 그 시절의 부동산시장 분위기와 흐름에 대해 알아보자.

1985년 시작된 저달러·저유가·저금리의 3저低로 풍부해진 유동자금과 베이비붐 세대의 취직과 결혼으로 급증한 주택 수요, 88서울올림픽 특수까지 겹치면서 주택가격이 미친 듯이 급등했다. 뛰어오르는 주택가격을 잡기 위해 노태우 정부는 1기 신도시 개발 등 주택공급 확대와 강력한 수요억제 정책을 총동원했다. 공급확대와 수요억제의 가장 이상적인 부동산 정책을 펼친 결과 주택가격 안정을 이끌어냈다.

　노태우 정부는 1988년 4월 부동산 투기자 명단 공개를 시작으로 토지거래허가제를 확대 실시했고, 분당·일산·평촌·산본·중동 1기 신도시를 포함한 주택 200만 호 건설 계획을 발표했다. 또 1주택 비과세 요건 3년 거주·5년 보유로 강화, 2주택 양도세 면제기간 2년에서 6개월로 단축, 양도세 중과 등 지금보다 더 강력한 부동산 투기 억제 대책도 발표했다.

노태우 정부 시절 양도세 비과세 요건이 3년 거주에 5년 보유였다고 하니 8·2 부동산 대책으로 조정대상지역 1가구 1주택 양도세 비과세 요건이 2년 거주로 강화된 것은 그때에 비하면 오히려 약하다고 할 수 있다.

1989년에는 해외 부동산 투자 자유, 공시지가제도가 도입되었고, 영구 임대주택 25만 가구 건설 및 민간아파트 분양권 전매금지, 2주택 과세 강화 등 부동산규제도 연이어 발표되었다. 최근 부동산규제 대책에서 빠지지 않고 등장하는 분양권 전매제한도 노태우 정부에서 이미 나온 것이다. 이런 강력한 규제에도 주택가격과 토지가격이 상승하자 토지공개념 3법(토지초과이득세법, 택지소유상한법, 개발이익환수법)을 제정하게 된다.

공급확대와 수요억제의 가장 이상적인 부동산 정책

최근에도 논란이 되고 있는 토지공개념은 개인의 토지소유권 또는 사용권은 인정하지만 이용권과 수익권, 처분권은 공공이 관리한다는 개념으로, 토지국유화와 비슷한 개념이다. 이런 토지공개념 3법 등 규제의 힘은 강력해서 1988년 25.03%, 1989년 29.07%였던 전국 토지가격 상승률이 1990년 19.19%, 1991년 12.2%, 1992년 1.26%로 낮아졌다.

주택임대차보호법도 개정되어 임대차 보호기간이 1년에서 2년으로 연장되었고, 확정일자제도가 도입되었다. 지금이야 당연히 전세기간을 2년으로 알고 있지만 노태우 정부 시절인 1989년 주택임대차보호법이 개정된 이후 전세기간이 2년으로 되었다. 1981년 주택임대차보호법이 최초 제정되기 전까지는 임대차 의무기간 자체가 없었다.

아무튼 그 당시 임대차 의무기간 2년 확대의 후유증은 컸다. 의무 임대차 기간이 2년으로 늘어난 1989년에 주택가격이 폭등했다가 그 다음 해에 하락하는 등 부작용이 심각했다. 문재인 정부에서 추진하는 임대차 계약갱신청구권과 전월세상한제 등 임대차 관련 정책이 충분하고 신중한 검토와 사회적 합의가 선행되어야 하는 이유다.

여러 규제에도 주택가격이 계속 상승하자 종합토지세 과세 등 주택가격 안정과 투기 억제 규제가 계속 발표되었다. 다행히 1991년 이후 규제효과와 1기 신도시 등 공급확대의 영향으로 주택시장은 안정을 찾았다. 1기 신도시 입주 시기에 바다모래 부실공사 등이 사회문제가 되기도 했지만 1기 신도시는 '주택시장 안정'이라는 목표 달성에는 큰 도움이 되었다.

노태우 정부에서 1988년부터 1991년까지 공급한 주택은 모두 214만 가구로, 1987년 총주택 재고 물량인 645만 가구의 33%에 해당하는 엄청난 공급물량 폭탄이었다. 노태우 정부는 1기 신도시 등 대규모 주택공급 정책과 양도세 강화, 분양권 전매금지 등 강력한 수요억제 정책을 병행하면서 부동산시장 과열을 잡았다.

노태우 정부 시절 안정된 집값은 김영삼 정부까지 이어졌다. 노태우 정부는 부동산시장 과열을 잡기 위한 규제 정책에만 매달린 것이 아니라 굵직한 개발 정책도 병행해 국가발전에 이바지했다. 지금은 우리나라 주요 사회기반시설이 된 서해안개발사업, 영종도 신공항, KTX 고속철도 등이 노태우 정부 시절에 계획된 개발 정책이다. 민주화의 과오는 있지만 부동산 정책만 평가한다면 노태우 정부는 높은 점수를 줄 만하다. 노태우 정부 시절 아파트가격 변동률은 전국 70%, 서울 71%였다.

안정기를 보내다 위기를 맞은
김영삼 정부(1993~1997)

집값 안정시대를 보내다가 IMF 경제위기를 맞은 김영삼 정부 시절의 부동산시장과
부동산 정책에 대해 알아보자.

김영삼 정부는 노태우 정부 시절 강력한 수요억제와 공급확대 정책
을 시행한 덕분에 가장 평화로운 부동산 안정기를 보냈다. 이런 부동
산시장의 안정 덕분에 김영삼 정부에서는 굵직한 부동산 대책이 나
오지는 않았지만 1993년 금융실명제, 1994년 주택임대사업자제도,
1995년 부동산실명제가 도입되어 부동산으로 유입되는 자금과 부동
산 거래가 줄었다.

부동산 평화기를 보냈고 실명제로 자금 유입도 막았으니 잘했다
고 할 수도 있겠으나 아쉬운 점도 있다. 그것은 바로 준농림지제도와
토지공개념 약화다. 1993년 준농림지제도가 도입되어 준농림지에

아파트를 건축할 수 있게 함으로써 수도권 난개발의 빌미를 제공했고, 1994년 토지초과이득세 헌법불합치 판결로 토지공개념 3법이 약화되었다.

참고로 준농림지제도는 비도시지역에서 토지 이용과 개발을 통한 토지공급을 원활하게 하기 위해 국토이용관리법을 개정해 10개 지역이던 용도지역을 5개 지역(도시지역, 준도시지역, 농림지역, 준농림지역, 자연환경보전지역)으로 조정한 제도다. 이런 준농림지제도로 전 국토의 26%를 차지하는 준농림지(개발이 가능한 농지) 개발이 본격화되었다. 개발이 되는 것이 나쁘다고 할 수만은 없지만 부작용도 커서 대도시 주변 러브호텔, 음식점, 아파트 등 무분별하게 난개발되면서 자연훼손과 도시환경 문제는 두고두고 골칫거리가 되었다.

지역 간 격차로 양극화가 심화되다 | 1994년에서 1999년까지 준농림지에 건설공사가 30만 600여 건 있었는데 그 가운데 아파트단지 663개, 숙박업소 2,870개, 음식점 1만 8,583개, 공장 3만 2,774개가 건설되었다.

필자는 용인수지 지역 아파트들만 보면 너무 아쉽다. 용인수지 지역은 신도시를 체계적으로 개발했더라면 분당이나 판교 신도시보다 더 좋은 주거지역이 되고도 남았을 아주 좋은 땅이었는데, 신도시 개발을 극도로 싫어한 김영삼 정부 때문에 난개발이 되었다. 분당보다 2배 이상 많은 85만 명을 수용하는 주택물량이 쏟아져 나왔음에도 도로교통, 생활 인프라가 부족해서 난개발의 대명사가 되어버렸다.

당시 성수대교 붕괴, 삼풍백화점 붕괴 등 각종 대규모 사고가 많았고, 1기 신도시 입주 시기에 부실공사 논란까지 불거지면서 개발 노이로제가 생겨 개발을 싫어하게 되었고, 정부 주도의 대규모 택지개발보다는 민간 주도의 준농림지 개발로 주택공급확대 정책을 펼친 것이지만 그래도 아쉬움이 너무 많다.

토지공개념 3법은 1988년 올림픽 이후 주택가격이 급등하자 1989년 노태우 정부 시절 부동산가격을 잡기 위해 토지초과이득세법, 택지소유상한제법, 개발이익환수제법이 제정된 것이었다. 하지만 김영삼 정부 시절인 1994년 토지초과이득세 헌법불합치 판결로 힘이 빠졌고, IMF 경제위기가 발생하면서 김대중 정부 시절 사실상 폐지에 가까울 정도로 유명무실해졌다.

1997년 부동산가격 폭락에 더해 많은 자영업자와 중소기업들을 부도위기로 내몰면서 국가 부도위기까지 몰렸고 그 후유증이 아직도 끝나지 않은 IMF 경제위기가 발생했다. IMF 경제위기는 우리나라의 고도경제성장과 부동산 불패시대의 종말을 알린 비극적 사건이다. 단순한 외환위기이고 몇 년 만에 극복했었다고 쉽게 이해할 수도 있지만 그 부작용은 현재도 진행중이다.

IMF 경제위기 이전에는 양극화라는 말도 없었고 비정규직도 없었다. 대기업과 중소기업 간 차이도 이렇게 크지 않았고, 공무원의 인기도 이렇듯 높지 않았다. 필자가 대학에 다니던 1990년대에는 친구가 공무원 시험 준비를 하면 안타까운 시선으로 친구를 걱정했다. 하지만 IMF 경제위기 이후 기업들의 구조조정이 일상이 되면서 평생직장의 공식이 깨져버렸고, 대기업과 중소기업, 가진 자와 못 가진 자, 지역 간 격차가 더 벌어지면서 경제사회 전반에 양극화가 심화되었다.

주택시장은 절대적인 양의 부족 시대에서 교육, 학군, 교통 등 삶의 질을 따지는 질의 부족시대가 열렸고, 강남과 비강남, 서울과 지방의 양극화가 시작되었다. 김영삼 정부 시절 아파트가격 변동률은 전국 3%, 서울 2%였다.

IMF 경제위기를 극복한
김대중 정부(1998~2002)

IMF 경제위기를 극복하기 위해 규제를 많이 풀면서 부동산가격 폭등을 가져온 김
대중 정부 시절의 부동산시장과 부동산 정책을 알아보자.

김대중 정부는 1997년 김영삼 정부 말기에 발생한 사상 초유의 IMF
경제위기를 극복하는 것이 최우선 과제였다. IMF 경제위기는 단순한
외환 문제 이상의 국가 부도위기였다. 대규모 기업 도산과 구조조정
에 따른 대량 실업, 그리고 지금 사회문제로 심각한 정규직과 비정규
직 소득 격차와 지역 양극화 문제가 이때 시작되었다.

  경제사회적 충격이 상상 이상으로 컸고, 환율과 금리가 폭등하면
서 시중의 여유자금이 금융권으로 몰렸다. 투자 심리가 위축되어 부
동산가격이 폭락했고, 종합주가지수는 200선까지 떨어졌다. 부동산
불패신화가 한순간에 깨지면서 일부 신문이나 부동산 전문가들은
'이제 부동산 시대는 끝났다. 절대 투자하면 안 된다'는 뉴스를 내보

내기도 했다. 한마디로 총체적인 국가경제 붕괴 위기 상황이었다.

반면 은행 예금이자가 20%를 넘어서자 일부 부유층은 술집에서 '이대로'라고 외치기도 했다. 대부분 국민이 고통받는 국가 위기 상황에서 '지금 이대로'를 외친 일부 부유층의 일탈은 어떤 식으로든 변명될 수 없지만 그만큼 우리나라 경제의 격변기였다. 하지만 아이러니하게도 이때 돈을 많이 버는 사람들도 생겨났다.

이렇듯 부동산가격 폭락으로 부동산시장은 패닉 상태가 되었고, 재무구조가 취약했던 건설회사들이 대규모 부도위기에 몰리자 김대중 정부는 무너진 국가경제와 빈사 상태의 부동산시장을 살리기 위해 지금까지 보지 못했던 강력한 부동산규제완화 정책을 시행했다. 김대중 정부 출범 첫해인 1998년 1분기 전국 집값은 30% 이상 급락했다. 말이 30%지 체감은 반 토막 이상의 폭락 수준이었다.

IMF 경제위기로 부동산시장이 멍들다 아사상태인 부동산을 살리기 위해 분양권 재당첨 금지기간 단축, 청약자격 제한 완화, 분양가 자율화, 양도세 한시 면제, 취·등록세 감면, 토지거래허가제와 신고제 폐지, 분양권 전매 허용 등 규제완화 대책을 연이어 발표했다.

양도세 한시 면제 특례가 나왔다는 것은 부동산시장이 바닥이라는 징표다. 2013년 박근혜 정부에서도 1주택자가 집을 사면 5년간 양도세 면제 혜택을 주는 양도세 한시 면제 특례가 나왔다.

그때 주택을 구입했던 이들은 한마디로 대박이 났다. 향후 엄청나게 폭등한 집값 상승 차익을 맛보았고, 양도세 특례로 5년간 양도세도 면제받았으니 완전히 꿩 먹고 알 먹기였다. 또 구조조정용 부동산 매각을 지원하기 위해 외국인의 직접 투자를 확대하는 방안으로 외국인 토지 취득을 내국인 수준으로 완화해주었다. GFC(강남파이낸스센터) 빌딩 등 알짜 부동산을 헐값에 취득해서 나중에 큰 차익을 남긴 외국 자본이 양도세도 내지 않아 사회문제가 되면서 뉴스가 된 적이 있는데 바로 이때 헐값에 구입한 것이다.

노태우 정부 시절 급등하는 집값을 잡기 위해 시행한 토지공개념 3법에 대한 손질도 본격화했다. 1998년 8월 택지소유상한법 폐지, 1999년 9월 개발이익환수에 관한 법률 개정으로 1999년 12월 31일 이전 인가를 받은 개발사업에 대한 개발부담금을 면제해주고, 2000년 이후 사업에는 부과율을 50%에서 25%로 낮춰주면서 사실상 토지공개념제도는 무력화되었다. 토지공개념 자체는 진보개념인데, 아이러니하게도 보수대통령이 도입했고 진보대통령이 폐지했다.

그밖에 자금난을 겪는 건설회사에 유동성을 지원하고 재당첨금지 폐지, 주택자금 대출금리 한시적 인하, 임대사업 등록요건 완화 등 파격적인 부동산규제완화 대책을 계속 시행했다. 1998~1999년 2년 동안 풀어준 규제완화의 양이 엄청났다. 한마디로 풀어줄 수 있는 부동산규제는 다 풀어주었다고 해도 지나친 말이 아니다.

2000년 이후 이렇게 파격적으로 규제를 풀어준 덕분에 부동산시장은 조금씩 살아났다. 부동산시장이 어느 정도 회복되자 한숨을 돌린 김대중 정부는 주택시장을 안정시키기 위한 정책을 시행했다. 주택 50만 가구 건설과 국민임대주택 5만 가구 건설계획, 주택건설 촉진, 임대주택 활성화 등 2020년까지 주택보급률 106%를 목표로 하는 제4차 국토건설계획, 지방건설 활성화 대책 등 서민주택공급 확대와 국토 균형발전으로 정책을 전환했다.

규제완화 정책이 봇물을 이루다 | 나라가 망할 수 있다는 위기상황에서 부동산 규제완화 대책을 쏟아낸 것은 당시에 어쩔 수 없는 선택이었겠지만 그다음 다가올 부동산 폭등의 파도까지는 미처 예상하지 못했다. 부동산시장은 2001년 이후 서서히 달아올랐다.

개발제한구역 해제와 저금리, 전폭적인 규제완화 상황에서 강남 재건축 기대심리는 확산되었고, IMF로 어려움에 빠진 건설회사들이 주택건설 물량을 줄이면서 공급물량 감소가 현실이 되자 부동산 투자 심리가 완전히 살아났다. 수도권 고교를 평준화하면서 교육열이 높은 학부모들의 강남 유입이 늘어난 것도 강남 집값과열을 부추기는 원인이 되었다.

주택가격이 다시 상승하자 서민 주거를 안정시키기 위해 부랴부랴 10년 국민임대주택 100만 호 건설 등 임대주택 확대 정책과 투기과열지구 분양권 전매 강화 및 청약요건 강화, 재건축안전진단강화 등 부동산 투기 억제로 정책방향을 전환했지만 이미 불붙은 부동산시장의 열기를 막기에는 역부족이었다. 주택과 토지가격 모두 급등했다.

많은 사람들이 김대중 정부는 부동산규제를 풀어주기만 한 것으로 기억하지만 임기 마지막 1년 동안 투기과열지구, 분양권 전매, 재건축안전진단강화 등 규제강화 정책을 시행하기도 했다. IMF 경제위기를 극복하기 위해 풀어준 많은 규제의 양과 부동산가격 폭등에 묻혀 기억하지 못할 뿐이다.

부동산가격이 폭등한 배경으로 1998~1999년 파격적인 규제완화가 있기는 하지만 정책 부작용만으로 그런 폭등이 일어난 것은 아니다. 노태우 정부 시절 투기 억제 정책과 1기 신도시 등 대규모 주택공급 정책의 영향으로 1997년까지 주택시장은 안정되었지만 화폐가치 하락 등 상승의 힘이 계속 축적되고 있었다. 여기에 IMF 경제위기로 주택가격이 일시적으로 폭락한 상태에서 규제완화와 저금리로 시중 유동자금이 부동산으로 흘러 들어가자 투자 심리가 갑자기 살아나면서 부동산시장이 폭발한 것이다.

김대중 정부는 토지를 효율적으로 개발하기 위해서도 노력했다. 개발제한구역(그린벨트)을 조정해 대규모 지구나 산업단지, 주민생활 불편이 큰 지역을 우선 해제하고 공영개발방식을 적용한다는 원칙 아래 보전 가치가 낮은 지역과 광역도시계획과 지역균형발전, 도시발전 등 사업 후보지로 결정된 곳도 해제해주었다. 그 결과 서울, 수도권, 부산, 대구, 광주, 대전, 울산 등 광역시와 마산, 창원, 진해, 김해, 함안을 제외한 나머지 지역의 개발제한구역이 해제되었다.

또한 준농림지의 무계획적인 난개발에 따른 환경 훼손과 도시 기반시설 부족 문제를 해결하기 위해 국토이용관리법과 도시계획법을 통합해 국토의 계획 및 이용에 관한 법률을 제정함으로써 국토관리의 틀을 개편했다.

김대중 정부 시절은 우리나라 부동산과 사회 모두 기존과는 다른 변화가 시작된 시기였다. IMF 이전만 해도 경제성장과 베이비붐 세대의 폭발적인 수요증가에 따른 절대적인 양의 부족으로 사기만 하면 무조건 오르는 부동산 불패였다. 하지만 IMF 이후에는 서울 강남 등 교육, 교통, 인프라가 좋아 선호도가 높은 인기 지역이 상승을 주도하게 되었다. 강남과 비강남, 서울과 지방의 부동산시장 양극화가 시작된 것이다. 이는 전국 주택보급률이 100%가 넘으면서 주택의 양보다는 질이 더 중요해졌다는 의미다. 또 비정규직 양산과 빈익빈 부익부 심화, 소규모 자영업 몰락과 프랜차이즈 등장, 대기업 집중화 등 현재 사회문제가 되고 있는 양극화 문제가 이때 시작되었다.

이런 시대 변화를 제대로 이해하지 못하고 각종 정책을 나열하듯 쏟아내면서 단기간 눈에 보이는 성과에만 매달렸다. 그러자 부동산시장의 왜곡은 심화되었고, 일단 불붙은 집값 상승이라는 폭탄을 노무현 정부에 떠안겼다. 노무현 정부가 많은 규제폭탄을 쏟아붓고도 부동산과 전쟁에서 패한 원인을 이때 제공하게 된 것이다.

서민 주거문제가 걸린 집값 문제를 빨리 해결하고 싶었던 마음은 이해하지만, 급히 먹은 떡이 체한다고 하듯이 서두른다고 될 일이 아니었다. 정부의 밀어붙이기식 부동산 정책은 현재까지도 이어지고 있는데, 정책이 모든 것을 해결하는 만능이 될 수 없다는 사실을 과거 정부의 정책을 보면서 깨달았으면 좋겠다.

김대중 정부의 부동산 정책은 임기 중반까지는 IMF 경제위기로 규제완화를 강력히 시행했고, 임기 말에는 규제를 강화했다. 김대중 정부 시절 아파트가격 변동률은 전국 38%, 서울 60%였다.

투기와의 전쟁에서 패한
노무현 정부(2003~2007)

강력한 규제폭탄을 쏟아부으면서 부동산과 벌인 전쟁에서 패한 노무현 정부 시절의 부동산 정책과 부동산시장의 흐름을 알아보자.

문재인 대통령이 노무현 대통령의 비서실장이었고, 노무현 정부 시절 종합부동산세 도입의 주역인 김수현 세종대 교수가 문재인 정부 청와대 정책실장이다. 문재인 정부의 부동산 정책 방향은 노무현 정부와 비슷해서 노무현 정부의 부동산 정책을 이해하면 문재인 정부의 부동산 정책의 방향성을 예측할 수 있다.

노무현 정부는 국가 균형 발전을 위해 행정수도와 175개 공공기관을 이전하는 혁신도시 건설을 추진했고, 서민 주거안정을 위해 매우 강력한 투기 억제와 공급확대 정책을 시행했다. 역대 정권은 부동산시장 흐름에 따라 규제강화와 완화를 반복적으로 시행했지만 노무현 정부는 오직 규제강화 한 방향으로만 달렸다. 그만큼 부동산시장이 과열되면서 주택가격이 계속 상승했다는 의미이기도 하다.

열심히 했고 성장보다는 분배에 초점을 맞추었지만 오히려 소득 양극화 문제가 더욱 심화되었다. 당시 이태백(20대 절반이 백수), 사오정(45세 정년), 오륙도(50~60대에 직장을 가진 사람은 도둑) 같은 슬픈 유행어가 힘들었던 서민들의 삶을 대변했다. 지금 생각해보면 그래도 그때가 더 좋았다. 지금은 양극화 문제가 더 심해졌으니 말이다.

문재인 정부의 뿌리는 노무현 정부다 IMF 외환위기 이후 줄어든 주택공급과 저금리로 늘어난 유동성, 김대중 정부 시절 풀어준 규제완화의 영향으로 부동산 특히 서울 집값이 가파르게 올랐다. 2001년부터 불붙기 시작한 집값은 2002년 전국 22%, 2003년 전국 9.6%, 서울 수도권 10% 이상 급등했다. 성장보다 분배에, 부유층보다는 서민에 초점을 맞춘 노무현 정부는 집권 초기부터 강력한 투기 억제 규제 대책을 발표했다.

상황이 이렇다보니 2003년 행정수도 이전으로 급등한 충청권 토지 투기를 억제하기 위한 충청권 토지거래감시구역 지정, 분양권 전매제한, 재당첨 제한, 수도권 투기과열지구 지정, 재건축 조합원 지분 전매제한과 소형 60% 의무화, 1주택 비과세 요건 강화, 5년간 수도권 153만 호 공급, 수도권 2기 신도시 후보지 선정, 국민임대 5년간 50만 호 건설, 10년간 공공임대주택 150만 호 건설 등 강력한 규제가 연이어 나왔다.

노무현 정부의 대표적 부동산규제 대책인 10·29 부동산 대책(3주택 양도세 중과, 종합부동산세 도입, 투기지역 LTV 40% 강화 등 포함)도 이 무렵 발표되었다. 2003년 한 해 동안 강력한 규제 대책이 나온 덕분에 2004년에는 부동산이 안정세를 보이면서 한숨 돌리는 듯했다. 부동산 투기를 잡았다고 판단한 노무현 정부는 10·29 부동산 대책을 만든 관계자들에게 상을 주기도 했다.

하지만 샴페인을 너무 빨리 터뜨린 것일까? 2004년 안정을 보이던 서울 수도권 주택가격은 2005년부터 다시 상승세로 전환되면서 노무현 정부의 '투기와의 전쟁' 후반전이 시작되었다. 정부에서는 부동산시장을 너무 쉽게 생각했고, 한번 달아오른 투자 심리는 쉽게 식지 않았다.

노무현 정부는 다시 규제의 칼을 뺐다. 재건축개발이익환수제와 안전진단 강화, 2종 주거지역 층고 제한 폐지, 판교·고양 삼송·남양주 별내·양주 옥정 개발 등 주택시장 안정 대책을 발표했지만 집값 과열은 멈추지 않았다.

결국 10·29 부동산 대책과 더불어 노무현 정부의 대표 규제인 그 유명한 8·31 부동산 대책이 발표되었다. 실거래가 등기부 등재, 분양가상한제 확대, 종합부동산세 과세대상 6억 원 확대, DTI 도입, 2주택 양도세 중과, 송파(위례) 신도시 건설 발표 등 굵직한 규제가 8·31 부동산 대책에 포함되었다.

아직 규제 효과가 본격적으로 나오지 않은 상황에서 무거운 규제들이 누적되었지만 부동산시장은 판교·위례 등 2기 신도시 개발을 호재로 생각했고, 다주택자 양도세 중과를 똘똘한 아파트 하나로 집중하자는 대표적 왜곡인지 현상을 보이면서 부동산 투자 열기는 절정에 다다랐다.

이른바 버블세븐지역(강남 3구, 목동, 분당, 평촌, 용인) 중대형아파트를 중심으로 시작된 주택가격 상승은 강북과 수도권으로 확산되었다. 다급해진 정부는 재건축초과이익환수제와 인천 검단 신도시와 동탄2 신도시, 파주운정 신도시 확대 개발을 발표했지만 정부 규제를 비웃기라도 하듯이 인천과 경기북부 지역까지 집값 상승의 불이 번졌다.

결국 LTV(담보대출인정비율), DTI(총부채상환비율) 등 대출규제강화와 분양가상한제까지 시행하자 버블세븐지역의 주택가격 상승은 멈추었다. 다만 서울 강북, 경기북부, 인천 등의 소형아파트가격 상승은 지속되었고, 서울에서도 뉴타운과 한강르네상스, 용산개발 영향을 받은 용산 등 한강변 지역 아파트가격 상승은 2010년까지 이어졌다.

노무현 정부의 억울한 점 | 김영삼 정부 시절부터 축적된 상승 에너지와 김대중 정부 시절 파격적으로 풀어준 규제완화와 공급 부족의 영향으로 서울 수도권 부동산시장

이 폭발하면서 제어하기 힘든 과열상태가 되었다. 이런 상황에서 출범한 노무현 정부는 집값을 잡으려고 열심히 노력했지만 오히려 규제 남발로 시장의 내성이 생기면서 집값은 못 잡고 투기와의 전쟁에서 패했다는 불명예만 안았다. 노무현 전 대통령의 "부동산 외에는 꿀릴 것이 없다"는 말만 보더라도 투기와의 전쟁에서 패한 아픔과

아쉬움이 얼마나 큰지 느낄 수 있다.

노무현 정부 시절 강하게 묶였던 규제들은 이명박 정부로 넘어왔고, 2008년 글로벌 금융위기가 터지면서 부메랑이 되어 부동산시장을 침체로 몰아넣었다. 또 과도하게 집중된 수도권의 인구와 기능을 분산하기 위해 행정수도 이전, 공공기관 이전을 기반으로 하는 혁신도시, 산업중심의 복합도시인 기업도시 건설을 추진했지만 수도권 기능 분산과 지방균형 발전이라는 바람과 달리 부동산 투기바람을 지방까지 확산시켜 잠자던 지방 토지와 주택의 가격을 폭등시킨 주범이 되었다.

과도한 대출규제라는 비판도 있었지만 그 덕분에 2008년 미국 금융위기의 파도를 쉽게 넘을 수 있었다는 긍정적인 평가도 있다. 노무현 정부 시절 아파트가격 변동률은 전국 34%, 서울 56%였다.

금융위기로 집값이 하락한
이명박 정부(2008~2012)

노무현 정부 시절 누적된 규제와 금융위기로 침체된 부동산시장을 살려야 했던 이명박 정부는 꾸준히 규제를 풀었지만 시장의 신뢰를 얻지는 못했다.

이명박 정부는 침체되는 부동산시장을 회복시키기 위해 규제를 풀었다. 하지만 주거안정에 필요한 규제는 병행했고, 서민 주거용 주택공급도 늘림으로써 주택가격을 안정적으로 유지하는 데 정책의 중심을 두었다.

　이명박 정부는 대포 같은 굵직한 대책보다는 기관총 같은 가는 대책을 자주 발표했다. 취임 후 지방 미분양 문제를 해결하고 국민주거용 주택을 공급하며 건설경기를 회복하기 위해 2008년 한 해 동안 6·11 부동산 대책(지방 미분양 LTV 완화, 취·등록세 감면, 양도세 일시적 2주택 2년 연장 등), 8·21 부동산 대책(지방 미분양 매입, 재건축 조합원 지위양도 허용, 분양권 전매제한 완화, 재건축 안전진단 완화, 수도권 30만 가구 공급, 지방광역시 1가구 2주택 양도세 중과 폐지 등), 9·1 부동산 대책(양도세 비과세 고가주택 기준 상향, 양도세율 인하), 9·19 부동산 대책(보금자리 150만 가구를 포함해 2018년까지 수도권 300만, 지방 200만 가구 공급), 10·21 부동산 대책(일시적 2주택 기간 2년 확대, 건설부문 유동성 공급 및 구조조정 지원) 등 여러 대책을 발표했다.

하지만 예상치 못한 미국발 글로벌 금융위기가 전 세계 금융시장을 강타하면서 실물경기가 급락하자 각국 정부는 파격적인 금리인하 정책을 포함한 대대적인 경기부양을 실시했다. 수출의존도가 높은 우리나라도 예외는 아니어서 2008년 말 환율 폭등, 신용경색, 실물경기 침체로 주식시장과 부동산시장이 폭락했다. 종합주가지수 900선이 붕괴되었고, 부동산 역시 폭락하면서 잠실주공 5단지 115.7m²(35평)가 8억 원 이하로 떨어지기도 했다.

노무현 정부 시절 묶었던 무거운 규제들이 남아 있는 상황에서 글로벌 금융위기의 여파로 부동산가격이 급락하고 내수경기까지 침체되자 이명박 정부는 좀더 적극적인 규제완화 정책을 추진하게 된다. 강남 3구 외 주택 투기지역 및 투기과열지구 해제, 토지 투기지역 해제, 양도세 비과세 거주요건 폐지, 재건축 소형평형 의무비율 완화 등이 포함된 11·3 부동산 대책을 발표했고, 2009년 미분양주택 양도세 한시 감면, 민간택지 분양가상한제 폐지, 주택청약종합저축 신설 등이 포함된 2·12 부동산 대책을 발표했다.

**일관성 없는 대책으로
신뢰를 잃다**

국내 외환 문제였던 IMF 경제위기와 달리 글로벌 금융위기가 국내 부동산시장에 미치는 영향은 제한적이었고, 급등하는 아파트가격을 잡기 위해 시행한 대출규제가 오히려 금융시장의 리스크를 줄이는 역할을 하면서 일시적으로 급락했던 부동산시장이 빠르게 안정을 찾았다. 그 후 리모델링 연한 및 증축조건 완화, 전세자금 및 도시형 생활주택 지원, 보금자리 확대, 대출 관리, 주택임대사업자 지원 등 실수요 서민 주거안정을 위한 정책에 집중했다.

주택시장이 안정을 찾았다고 판단한 이명박 정부는 한시적으로 풀어주었던 DTI 규제를 2011년 3·22 부동산 대책에서 다시 강화하는 판단 실수를 하게 된다. 대출규제강화에 민감한 반응을 보이면서 다시 급랭한 부동산시장에서 가격 하락이 본격적으로 시작되었다.

2011년 8억 원 이상에 거래되었던 개포주공 1단지 43m²(13평)가 1년 만에 6억 원 이하로 떨어졌다. 시장안정을 원했던 정부 바람과 달리 시장은 급락했다. 다급해진 정부는 강남 3구 투기과열지구와 투기지역 해제, 다주택자 양도세 중과 폐지, 재건축 초과이익 부담금 2년 중지, 1주택 양도세 비과세 요건 완화, 민영주택 재당첨 제한 폐지 등 규제 대못을 더 뽑았지만 등 돌린 부동산시장의 침체를 막기는 역부족이었다. 차라리 2011년 DTI 완화를 더 연장해주거나 완전 폐지를 해주었다면 급락하지 않았을 테고, 박근혜 정부에서 파격적인 규제완화를 할 필요도 없었을 것이다.

DTI 대책만 보더라도 '완화 → 강화 → 완화 → 강화'를 6번 오락가락하는 일관성 없는 정책으로 시장에 혼란만 주었다. 이렇듯 일관성 없는 대책을 너무 자주 발표하면서 시장의 신뢰를 잃은 이명박 정부의 대책 효과는 떨어졌고 부작용만 커졌다.

전세자금대출도 참 아쉽다. 전세자금대출 확대는 서민 주거안정을 위한 좋은 의도가 담긴 대책이다. 하지만 전세금인상을 대출로 쉽게 해결할 수 있게 되면서 세입자는 '대출받으면 되지', 집주인은 '전세자금대출에 동의해주면 되지' 하는 식으로 집주인과 세입자 모두 전세금인상에 대한 부담이 줄어들면서 가계부채가 급증하게 되었고, 전세를 끼고 투자하는 갭 투자가 성행하게 되었다. 돈이 부족한 이들이 대출을 쉽게 받게 되자 소형아파트 수요도 덩달아 더 늘어났다.

이렇게 전세금의 벽은 허물어졌고, 전세가격은 급등했다. 그렇게 높아진 전세가격은 2016~2018년 집값을 밀어 올리는 지렛대 역할을 했다.

강남세곡, 서초우면 등에 공급된 보금자리 주택사업은 이명박 정부의 핵심 주택공급 정책으로, '반값 아파트'라는 이름으로 많은 관심을 받았다. 그린벨트를 풀고 세금이 투입된 만큼 일부 당첨자한테 큰 수익을 안겨주기보다는 대규모 공공임대아파트로 개발해 많은 서민에게 혜택을 주는 것이 더 좋지 않았을까 하는 아쉬움도 남는다. 이명박 정부 시절 아파트가격 변동률은 전국 16%, 서울 -3%였다.

서울 집값 상승의 시작을 알린 박근혜 정부(2013~2016)

박근혜 정부는 5년간 양도세 면제 등 파격적인 규제완화 정책을 편 덕분에 침체된 부동산 거래는 활성화했지만 2017~2018년 서울 집값 폭등의 원인도 제공했다.

박근혜 정부는 주택시장 거래를 정상화하기 위해 파격적인 규제완화와 공급억제 정책을 시행했다. 임기 말에는 주택시장이 과열 조짐을 보이자 규제했지만 불붙은 부동산시장을 잡기는 역부족이었다.

2012년 급속히 얼어붙은 주택거래를 정상화하고 내수경기를 활성화해 경제성장까지 달성하려고 했던 박근혜 정부는 임기 초반 강력한 규제완화 정책을 시행했다. 2013년 4·1 부동산 대책(양도세 5년간 면제)과 8·28 부동산 대책(취득세율 영구인하)을 발표하면서 강력한 규제완화 카드를 사용했다.

5년간 양도세 면제 특례는 IMF 경제위기를 극복하기 위해 김대중 정부 시절에도 나온 특단의 대책으로 '정부에서 풀어줄 규제는 다 풀어주었으니까 이제 제발 집 좀 사라'는 신호다. 양도세 특례는 엄청난 특혜로 향후 다시 양도세 특례 대책이 나오면 반드시 기회를 잡는 것이 좋다.

공공주택물량을 연 7만 호에서 2만 호로 줄이는 공급억제 정책도 병행한 결과, 주택거래량이 조금씩 늘어나기 시작했다. 정부는 여기서 멈추지 않고 시장에서 민감하게 반응하는 대출규제와 재건축규제까지 푸는 승부수를 던졌다.

2014년 7·24 부동산 대책(LTV, DTI 70% 일괄적용, 청약통장 일원화)과 9·1 부동산 대책(재건축 허용연한규제완화, 청약 1순위 1년 단축), 12·23 부동산 대책(민간택지 분양가상한제 탄력 적용, 재건축초과이익환수제 3년 유예 연장)을 발표한 덕분에 주택시장은 거래량과 분양물량이 많아지고 주택가격까지 상승하면서 완전한 회복세로 전환되었다.

서울 집값 폭등의 원인을 제공하다 | 주택시장이 정상화되자 박근혜 정부는 서민과 중산층 주거 안정에 집중했다. 2015년 준공공임대주택 활성화, 공공임대 확대, 기업형 임대인 뉴스테이 도입, 집주인 리모델링 제도를 도입했고, 2016년에는 행복주택과 뉴스테이 공급물량을 확대하는 정책도 발표했다.

하지만 2016년 주택거래가 급격히 증가하면서 가계부채 문제가 심각한 수준이 되자 8·28 부동산 대책(LH택지공급 조절, 중도금대출보증 강화, 분양보증 강화)과 11·3 부동산 대책(조정대상지역 전매제한 강화,

1순위 청약자격 강화, 재당첨 제한, 중도금 대출보증요건 강화, 청약가점제 자율 시행 유보)을 발표하면서 규제완화에서 규제강화로 부동산 정책을 전환했다.

물론 역대 정권에서도 그랬지만 일단 움직인 부동산시장의 흐름을 대책 한 번으로 멈추는 것은 불가능에 가까운 일이기에 주택시장 과열을 잡는 숙제는 문재인 정부로 넘어왔다. 문재인 정부에서는 서울 집값 폭등의 원인이 박근혜 정부 시절 지나치게 풀어버린 규제완화에 있다고 비판했다. 틀린 말은 아니다. 하지만 부동산 정책은 부동산시장의 흐름과 반응에 따라 나올 수밖에 없는지라 박근혜 정부 시절에는 규제를 풀 수밖에 없었다. 아마 문재인 정부가 2013년으로 돌아간다 해도 규제를 풀었을 것이다.

아무튼 한번 불붙은 서울의 집값 상승은 문재인 정부의 최대 고민거리가 되었다. 박근혜 정부의 부동산 정책은 강력한 규제완화를 통한 수요 확대와 공급물량을 줄이는 공급억제 정책을 내놓으면서 침체된 주택시장을 살리는 데는 성공했다. 하지만 가계부채 급증과 주택시장 과열이라는 숙제를 다시 문재인 정부로 넘겼다.

새삼 느끼지만 정책으로 시장을 조절하는 것이 얼마나 어려운지, 어쩌면 불가능에 가깝지 않을까 하는 생각을 하게 된다. 박근혜 정부 시절 아파트가격 변동률은 전국 10%, 서울 10%였다.

일본의 '잃어버린 20년', 어떤 일이 있었나

일본의 '잃어버린 20년'을 따라가는 한국의 경제와 부동산에 대한 우려가 커지고 있다. 일본은 장기침체가 어떻게 닥쳐왔고 어떻게 극복했는지 알아보자.

학생 시절, 일본의 소니 워크맨은 정말 갖고 싶지만 갖기 어려운 선망의 아이템이었다. 더 거슬러 올라가면 소니 베타방식 비디오플레이어를 본 충격은 잊을 수 없다. 컬러 방송도 없던 시절 극장에 가거나 주말의 명화에서만 볼 수 있던 〈바람과 함께 사라지다〉가 텔레비전 화면에 나오는 것이 아닌가! 도대체 무슨 영문인지 어리둥절한 어린아이한테 비디오를 설명해주어도 이해할 리 만무했다.

지금도 경제 규모에서는 비교 대상이 아니지만 1980년대 일본은 감히 우리나라와 비교조차 할 수 없었다. 우리나라의 삼성전자가 일본의 소니를 앞지를 수 있다는 것을 감히 상상이나 했겠는가?

그러나 1990년대가 되면서 상황이 달라졌다. 일본의 '잃어버린 20년'은 혹독한 겨울이었고, 반면 우리나라는 일본을 따라갈 수 있다는 희망을 가진 봄이었다. 그런데 이제 우리나라가 고령화·저출산·저고용·저성장의 무게 앞에 '잃어버린 20년' 장기침체의 길목에 서 있다. 어쩌면 이미 진입했는지도 모르겠다.

'잃어버린 20년'을 어떻게 극복했나? | 1982년 600만 명이던 일본의 스키인구는 1993년 1,800만 명까지 늘었지만 2016년 530만 명까지 줄어들면서 1982년보다 낮은 수치를 기록했다. 젊은이의 스포츠인 스키의 몰락은 내수시장 축소를 보여주는 의미 있는 지표다. 우리나라 스키 인구도 2012년 686만 명을 기록한 뒤 2016년 491만 명까지 줄어들었다.

일본은 1991년부터 경제거품이 꺼지면서 경기침체가 시작되어 2001년까지 경제성장률은 평균 1.1%에 그쳤고, 2012년까지 1% 수준에 머물렀다. 20년 동안 장기침체가 지속되면서 거품이 붕괴되자 은행 부실에 따른 대출 기피로 기업과 가계가 연쇄부도가 나고, 부동산 등 주요 자산가격이 큰 폭으로 하락했다. 일본의 장기침체 과정을 조금 더 상세히 알아보자.

일본이 1970년대부터 1980년대까지 큰 폭의 무역수지 흑자를 기록하자 무역적자 문제가 심각했던 미국은 일본에 환율 조정을 요구했다. 1985년 9월 플라자합의로 1985년 9월 달러당 237엔에서 1986년 9월 155엔으로 달러당 엔화 환율이 떨어지면서 엔화가치가 상승한다. 이런 엔화가치의 급격한 상승은 일본 수출기업에 타격을 주었고, 기업들이 비용을 절감하고 생산성을 향상하기 위해 해외로 생산설비를 이전하면서 일본의 수출과 무역흑자는 감소했다.

경제가 타격을 받자 일본 정부는 금리를 인하하게 되었고, 기업들은 대출을 받아 해외공장 투자를 더 확대하는 한편 1983년부터 일어난 도심 상업지구에 대한 투기가 전국적으로 확대되었다. 1981년 73.5%였던 일본의 토지가격지수는 부동산 투기가 절정이던 1991년 285.2%로 10년 사이에 4배 정도가 올랐다.

2~3% 수준이던 물가상승률은 환율절상으로 수입물가가 싸지고 생산비용이 줄어들면서 하락해 1987년 처음으로 디플레이션이 발생했다. 이때는 저금리 정책으로 다시 회복하면서 별것 아닌 일로 대수롭지 않게 넘어갔지만 그 경험이 독이 되어 1990년대 중반 장기 디플레이션 체제로 돌아서게 되었다. 플라자합의에 따른 환율 충격으로 침체된 경제를 회복시키고자 금리를 낮췄고, 풍부해진 유동자금이 기업투자뿐만 아니라 부동산과 주식으로 유입되면서 '버블'이 일어난 것이다.

이때 일본 정부는 버블을 잡고 경기를 안정시키기 위해 금리를 연이어 인상했고, 버블 붕괴 우려가 서서히 커지면서 주식과 부동산을 처분하려는 사람들이 늘어나자 이때부터 너도나도 먼저 팔아서 살아남아야 하는 치킨게임으로 변하게 되었다. 결국 이성적 판단이 무너지면서 걷잡을 수 없는 장기침체로 이어졌다.

아무리 미국이 요구했다고 하더라도 '잃어버린 20년'으로 이어질 것을 알았다면 환율 조정을 결사반대했겠지만, 당시 일본은 세계 2위의 경제 대국이었고 경제에 대한 자신감이 하늘을 찌르던 시절이었기 때문에 환율이 조정되더라도 충분히 극복할 수 있을 것이라고 쉽게 생각했을 것이다.

"정부가 헬리콥터로 돈을 뿌려도 그 돈은 전부 다락방에 들어가 시장에 나오지 않는다." 2000년대 초 일본의 경제학자들이 내놓은 말이다. 정부가 경제정책을 내놓아도 내수시장에 약발이 먹히지 않은 것으로, 일본의 장기침체가 얼마나 답답한 상황이었는지 알 수 있다. 환율 조정에 따른 섣부른 경제정책이 발단이 되었지만 근본적으로는 고령사회 진입에 따른 생산인구 감소와 노후에 대한 불안으로 지갑을 닫는 노인층 증가라는 구조적 문제가 자리 잡고 있었다.

지금의 일본 경제는 호황이다 | 고령화와 저출산으로 유니버설스튜디오(USJ) 같은 테마파크는 모두 문을 닫을 것이라는 비관적 전망이 팽배했지만 USJ의 2017년 방문객은 1,500만 명으로 4년 연속 최고치를 경신했다. 2018년 여름 일본 여행을 다녀온 사촌형님이 유니버설스튜디오를 구경하려고 무더운 날씨에 1시간 30분 동안 줄을 서 있었다고 한다. 24시간 영업을 하는 가게도 많다고 한다.

인구가 늘어나지도 않았는데 어떻게 된 일일까? 고령화와 저출산에 따른 인구 감소 부족분을 외국인 관광객으로 메운 것이다.

일본 정부는 이런 적극적인 관광 정책 외에 과감하게 세금을 감면해주고 규제를 풀었으며, 엔저円低 정책으로 수출기업에 날개를 달아

주었다. 그 결과 일본의 경기동향지수가 120.7%를 기록해 1980년대 버블 절정기인 120.6%를 뛰어넘었다. 적극적인 양적 완화와 재정지출 확대, 기업구조 개혁으로 불황에서 탈출한 것이다. 물론 인구 감소와 예전과 비교하면 여전히 부진한 경제상황으로 도쿄 등 중심부가 아닌 지방의 빈집 문제는 일본의 숙제다.

글로벌 경기호황에도 내수침체의 늪에 빠져 일본의 '잃어버린 20년' 장기침체를 따라가고 있는 우리나라에는 '강남 집값 잡기'가 아니라 오히려 좀더 과감하면서 적극적인 규제철폐와 경기부양 정책이 필요하다.

보유세

보유세는 부동산 보유자가 매년 내는 세금으로 재산세와 종합부동산세가 있다. 고가주택을 대상으로 하는 종합부동산세는 2019년부터 인상된 세율이 적용된다.

보유세는 부동산을 보유한 소유자에게 매년 부과되는 세금으로 재산세와 종합부동산세가 있다. 부동산을 취득할 때 내는 취득세와 양도할 때 내는 양도세는 취득이나 양도라는 이벤트가 발생할 때 내는 일회성 세금인 데 반해, 보유세는 부동산을 보유하는 동안 해마다 주기적으로 발생하기 때문에 부동산 소유자가 느끼는 부담은 매우 크다.

취득세는 집을 살 때 한 번 내는 것이니 기분 좋게 낼 수 있고, 양도세는 집을 팔 때 양도 차익에 대해 일정 비율을 내는 것으로 투자 수익금 일부를 내는 것이니 이 역시 흔쾌히 낼 수 있다. 하지만 보유세는 집값이 오르든 오르지 않든 상관없이 해마다 정기적으로 내야 하는 만큼 부담도 크고, 조세저항 역시 크다.

재산세

재산세는 주택의 경우 매년 6월 1일을 기준으로 7월과 9월에 전년 도 납부한 재산세액의 1.5배 한도로 지방교육세(20%)와 함께 건물은 7월에, 토지는 9월에 부과된다. 재산세의 부과기준이 6월 1일이다보니 6월 1일 이후 취득한 분은 내년부터 발생하는 재산세에 대해 납부 의무가 생기며, 올해 재산세는 6월 1일 이전 소유자인 매도인이 납부 해야 한다. 그래서 올해 재산세를 피하기 위해 잔금일을 6월 1일 이후로 해달라는 매수자와 안 된다고 하는 매도자 사이에 사소한 논쟁이 벌어지기도 한다.

재산세는 공시가격에 공정시장가액비율을 곱한 과세표준에 재산세율을 곱해서 계산한다. 여기서 공정시장가액비율이란 과세표준을 정할 때 적용하는 공시가격의 비율로, 현재 주택은 60%를, 건물과 토지는 70%를 적용한다. 이 말은 아파트의 경우 주택공시가격의 60%가 과세표준이 된다는 것으로, 보통 주택공시가격이 실거래가격의 70% 정도 되니 10억 원짜리 아파트는 4억 원 정도가 과세표준이 된다.

▼ 재산세 계산 방법

구분	계산
재산세	과세표준×재산세율-누진공제
과세표준	공시가격×공정시장가액비율
공정시장가액비율	건물 70%, 토지 70%, 주택 60%

구분	재산세		
	과세표준	세율	누진공제
주택	6천만 원 이하	0.1%	
	6천만~1억 5천만 원	0.15%	3만 원
	1억 5천만~3억 원	0.25%	18만 원
	3억 원 초과	0.4%	63만 원

　과세표준이 그대로 과세되는 것은 아니고, 과세표준에 재산세율을 곱해서 재산세액이 최종 결정된다. 재산세율은 주택과 건물, 토지로 구분되는데, 건물과 토지에 대한 재산세율까지 이야기하면 머리만 복잡해질 수 있으니 주택에 대한 재산세율만 알아보겠다.

　과세표준 금액에 따라 0.1~0.4%의 재산세율이 적용되며, 주택 중에서도 별장 같은 사치성 재산은 규제 차원에서 중과세율 4%가 적용된다.

$$재산세 = 과세표준 \times 재산세율 - 누진공제$$

　재산세를 한번 계산해보자. 주택공시가격이 15억 원인 아파트의 경우 아래와 같이 계산하면 재산세는 297만 원 정도 된다.

- 과세표준 = 주택공시가격(15억 원) × 공정시장가액비율(60%)
  = 9억 원
- 재산세 = 과세표준(9억 원) × 재산세율(0.4%) - 누진공제(63만 원)
  = 297만 원

앞서 설명했듯이 재산세의 20%에 해당하는 지방교육세도 함께 부과되기 때문에 실제 납부해야 하는 재산세(지방교육세 포함)는 350만 원이 넘을 것이다.

종합부동산세

종합부동산세는 재산세와 달리 고가주택이나 토지에 대해서 해마다 부과되는, 이른바 부자들을 대상으로 하는 징벌적 세금으로 여전히 논란거리다. 보유세를 강화하겠다는 것은 모든 주택보유자가 대상인 재산세를 올리겠다는 것이 아니라 고가주택이 대상인 종합부동산세를 올리겠다는 것이다.

종합부동산세는 건물에는 부과되지 않고 토지(분리과세 토지는 과세되지 않음)와 주택에 대해 해마다 6월 1일을 기준으로 산정되며, 12월 1일~12월 15일, 15일간 전년도 납부한 종합부동산세액의 1.5배 한도(3주택 및 조정대상지역 2주택 2019년부터 3배) 내에서 농어촌특별세(20%)와 함께 부과된다.

간헐적으로 세금이 부당하게 청구되는 경우도 있다. 청구된 세금이 부당하다는 것을 입증하기가 쉽지 않을 수는 있지만 결정고지를 받은 날부터 90일 이내에 이의신청 또는 심사청구·심판청구를 할 수 있다.

주택을 보유하면 부과되는 재산세와 달리 종합부동산세는 과세기준금액 미만이 되면 부과되지 않기 때문에 내 주택이 종합부동산세 부과대상이 되는지는 매우 중요하다. 주택 과세기준은 인별 주택공시가격 6억 원이며, 1세대 1주택은 9억 원이다. 본인이 보유한 주택의 공시가격 합이 6억 원이 넘으면 종합부동산세 대상이 되며, 1세대 1주택에 해당할 경우 주택공시가격 9억 원이 넘지 않으면 한시름 놔도 된다.

양도세는 세대합산으로 주택 수를 산정하지만 종합부동산세는 합산과세가 위헌판결이 나면서 이제는 인별로 적용되기 때문에 부부가 각각 보유한 주택에 대한 공시가격을 계산하면 된다. 예를 들어 남편이 공시가격 10억 원 아파트가 있고 부인이 공시가격 5억 원 아파트가 있다면, 남편이 보유한 10억 원 아파트만 종합부동산세가 부과되는 것이다.

종합부동산세는 어떻게 계산할까? 재산세와 비슷하지만 공시가격에 공제금액을 제하는 것과 공정시장가액비율과 세율이 재산세와 다르다. 아래 표에서 보듯이 공시가격에서 공제금액을 뺀 금액에 공정시장가액비율을 곱한 과세표준에 세율을 곱한 후 누진공제를 빼면 된다.

종합부동산세 = 과세표준 × 종합부동산세율 − 누진공제

▼ 주택 종합부동산세 계산

구분	계산
종합부동산세	과세표준×종합부동산세율 − 누진공제
과세표준	(공시가격−공제금액)×공정시장가액비율
공제금액	6억 원(1세대 1주택 9억 원)
공정시장가액비율	80%(매년 5%p 인상, 2022년까지 100%)

과세표준	현행		9·13 부동산 대책 인상안			
			일반		3주택 및 조정대상 2주택	
3억 원 이하	0.5%	누진공제	0.5%	누진공제	0.6%	누진공제
3억~6억 원	0.5%		0.7%	60만 원	0.9%	90만 원
6억~12억 원	0.75%	150만 원	1.0%	240만 원	1.3%	330만 원
12억~50억 원	1.0%	450만 원	1.4%	780만 원	1.8%	1,020만 원
50억~94억 원	1.5%	2,950만 원	2.0%	3,780만 원	2.5%	4,520만 원
94억 원 초과	2.0%	7,650만 원	2.7%	1억 360만 원	3.2%	1억 1,100만 원

공시가격 21억 원(시가 30억 원 정도) 1주택자의 2018년 종합부동산세를 계산해보면 570만 원 정도가 된다. 여기에 20% 정도의 농어촌특별세가 추가될 것이다. 2019년에는 공정시장가액비율이 85%로 오르고 세율도 1%로 올라 세 부담은 더 늘어날 것이다.

- 과세표준 = (주택공시가격(21억 원) − 공제금액(9억 원)) × 공정시장 가액비율(80%) = 9억 6천만 원
- 종합부동산세 = 과세표준(9억 6천만 원) × 종합부동산세율(0.75%) − 누진공제(150만 원) = 570만 원

과거는 미래를 볼 수 있는 거울이다.
과거의 부동산시장 흐름과 정책을 알면
현재와 미래의 부동산시장을 예측하는 데 도움이 된다.

부동산 중에서 상가 등 수익형 부동산은 임대수익률과 토지, 건물 가격에 따라 가치가 결정되지만 아파트 등 주택은 부동산 정책, 수요와 공급 등 부동산시장 흐름에 큰 영향을 받는다. 부동산不動産은 살아 움직이는 생물生物이다. 인구 변화와 이동, 공급과 입주물량, 부동산 정책, 금리, 국내외 경제상황, 수요자의 투자 심리에 따라 부동산은 살아 움직인다.

부동산과 잠시 거리를 두고 살다보면 순식간에 부동산시장의 변화 흐름에 뒤떨어진 바보가 되는 것이 현실이다. 그래서 부동산은 항상 관심을 가지고 공부하며 지켜봐야 한다. 특히 지금 당장 내 눈앞에 보이는 것만 보지 말고, 몇 년 후 부동산시장의 미래를 예측할 수 있는 눈을 키워야 한다.

3장

부동산 보는 눈을
키워야 한다

부동산 대책의
시그널을 읽어야 한다

정부는 부동산시장 흐름에 따라 부동산 대책을 발표한다. 부동산 대책이 주는 시그 널을 잘 읽으면 좋은 타이밍을 잡을 수 있다.

신이 아닌 이상, 미래를 완벽하게 알 수 있는 사람은 없다. 부동산 전 문가들도 일반 투자자들보다는 확률이 높겠지만 100% 맞출 수는 없 다. 심지어 주식이나 부동산 애널리스트의 예측보다 동전 던지기 확 률이 더 높다는 우스갯소리도 있다.

주식도 그렇지만 부동산은 수요와 공급, 부동산 대책, 국내외 경제 상황 등 변수가 다양하고 심리적 영향이 커서 과학적 근거에 따른 예 측도 맞지 않는 경우가 많다. 하지만 그렇더라도 섣부른 감정적 예측 보다는 부동산 대책의 시그널을 과학적으로 읽으면서 대응하면 투자 성공확률을 더 높일 수 있다.

▼ 부동산시장 흐름에 따른 대책

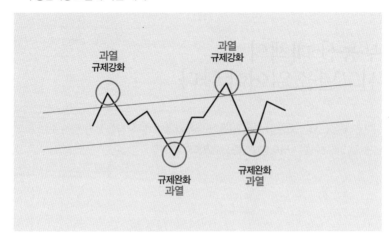

　　부동산 대책은 위 그림에서 보듯이 부동산시장의 분위기와 흐름에 따라 발표된다. 부동산규제를 강화하는 대책이 발표된다는 것은 부동산시장의 흐름이 상한기준선을 넘어 오버슈팅overshooting 되면서 과열되었다는 의미다. 반면 부동산규제를 풀어주는 규제완화 대책이 발표되었다는 것은 시장 흐름이 하한기준선 아래로 내려와 언더슈팅 undershooting 되면서 냉각되었다는 의미다.

규제완화와 규제강화의
흐름을 파악하자

정부는 친절하게도 부동산 대책으로 현재 부동산시장이 과열인지 냉각인지, 어느 지역이 너무 올라 문제인지, 어떻게 해결할 계획인지 구체적이고 상세하게 알려준다. 부동산 대책은 정부의 각 부처 담당자들이 열심히 만든 규제정책으로 부동산시장 상황, 문제점, 방향성, 규제 내용, 향후 계획까지 포함된 보도자료 형식으로 배포된다. 그래서 부동산 대책이 발표되면 뉴스만 보고 대충 지나가지 말고 보도자료를 꼼꼼하게 읽어보길 바란다.

부동산 대책 보도자료는 국토교통부 홈페이지나 네이버, 다음 등 포털 검색으로 손쉽게 내려받을 수 있다. 보도자료를 읽어볼 시간 여유가 없다는 것은 핑계일 뿐이고, 실제로는 성공적인 부동산 투자 의지가 없는 것이다.

박근혜 정부에서 발표한 마지막 대책인 11·3 부동산 대책은 37개 청약조정대상지역에 대한 청약시장이 과열이라는 의미다. 한편 문재인 정부의 첫 부동산 대책인 6·19 부동산 대책은 40개 조정대상지역의 청약과 재건축시장이 과열이라는 것을 알려준다.

2017년 발표된 8·2 부동산 대책은 문재인 정부의 대표 부동산규제 대책으로 서울 전 지역의 청약, 재건축, 일반 아파트가 과열이라는 의미다. 2018년 8·27 부동산 대책에서 추가된 4개 투기지역(동작, 동대문, 종로, 중구)과 2개 투기과열지구(광명, 하남), 3개 조정대상지역(구리, 안양 동안, 광교 신도시)이 2017년 여름 많이 올랐다는 것이다. 또한 조정대상지역에서 해제된 부산 기장은 시장 분위기가 꺾였음을 알려주며 부산은 추가로 더 풀어주어야 한다는 목소리가 많은데 부산 부동산시장 분위기가 그만큼 좋지 않다는 것이다.

현명한 부동산 투자자라면 부동산 대책의 시그널을 제대로 읽을 수 있어야 한다. 부동산 대책이 발표되었다는 것은 부동산시장의 흐름이 과열되거나 냉각되어 정부가 개입할 정도로 문제가 심각해졌다는 뜻이다.

**부동산 대책의
시그널을 잡아라**

2013~2014년 박근혜 정부는 양도세 한시적 면제, 취득세 영구인하, 대출규제 DTI·LTV 완화, 재건축초과이익환수 유예, 분양가상한제 폐지 등 강력한 규제완화 대책을 발표했다. 이런 강력한 규제완화 대책을 내놓은 것은 부동산시장이 하한기준선 아래로 떨어지면서 일반 아파트를 비롯해 청약과 분양권, 재건축 아파트 할 것 없이 거래량이 줄어드는 동시에 가격까지 하락해 내수경제에도 악영향을 미치게 되자 정부가 개입하지 않으면 안 되는 상황이 되었다는 의미다.

규제를 완화한다는 것은 침체된 부동산시장을 정상화하기 위해서 과감하게 규제를 풀어줄 테니 아파트를 사라는 시그널이다. 즉 지금 부동산시장이 지나치게 냉각되어 바닥이니 양도세를 안 내도 되고, 살 때 취득세 부담도 줄여주고, 돈이 부족하면 대출도 더 받게 해줄 테니 '제발 아파트를 사라'는 이야기다. 또 재건축 규제도 풀어주고 분양가도 더 올리게 해줄 테니 '강남 재건축 아파트에도 투자하라'고 정부가 친절히 알려주었음에도 당시 대부분 서울 투자자들은 그 의미를 미처 알지 못하고 당장 눈에 보이는 시장 침체가 두려워 좋은 투자 타이밍을 놓쳤다.

노무현 정부는 2003~2007년 임기 동안에는 분양권 전매제한, 재건축 조합원 입주권 전매제한, 초과이익환수, 양도세 중과, 비과세 요건 강화, 대출 DTI·LTV 강화, 투기과열지구·투기지구 등 엄청난 양의 부동산규제강화 대책을 발표했다. 임기 5년 동안 부동산시장의 과열이 지속되자 '제발 투자를 그만하라'는 의미였는데, 그 신호를 무시하고 계속 무리하게 투자하다가 2008년 금융위기로 부동산시장 분위기가 꺾이면서 어려움을 겪은 이들도 많았다.

　이렇듯 부동산 대책이 주는 시그널을 읽으면 투자 타이밍을 잡는데 도움이 된다. 부동산규제 대책이 계속 발표되었다는 것은 부동산시장 흐름이 상한기준선을 넘어 과열되었다는 것으로, 당장이야 탄력이 붙은 부동산가격이 더 오르지만 몇 년 후 시장 분위기가 침체될 가능성이 높아진다는 시그널이다. 이런 시그널을 무시하고 정책에 맞서 나 혼자 예측하고 판단해 투자를 계속 고집한다면 향후 큰 코 다칠 가능성이 높다.

　반대로 부동산규제완화 대책이 여러 번 발표되면 부동산시장이 지나치게 냉각되어 하한기준선 아래로 내려갔다는 것으로, 지금은 어렵지만 몇 년 후 반등할 확률이 높다는 시그널이다. 부동산 침체기에는 '이제 부동산 시대는 끝났다'는 부정적 분위기가 형성되면서 정부가 규제완화 대책을 여러 번 발표해도 '이제는 안 된다'고 단정 짓고는 보유하고 있던 부동산을 팔거나 전세만 고집한다면 몇 년 후 땅을 치고 후회할 가능성이 높다.

　실제로 2012년 부동산시장 침체가 극심했던 시기에 잠실주공 5단지와 개포주공에 투자한 이들은 웃고 있지만 반대로 보유하고 있던 아파트를 판 이들은 통한의 눈물을 흘리고 있을 것이다. 정부 대책이 주는 시그널을 믿고 보유하거나 투자한 이들이 승리했다.

부동산 대책의
시차 효과를 알아야 한다

부동산 대책의 효과는 정부 기대와 달리 바로 나오지 않고 3년 정도 시차가 발생한다. 이런 대책의 시차 효과를 알아야 제대로 된 타이밍을 잡을 수 있다.

부동산 대책이 주는 시그널을 읽는 것이 중요하다는 것은 알았다. 그런데 2017년 '역대 최고'라는 8·2 부동산 대책이 발표된 이후 1년이 지난 2018년 여름 서울 아파트가격은 큰 폭으로 상승했다. 분명 집을 사지 말라는 시그널을 주었는데 집값은 오히려 올랐다. 정부 말만 믿고 투자를 하지 않거나 집을 판 사람들만 바보가 되었다.

박근혜 정부 시절인 2013년 5년간 양도세 면제 등 강력한 규제완화 대책을 발표했지만 2015년이 지나서야 거래량이 크게 늘어났고, 노무현 정부 시절에는 임기 5년 동안 규제강화 대책이 계속 쏟아져 나왔음에도 서울 집값이 쉽게 잡히지 않았다.

대책의 시그널을 읽어도 여전히 타이밍을 잡기는 어렵다. 왜 대책이 발표되었는데도 집값은 잡히지 않고 가격이 더 오를까?

부동산 대책의 효과는 실질 효과와 심리 효과로 나눌 수 있다. 부동산 대책의 내용이 부동산시장에 직접 영향을 미치는 실질 효과는 대책을 발표하고 짧게는 1~2년, 보통 2~3년 정도 지난 후 발생한다.

대책의 효과가 나는 데는 시차가 존재한다

양도세 규제는 양도 차익에 대한 세금으로 팔 때 내는 세금이기에 지금 당장 집을 사는 투자자한테는 심리적 부담은 주겠지만 팔 때까지는 직접적 영향은 없다. 분양권 전매제한은 분양권을 못 팔게 하는 규제로 대책 발표 전 이미 분양받거나 취득한 분양권은 규제대상이 아니다. 또한 9·13 부동산 대책에서 대폭 강화된 종합부동산세는 매년 6월 1일 기준으로 연말에 납부하기 때문에 2019년 말 고지서를 받기 전까지는 심각성을 알지 못할 것이다.

주택공급 계획은 더 심각하다. 건설의 특성상 아파트는 한번 공급하려면 적어도 3~5년 정도 기간이 필요해서 대책 발표 후 실제 아파트 입주까지는 빨라야 3년, 보통 5년 이상 기다려야 한다.

문재인 정부에서 9·21 부동산 공급확대 대책을 발표했는데, 빨라야 2021년부터 일부 물량의 입주가 가능할 것이다. 그런데 그때쯤이면 문재인 정부 임기 말의 레임덕 상황이고, 부동산시장 분위기가 현재와 다르게 바뀌어 있을 수도 있다. 반면 부동산 대책 발표 후 규제 강도에 따라 투자 심리에 영향을 주는 심리 효과는 짧게는 한 달, 길게는 1년 정도 이어진다.

부동산시장 과열을 잡기 위한 규제 대책이 발표되면 '이 정도로는 부동산시장 분위기가 꺾이지 않을 것'이라는 기대감과 '부동산시장 분위기가 꺾일 수 있다'는 불안감이 공존하면서 매수인과 매도인 사이에 팽팽한 줄다리기가 시작된다.

반대로 부동산시장을 살리기 위한 규제완화 대책이 나오면 '이 정도로는 죽어 있는 부동산시장 분위기가 쉽게 살아나지 않을 것'이라는 좌절감과 '혹시 부동산시장 분위기가 살아나지 않을까' 하는 기대감이 공존하면서 매수인과 매도인 모두 시장 상황을 예의주시하게 된다. 2016년 박근혜 정부의 마지막 대책인 11·3 부동산 대책이 발표된 후 관망 기간은 5개월 정도였다. 대책 발표 후 5개월 정도 지켜보다가 매수인들이 투자로 돌아서면서 주택가격이 큰 폭으로 상승했다.

2017년 문재인 정부의 첫 부동산 대책인 6·19 부동산 대책이 발표되었지만 한 달도 가지 못해 서울 주택가격이 다시 급등하면서 부랴부랴 8·2 부동산 대책을 발표했다. 하지만 8·2 부동산 대책 역시 한 달 만에 서울 아파트가격이 반등하면서 '강력한 대책'이라는 평가를 무색하게 만들었다.

노무현 정부 시절인 2003년 한 해 동안 투기과열지구, 양도세 중과, 종합부동산세 등 규제폭탄이 쏟아지면서 2005년 다시 반등할 때까지 심리 효과가 1년 정도 이어졌다. 이런 심리 효과가 여러 번 반복되면서 시장에서 감내할 수 있는 임계치臨界値까지 가격이 상승하면 그동안 누적된 규제와 상승에 대한 피로감으로 투자 심리가 꺾이면서 부동산시장 분위기는 반전되고, 정부의 규제 드라이브는 비로소 멈추게 된다.

이렇듯 부동산 대책이 발표되더라도 실질 효과가 나오기까지는 몇 년이 필요한데, 정부는 대책 발표 후 기대와 달리 효과가 빠르게 나오지 않으면 조급증에 다시 추가 대책을 발표하면서 결과적으로 과도한 규제 누적으로 부동산시장 상황을 더 악화시키게 된다. 부동산규제 대책을 발표한 후 부동산시장이 안정되자 대책을 만든 담당자를 포상했다가 부동산시장이 다시 과열되면서 포상을 취소했다는 해프닝도 다 이런 대책의 시차 때문에 생긴 일이다.

정부 정책의 방향을 알면 돈의 흐름이 보인다　　역대 정권의 부동산 대책과 부동산시장 흐름을 보면 부동산 대책 한 번으로 부동산시장의 흐름이 전환된 경우는 거의 없고, 대부분 2~3년 또는 그 이상 여러 번 규제 대책을 발표하면서 규제가 누적된 후 부동산시장 흐름이 전환된 것을 알 수 있다.

부동산 대책의 시차에 따라 좋은 결과가 나올 수도 있고, 상투를 잡아서 마음고생을 할 수도 있다. 예를 들어 노무현 정부 시절인 2003~2004년 규제 대책만 보고 주택을 매도했거나 투자를 멈추었다면 이후 상승 기회를 놓쳤을 테고, 2006~2007년 계속되는 규제 대책을 무시하고 버블세븐지역 중대형아파트에 투자했다면 투자손실이라는 뜨거운 맛을 보았을 것이다.

과거 패턴이 무조건 반복되는 것은 아니다. 하지만 30년 동안의 부동산 대책과 부동산시장의 흐름을 분석해보면, 대책 발표 후

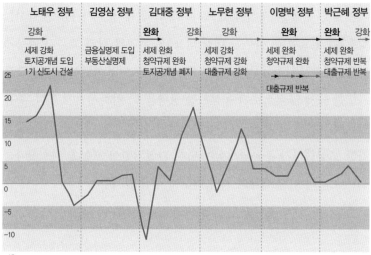

▼ 역대 정권별 부동산 대책의 효과와 주택가격 매매가격 변동률 흐름 (단위:)

노태우 정부	김영삼 정부	김대중 정부	노무현 정부	이명박 정부	박근혜 정부
강화 →		완화 → 강화	강화 →	완화 →	완화 → 강화
세제 강화 토지공개념 도입 1기 신도시 건설	금융실명제 도입 부동산실명제	세제 완화 청약규제 완화 토지공개념 폐지	세제 강화 청약규제 강화 대출규제 강화	세제 완화 청약규제 완화 대출규제 반복	세제 완화 청약규제 반복 대출규제 반복

1~2년 동안은 왜곡인지로 기대와 반대 결과가 나오는 경우가 많았고, 2~3년 정도 지나 규제가 누적된 후 실질 효과가 나타나면서 투자심리가 꺾이고 부동산시장 분위기가 반전되는 경우가 많았다.

또한 부동산 대책은 처음부터 강한 대책을 발표하는 것이 아니라 처음에는 약하게 발표한 후 시장 반응을 보면서 점점 강도를 높이는 경향이 있다. 그러므로 부동산규제 대책이 발표되면 너무 성급하게 판단하기보다는 시차 효과와 왜곡인지를 감안해 여러 번 대책이 발표된 후 현명하게 매도·매수 타이밍을 결정하는 것이 좋다.

참고로 가장 강력한 규제강화 카드는 양도세 중과, 종합부동산세 인상, 재건축초과이익환수, 대출강화 등이고, 가장 강력한 규제완화 카드는 5년간 양도세 면제 등 양도세 특례, 대출완화 등이다. 이런 초

강력 규제카드는 규제의 절정을 알려주는 징표로 2~3년 정도 실질 효과가 발생할 가능성이 높다.

몇 년 후 부동산시장이 침체로 전환되어 오히려 거래를 활성화하기 위해 양도세 한시적 면제나 DTI 등 대출을 풀어주는 대책이 나오면 시장 분위기가 좋지 않더라도 저가매수 기회로 적극 활용하는 것이 좋다. 2013년 양도세 한시적 면제 혜택을 담은 양도세 특례와 취득세 영구 인하 등 강력한 규제완화 대책이 발표되었고, 2015년부터 서울 아파트 거래량이 크게 증가했다.

부동산 대책의
왜곡인지란 무엇인가?

부동산 대책이 발표되면 왜곡인지로 인한 정보의 굴절 현상이 발생한다. 정부의 바람과는 다른 시장의 반응으로 왜곡된 결과가 나타나는 것이다.

부동산 중 아파트시장은 심리가 미치는 영향이 크다. 대부분 사람들은 부동산 대책이 발표되면 대책의 규제 내용을 있는 그대로 받아들이는 것이 아니라 자신한테 유리하게 해석하는 왜곡인지를 하는 경향이 많다. 이런 왜곡인지는 인간의 본질적 본능으로, 사람들은 대부분 동일한 현상을 보더라도 자신에게 유리하게 해석한다. 한마디로 심리가 거짓말을 하는 것이다.

부동산 투자는 남들보다 더 잘살고 싶고 뒤처지기 싫은, 타인에 대한 욕망이다. 이런 왜곡인지에 따른 정보 굴절 현상 때문에 부동산 대책이 발표되어도 부동산시장의 분위기가 쉽게 잡히지 않고, 정부

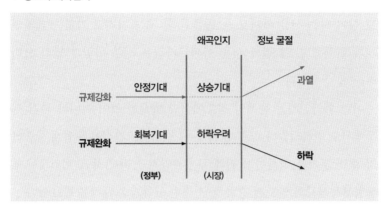

기대와 달리 오히려 반대 결과가 나온다.

위 그림은 정보의 왜곡인지를 보여준다. 부동산시장이 과열되어 안정을 기대하고 규제 대책을 발표했지만 부동산시장에는 상승을 기대하는 왜곡인지로 '과열'이라는 정보 굴절이 생긴다. 반대로 부동산시장이 침체되어 거래활성화와 시장 회복을 기대하고 규제를 완화했지만 하락을 우려한 시장의 왜곡인지로 '하락'이라는 정보 굴절 현상이 발생한다. 이런 왜곡인지에 따른 정보 굴절 현상은 부동산 대책이 처음 발표된 후 실질 효과가 나오는 2~3년 동안 주로 발생한다.

**왜곡인지를 고려한
냉정한 대응이 필요하다**

문재인 정부는 급등하는 서울 집값을 잡기 위해 서울 강남과 다주택 소유자를 타깃으로 다주택 양도세 중과와 종합부동산세 인상을 연이어 발표했다. 하지만 부동산시장에서는 보유가치가 낮은 수도권 외곽이나 지방 아파트는 정리하고, 정부가 잡고 싶어 하는 서울 아파트 등 똘똘한 한 채는 가지고 가자는 왜곡인지가 발생했다. 그 결과 서울 아파트가격은 정부 바람과 달리 오히려 크게 상승했다.

이런 왜곡인지는 문재인 정부에서만 발생한 것이 아니라 과거 정부에서도 반복되었다. 노무현 정부 시절 아파트가격이 무섭게 상승하자 주택 투기를 억제하기 위해 투기과열지구, 투기지구, 재건축규제, 종합부동산세와 양도세 강화 등 강력한 규제강화 대책을 발표했다.

하지만 투기를 그만하라는 정부 의도와 달리 강남 재건축 규제로 강남의 주택공급이 부족해질 수 있다, 종합부동산세와 다주택자 양도세를 강화하면 주택을 여러 채 보유하기보다는 똘똘한 한 채에 집중해야 한다는 왜곡인지가 발생하면서 강남을 중심으로 버블세븐지역의 중대형아파트 가격이 폭등했다. 이런 잘못된 왜곡인지 때문에 10년이 지났는데도 용인과 평촌에는 고점시세를 회복하지 못한 대형아파트들이 아직도 있다.

이명박 정부 시절에는 반대로 침체된 주택시장을 살리기 위해 종합부동산세 완화, 취·등록세 감면, 투기과열지구 해제, 재건축·재개발 규제완화 등 규제를 많이 풀어주면서 아파트를 사라고 했는데도 더 떨어질 수 있다는 불안감에 얼어붙은 투자 심리는 쉽게 녹지 않았다.

이명박 정부는 2011년 3·22 주택거래 활성화 방안을 발표하면서 DTI 자율적용을 종료했다. 주택거래는 활성화하되 가계부채는 안정화하겠다는 의도였다. 하지만 부동산시장에서는 '정부가 부동산을 살릴 의지가 없고 오히려 서울 집값을 잡으려는 것 아니냐'는 왜곡인지를 하면서 2012년 서울 아파트가격은 거의 폭락 수준으로 떨어졌다. 당시 개포나 잠실 등 투자 수요가 많이 유입된 강남 재건축 아파트들은 1년 만에 30~40% 정도 폭락하면서 '이제 아파트는 끝났다'는 말이 나올 정도로 침체가 심해졌다.

침체된 시장을 살리기 위해 파격적으로 규제를 푼 박근혜 정부에서 집값이 오르자 2016년 11·3 부동산 대책을 발표했다. 내수경기를 안정화하기 위해 전체적 규제보다는 과열된 일부 지역 청약시장만 규제하고자 청약조정대상지역을 지정해 핀셋규제를 했다. 하지만 부동산시장은 '조정대상지역이 아닌 곳에는 투자해도 된다, 조정대상지역은 오히려 공급물량이 줄어들 수 있다'는 왜곡인지로 투자 열기가 더 뜨거워졌다.

이렇듯 정부가 의도한 방향과 달리 부동산 대책에 대한 왜곡인지로 정보 굴절 현상이 생기면 부동산시장 분위기는 더 과열되거나 냉각되는 부작용이 생기고, 정부는 더 강력한 대책을 추가로 발표하면서 결국 그 피해는 수요자들 몫으로 돌아간다. 그렇기에 부동산 대책이 2~3년 지속적으로 나온다면 지나친 왜곡인지를 하기보다는 대책의 시차 효과와 그동안 누적된 규제, 가격상승폭을 감안해 냉정하게 대응할 필요가 있다.

부동산가격이 폭락한다는데, 정말 그런 날이 올까?

부동산가격 폭락을 걱정하는 이들이 많다. 과연 부동산가격이 폭락할까? 정말 그런 날이 올까? 폭락한다는 근거를 분석해보자.

"부동산가격이 폭락할까요?" 아직도 이런 질문을 하는 이들이 종종 있다. 부동산시장 침체가 극심했던 2011~2012년 아파트가격 폭락이 유행처럼 번지면서 보유하고 있던 아파트를 정리한 이들이 많았다. 몇 년이 지난 지금 그때 아파트를 판 이들은 땅을 치고 후회하고 있다.

부동산시장에는 더 오른다는 긍정론과 떨어진다는 부정론이 항상 공존한다. 부동산시장 분위기가 안 좋을 때는 말할 것도 없고, 좋을 때도 폭락에 대한 불안감은 없어지지 않는다. 투자자들 마음속에는 수익을 얻고 싶은 기대감과 손실에 대한 두려움이 공존한다.

부동산가격이 폭락한다는 것은 이런 투자자들의 불안한 심리를 파고드는 것으로, 터무니없이 허무맹랑하다면 먹히지 않겠지만 제법 그럴듯한 근거가 있기 때문에 폭락할 거라 믿고 투자를 포기하거나 보유하고 있는 부동산을 정리한 이들이 많다. 특히 이런 침체 분위기에는 꼭 '아파트시장은 끝났다'고 주장하는 전문가들이 등장한다. 물론 시간이 지난 뒤 후회하는 이들을 주변에서 쉽게 찾아볼 수 있다. 누구를 원망하겠는가. 투자의 판단과 책임은 본인 몫인데 말이다.

부동산, 특히 아파트가격이 크게 떨어질 수 있다는 폭락의 근거는 제2의 IMF가 온다는 '경제위기론'과 현재 부동산가격이 소득 대비 너무 높아서 더는 오르기 힘들다는 '고평가론'으로 정리할 수 있다.

제2의 IMF가 온다는 경제위기론

우리나라의 내수경기가 좋지 않고 가격경쟁력에서 중국에 밀리면서 철강, 조선 등 산업경쟁력이 떨어지고 있다. 특히 반도체 사이클 변동성이 커지고 있고, 중국이 반도체시장에까지 뛰어들면서 수출의 버팀목인 반도체까지 흔들리면 우리나라 경제의 뿌리 자체가 흔들릴 수 있다는 우려가 점점 커지고 있다.

여기에 미국의 기준금리 인상이 계속되어 우리나라 기준금리와 차이가 1%p 이상 벌어지게 되고 글로벌 경제의 불확실성까지 커지면 국내에 유입된 외국 투자자본이 급속히 이탈하면서 제2의 IMF 경제위기가 올 수 있다고 한다. 아주 틀린 말은 아니지만 그렇다고 지나치게 불안해할 필요는 없다.

▼ 미국 금리인상의 영향

구분	기간	KOSPI	주택가격
1차	1985년 10월~1989년 3월	262% 상승	평균 2배 상승
2차	1993년 12월~1994년 12월	36% 상승	보합
3차	1999년 1월~2000년 1월	1998년 폭락 후 79% 상승	1998년 폭락 이전 회복
4차	2004년 6월~2006년 7월	138% 상승	평균 1.7~2배 상승

고용, 소비, 투자, 기업 등 내수경제가 좋은 상황이 아닌 것은 사실이지만 수출은 아직 꺾이지 않았고, 경제위기를 불러올 만큼 위기상황이 아니다. 남북 긴장 국면이 화해 분위기로 전환되었고, 정부의 규제개혁과 국민들의 단결된 힘이 더해진다면 충분히 극복이 가능한 상황이다.

미국의 금리인상 역시 이미 예고된 부분이고, 금리인상을 하더라도 과거처럼 단기간에 급격하게 올리기보다는 경제상황에 따라 점진적인 금리인상이 진행중이다. 미국에는 1985년 이후 폭이 큰 금리인상 시기가 4차례 있었는데 우려와 달리 우리나라 경제는 크게 영향을 받지 않았다.

또한 1997년 IMF 경제위기 때와 달리 2018년 9월 기준 4천억 달러 이상의 충분한 외환보유고를 확보하고 있으며, 미국과 기준금리가 1%p 이상 벌어지면 한국은행도 기준금리를 맞춰갈 것이다.

무엇보다 분단국가인 우리나라에 투자수익을 얻기 위해 들어와 있는 외국의 투자자본이 미국의 금리인상만으로 썰물처럼 빠져나갈 가능성은 낮다. 그러므로 경제위기론을 무시해 너무 방심해서는 안 되지만 그렇다고 너무 겁먹을 필요도 없다.

**부동산가격은
버블이라는 고평가론**

'아파트가격이 지나치게 많이 올랐다, 소득은 오르지 않는데 너무 비싸다, 그래서 버블이다.' 이런 고高평가론 역시 부동산 폭락을 주장하는 이들의 단골메뉴다. 우리나라의 주택가격이 높은지를 비교 판단하려면 가구 소득수준과 비교해 주택가격이 적정한지를 나타내는 지표인 소득 대비 부동산가격 비율 PIR Price to Income Ratio 를 해외 도시들과 비교해볼 필요가 있다.

참고로 PIR는 소득을 몇 년 모아야 집을 살 수 있는지를 나타내는 수치다. PIR가 10이면 10년 동안 소득을 모아야 집 한 채를 살 수 있다는 의미다.

다음 페이지의 그림에서 보듯이 세계 국가와 도시의 비교 통계 정보를 제공하는 넘베오Numbeo의 2017년 자료에 따르면, 우리나라 서울의 PIR는 17.4로 280개 도시 중 34위를 기록했다. 개인의 소득 격차와 지역별 주택 상황에 따라서 차이는 있겠지만 평균적으로 17년 4개월 동안 소득을 모아야 서울에 집 한 채를 살 수 있다는 것이다. 17년 4개월 동안 소득을 모아야 집을 살 수 있는 서울의 집값이 비싸다고 할 수도 있지만 서울보다 PIR가 더 높은 지역들과 비교하면 서울 집값이 높다고 할 수는 없다.

집 한 채를 사기 위해 가장 오랫동안 소득을 모아야 하며 그만큼 집을 사기 어려운 도시 1위는 중국의 베이징으로 PIR가 42.2나 된다. 중국 선전, 홍콩, 상하이가 그 뒤를 이으면서 1~4위를 모두 중국이 차지했다. 그밖에 베트남 하노이, 영국 런던, 싱가포르, 이탈리아 로마, 대만 타이페이, 일본 도쿄 등이 서울보다 집을 사기 어려운 도시

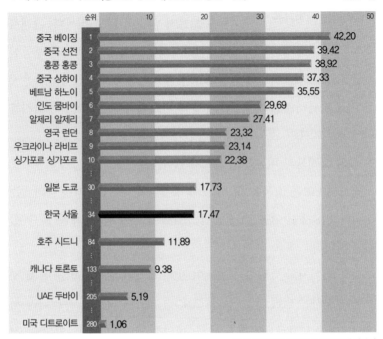

▼ 세계 주요 도시 PIR(총 280개 도시, 2017년 중반 기준)　　　　(단위: 배)

순위		값
중국 베이징	1	42.20
중국 선전	2	39.42
홍콩 홍콩	3	38.92
중국 상하이	4	37.33
베트남 하노이	5	35.55
인도 뭄바이	6	29.69
알제리 알제리	7	27.41
영국 런던	8	23.32
우크라이나 라비프	9	23.14
싱가포르 싱가포르	10	22.38
일본 도쿄	30	17.73
한국 서울	34	17.47
호주 시드니	84	11.89
캐나다 토론토	133	9.38
UAE 두바이	205	5.19
미국 디트로이트	280	1.06

출처: 넘베오(국가 및 도시 비교 통계 사이트)

다. 반면 호주 시드니, 캐나다 토론토 등은 서울보다 낮다.

　결국 서울 집값이 비싸다고 할 수도 있지만 버블이라 할 수 있는 초고평가라고 할 정도로 과도하게 높아 위험한 수준이라고 할 수는 없다.

집값, 과연 실제로 많이 올랐나? | 2017~2018년 서울 집값이 크게 올랐고 많은 이가 서울 아파트가격이 비싸다고 생각하는 것도 사실이지만 내집 마련이 어려운

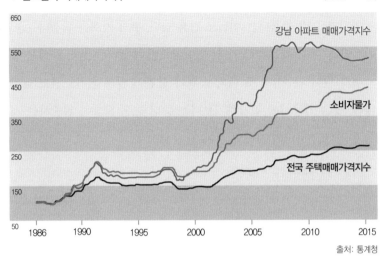

출처: 통계청

건 비단 현재 문제만은 아니다. 10년 전에도 비싸다고 난리였고, 20년 전 IMF 시절에는 '이제는 부동산 시대는 끝났다'는 말을 공공연하게 했으며 〈응답하라 1988〉 시절에도 비싸다고 했다. 과연 주택가격이 실제로 그렇게 많이 올랐을까?

위 그림에서 지난 30년간 전국 주택매매가격과 강남 아파트 매매 가격지수를 물가상승률과 비교해보자. 전국 주택가격은 소비자물가 보다 오히려 낮은 수준이고, 강남 아파트 매매가격은 높은 수준이긴 하지만 우리나라 수도 서울에서 가장 부촌인 강남의 주택가격이 높은 것이 이상한 일은 아니다.

1990년대 IMF 경제위기와 2000년대 글로벌 금융위기 때는 일시 적 폭락이 있기는 했다. 폭락 위기는 언제든지 올 수 있다. 하지만 위 기를 극복한 후 다시 정상이 되었으며 더 높이 올랐다. 위기를 잘 활용한 이들에게는 오히려 자산증식 기회가 되었다.

위기가 오면 좋겠다는 이들도 간혹 있다. 투자 기회를 잡겠다는 이야기인데, 투자 때문에 국가 위기가 왔으면 좋겠다는 생각을 하는 것 자체가 말이 안 된다. 또 대외적 위기 상황이 발생할 가능성도 높지 않다. 낮은 가능성에 집착하기보다는 좀더 높은 확률에 집중하는 것이 현명한 투자자의 자세일 것이다.

부동산이 오른다지만
그래도 폭락하면 어떻게 해야 하나?

부동산은 지가 상승과 화폐가치 하락으로 오른다. 폭락 가능성은 매우 낮지만 그래
도 폭락 상황이 발생한다면 어떻게 해야 할까?

부동산 폭락 가능성은 매우 낮다. 물론 조정기가 오면 떨어질 수는
있지만 시간이 지나면 다시 반등하면서 결과적으로 더 큰 폭으로
상승했다. 폭락을 주장하는 일부 전문가의 말만 믿고 보유하고 있던
아파트를 팔았거나 구입 기회를 놓친 이들은 때늦은 후회를 하고
있다.

　이렇듯 시간이 해결해주면서 결국 아파트가격이 오르는 이유는
바로 2가지 이유 때문이다. 그것은 바로 지가地價 상승과 인플레이
션에 따른 화폐가치 하락이다.

**땅값은 쉽게
떨어지지 않는다**

많은 사람이 모여 사는 지역의 희소가치가 있는 땅의 가치, 즉 지가地價는 상승 진행형이다. 사람이 살지 않는 산속의 땅값은 오르지 않을 수 있지만 사람들이 모여 사는 도시 지역, 특히 서울의 땅값은 오르면 올랐지 내려가지는 않는다. 물론 IMF 경제위기나 글로벌 금융위기 같은 대외적인 큰 경제위기 상황이 오면 땅값도 떨어질 수는 있다. 하지만 대외적 경제위기는 일시적 현상으로, 중장기적으로 보면 인구가 뒷받침되는 도시 지역의 땅값은 오른다.

아래 그림은 2007~2017년 전국 개별공시지가 가격 변동 현황을 나타낸 것이다. 금융위기였던 2009년을 제외하고는 항상 상승을 기록한 것을 알 수 있다.

시간이 지날수록 감가상각減價償却되는 콘크리트 덩어리가 아니라 부동산의 내재가치인 땅의 가치를 볼 수 있어야 진정한 부동산

▼ 2007~2017년 개별공시지가 가격 변동 현황

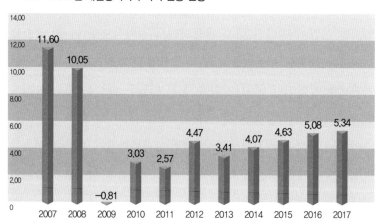

출처: 부동산114

가치투자자다.

최근 인기를 끌고 있는 꼬마 빌딩의 가치는 결국 땅의 가치다. 아파트 역시 좋은 입지, 용적률이 낮고 대지지분이 많은 아파트가 투자가치가 높고 내재가치가 좋은 아파트다.

인플레이션에 따른 화폐가치 하락만큼 오른다

얼마 전 편의점에 갔다가 예전에 즐겨 사먹던 과자가격이 1,500원임을 알고 깜짝 놀랐다. 1990년 그 과자의 가격이 200원 정도였으니 거의 30년 만에 7배 정도 가격이 오른 것이다. 이렇듯 옛날 즐겨먹던 아이스크림이나 과자 가격도 세월이 흐르면 몇 배나 오르는데 하물며 희소가치가 있는 부동산, 특히 도시 지역의 아파트가격이 안 오르면 이상한 것 아닐까?

부동산, 특히 서울 아파트가격이 더는 오르지 않는다는 것은 거짓말이다. 부동산은 장기적으로는 물가상승에 따른 화폐가치 하락만큼 또는 그 이상 상승한다. 다음 페이지의 그림에서 보듯이 1995~2015년까지 20년간 평균물가상승률은 3% 정도였다. 연평균 3%씩 물가가 오른 만큼 화폐가치가 떨어졌고, 화폐가치가 떨어진 만큼 부동산가격은 올랐다.

물가상승률 3% 기준 화폐가치 하락을 나타낸 이 그림을 보면, 현금 1억 원을 금고에 넣어 보유할 경우 5년이 지나면 8,600만 원 정도, 10년이 지나면 7,400만 원 정도, 20년이 지나면 5,500만 원 정도로 화폐가치가 떨어지는 것을 알 수 있다. 이렇게 화폐가치가 떨어진 만

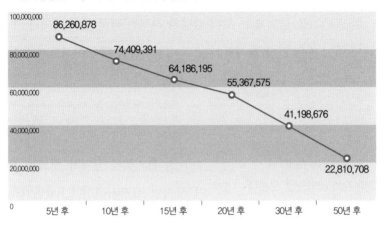

▼ 물가상승률 3%, 1억 원 기준 물가상승률에 따른 화폐가치 하락

86,260,878

74,409,391

64,186,195

55,367,575

41,198,676

22,810,708

| 5년 후 | 10년 후 | 15년 후 | 20년 후 | 30년 후 | 50년 후 |

큼 부동산가격은 오른다.

10년 전 10억 원이던 아파트가 10년이 지나 13억 원이라면 명목 아파트가격이 오른 것이지만 물가상승률을 감안한 실질주택가격은 오른 것이 아니다. 가격이 올라서 돈을 벌었다기보다는 실질화폐가 치 정도 본전치기했다는 표현이 맞을지도 모르겠다.

이런 화폐가치가 반영되면서 수요자가 많이 몰리는 서울 강남 4구, 용산, 마포, 성동 등 인기 지역의 아파트가격이 더 많이 오르는 것은 이상한 일이 아니다. 1964~2013년까지 49년간 전국 토지의 인 플레이션을 감안한 실질가격은 83배 올랐다. 2013년부터 2018년 9월 까지 5년 동안 전국 주택의 실질평균가격은 12.6% 상승했고, 서울은 21.7% 상승했다.

설사 부동산시장 침체가 와도 거주하거나 임대를 주면서 버틸 수 있다면 크게 불안해할 필요는 없다. 본인 월급이 오르는 것은 정상이고 부동산가격은 폭락할 거라고 말하는 것은 모순이다.

2008년 반포 래미안퍼스티지 일반분양가가 3.3m²당 3천만 원을 넘었을 때 미분양이 발생하면서 고분양가 논란이 있었지만, 지금은 어떤가? '그때 샀어야 했는데' 하는 후회의 말을 할 것이다.

2018년 겨울 강남 새 아파트의 가격은 3.3m²당 6천만~8천만 원으로 여전히 고분양가 논란이 있지만 10년이 지나면 또 '그때 샀어야 하는데' 하는 말을 다시 하지 않을까? 강남 한강변 아파트는 10년 후에는 3.3m²당 1억 원을 훌쩍 넘어 있을 것이다. 물론 예전 경제성장 시절처럼 폭발적인 상승은 기대하기 힘들 수 있지만 희소가치가 있는 땅이 있고 인플레이션에 따른 화폐가치가 하락하는 한 부동산가격이 오르지 않고 폭락한다는 말에는 동의할 수 없다. 언제까지 비관만 하고 폭락을 기다릴 것인가?

부동산 폭락이 만약 온다면? 부동산 폭락 가능성은 매우 낮지만 경제위기 같은 예상치 못한 상황이 발생하면 폭락할 수 있다. 만약 폭락하면 어떻게 해야 할까? 겁에 질려 부동산을 급매로 던져야 할까? 아니면 과감하게 투자해야 할까?

모든 투자에는 위험이 존재하며, 그 위험과 투자수익은 비례한다. 위험이 적은 은행예금이 부동산이나 주식보다 수익률이 낮은 것은 당연한 결과다. 물론 지나치게 높은 위험은 수익이 아무리 크더라도 자칫 큰 손실이 발생할 수 있으니 주의가 필요하다.

하지만 지나칠 정도로 위험을 기피한다면 투자수익을 얻을 기회조차 잡을 수 없을 것이다. 위험의 실체를 명확히 파악하고 위험관리를 할 수 있다면 위기를 오히려 기회로 잡아보는 것이 좋다.

만약 부동산가격이 폭락하는 상황이 오면 두려움에 떨면서 부동산을 급매로 던질 것이 아니라 오히려 저가 급매물 매수 기회로 삼는 것도 현명한 투자전략이다. IMF 경제위기 당시 수익률은 마이너스 49.5%였지만 16개월 후 18.5%의 수익률을 기록했다. 글로벌 금융위기 때도 큰 폭으로 하락했지만 결국 회복하면서 큰 투자수익을 얻었다.

경제위기가 다시 왔으면 좋겠다는 투자자들도 있다. 경제위기가 오면 선의의 피해자가 많이 생기기 때문에 절대 발생하면 안 되지만 어쩔 수 없이 온다면 저가매수 기회를 살려보는 것이 좋다.

나라가 망한다는데 투자가 웬 말이냐고 욕하는 이들도 있을 것이다. 경제위기로 진짜 나라가 망한다면, 투자하고 망하나 혹은 투자하지 않고 망하나 무슨 차이가 있을까? 부동산 투자를 하지 않고 현금을 가지고 있으면 안전할까? 은행이라고 안심할 수 있을까? 최악의 경우에 나 혼자 망하는 것도 아니고 다 같이 망하는데 뭐가 걱정인가? 나 혼자 못사는 상대적 빈곤이 불행한 것이지 다 같이 못사는 것은 불편할 뿐 불행한 것은 아니다.

그런데 말이 쉽지, 막상 그런 상황이 오면 저가매수 투자를 하기란 매우 어렵다. 뉴스에서나 주변 사람들이 '부동산 시대는 끝났다, 더 떨어진다'고 아우성을 치는 마당에 감히 떨어지는 칼날을 과감히 잡을 수 있는 사람이 얼마나 될까? 대부분의 투자자는 아마 엄두도 내기 어려울 것이다.

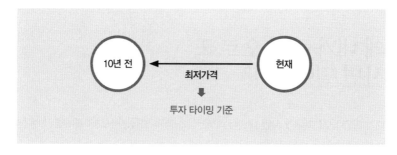

그래서 떨어지는 칼날 같은 폭락 시기에는 투자기준을 정하고 투자해야 한다. 현재기준에서 과거 10년 동안 최저가격 수준까지 떨어지면 인기 지역 위주로 선별 투자를 해야 한다. 바닥이라 저가매수를 해야 하는 상황이라면 오를 때 많이 오를 만한 지역, 많은 사람이 선호하고 알고 있는 지역으로 눈을 돌려야 한다.

경기도 외곽에 거주해도 이럴 때는 강남, 용산 등 서울 핵심 지역에 과감하게 들어가야 한다. 2012년 12월에는 5억 원만 투자하면 잠실주공 5단지 아파트를 잡을 수 있었다. 당시 잠실주공 5단지 매매가격은 8억 6천만 원, 전세가격은 3억 5천만 원 정도였다.

왜 내가 팔면 오르고,
사면 떨어질까?

내가 팔면 오르고 내가 사면 내린다? 계단식 상승과 벌집순환모형이론으로 부동산 시장 순환흐름에 대해 알아보자.

1995년에서 2015년까지 20년간 평균물가상승률은 3% 정도였다. 3% 정도 물가상승을 감안한 화폐가치는 25% 정도 하락한다. 10억 원을 장롱에 10년 보유하면 10년 후 7억 원 정도로 가치가 떨어지는 것이다.

10억 원 아파트가 10년 후 12억 원으로 올랐다면, 명목주택가격은 올랐지만 물가를 반영한 실질주택가격은 오히려 마이너스다. 하물며 내 집 마련을 하지 않고 전세로 오랫동안 살면 어떻게 될까? 전세로 장기간 거주하는 사람은 집을 산 사람을 따라갈 수 없다.

가장 나쁜 집주인은 전세금을 많이 올려달라는 주인이 아니라 전세금을 올려받지 않는 착한 주인이다. 왜냐하면 착한 주인 때문에 집 살 생각을 하지 않고 편하게 계속 전세로 살다가 어느 순간 껑충 뛰어올라 있는 집값을 보고 망연자실할 수 있기 때문이다. 전세금을 많이 올려달라는 집주인 때문에 열받아서 집을 샀다가 집값이 올라 돈을 벌었다는 이들이 의외로 많다.

지역과 개별적 가치, 개발 호재에 따라 어느 정도 차이는 있지만 인플레이션만큼 올라주는 것이 실물자산인 부동산이다.

부동산가격은 계단식으로 오른다 | 부동산가격이 물가만큼 올라준다는데 무슨 걱정이 있겠는가? 무조건 투자만 하면 돈을 벌겠다고 생각할 수 있지만 현실은 그렇게 간단하지 않다. 남들은 부동산에 투자해서 돈을 잘 버는데 이상하게 내가 사면 떨어지고, 내가 팔면 오르는 것은 도대체 왜 그럴까? '난 마이너스의 손이란 말인가!' 이렇게 좌절하지는 말자.

부동산, 특히 아파트가격은 인플레이션에 따른 화폐가치 하락과 지가地價 상승으로 장기적으로는 상승하는 것이 맞다. 하지만 해마다 물가상승률 정도 연속해서 오르는 것이 아니라 수요와 공급, 부동산 대책, 국내외 경제상황, 투자 심리에 따라 불규칙적인 계단식 흐름으로 상승한다. 한번 오를 때 많이 오르니 사람들은 부동산이 항상 폭등하는 것처럼 착각한다.

2017~2018년 서울 집값 상승세만 보면 영원히 상승할 것 같은 착각이 들지만 영원한 상승은 없으며, 몇 년 지나면 또 조정기가 올 것

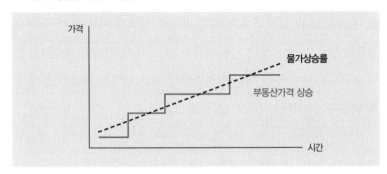

▼ 계단식 상승을 하는 부동산

이다. 아파트가격이 너무 많이 상승했다는 것은 길게 전체를 보지 않고 오르는 동안의 상승폭만 보고 하는 말이다.

아파트가격은 한번 오를 때 침체 기간에 누적된 에너지를 분출하면서 일정 기간 상승하기 때문에 오르기 시작하는 시점에 잘 투자하면 큰 폭의 투자수익을 얻을 수 있지만 끝물에 상투를 잡으면 몇 년간 마음고생을 할 수도 있다. 살 때도 팔 때도 타이밍이 중요한 이유다.

상승 기간이 지속되면 계속 상승이 이어질 것 같은 착각에 빠지면서 무리하게 투자하다가 상투를 잡기도 한다. 반대로 침체 기간이 길어지면서 '이제 부동산 시대는 끝났다'는 좌절감에 보유하고 있던 아파트를 팔았다가 후회하는 것이 우리의 모습이다.

**벌집순환모형이론으로
매매 타이밍 잡기**

아파트가격이 계속 상승만 하면 좋겠지만 아쉽게도 그럴 수는 없어 침체가 오기도 한다. 이렇듯 상승과 침체가 반복

▼ 벌집순환모형

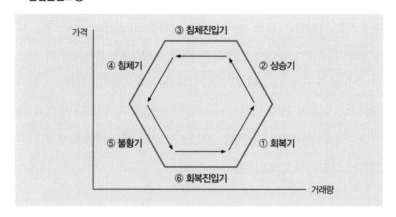

적 흐름을 보이면서 장기적으로는 물가 정도 또는 그 이상 상승한다. 이렇듯 상승과 침체의 돌고 도는 부동산경기 변화의 순환구조흐름이 벌집 모양과 비슷하다고 해서 위 그림과 같이 '벌집순환모형이론'이라고 한다.

벌집순환모형은 '회복기 → 상승기 → 침체진입기 → 침체기 → 불황기 → 회복진입기 → 회복기'의 흐름이 반복된다.

① 회복기

회복기는 거래량이 늘어나면서 가격이 오르는 국면이다. 침체기와 불황기에 줄어든 분양물량의 영향으로 입주물량은 줄어든 반면, 침체된 부동산시장을 살리기 위한 부동산규제완화로 투자 심리가 살아나면서 수요 증가, 공급 부족, 거래량 증가와 함께 부동산가격이 상승하게 된다.

② 상승기

상승기는 거래량은 다소 줄어들지만 가격은 더 오르는 국면이다. 입주물량이 조금씩 늘어나긴 하지만 과잉 상태는 아니며, 정부의 부동산 수요억제 규제 대책이 나오면서 상승에 피로감이 서서히 누적되지만 '더 오르기 전에 아파트를 구입하자'는 투자 수요가 두꺼워 가격상승이 더 지속되는 단계다. 2017~2018년 서울 아파트시장이 전형적인 상승기라고 보면 된다.

③ 침체진입기

침체진입기는 거래량이 더 줄어들지만 가격은 보합세를 유지하는 국면이다. 정부의 부동산규제가 더 강화되면서 상승에 따른 피로감과 입주물량에 대한 부담이 커져 거래량이 점점 더 줄어든다. 다만 아직 반등에 대한 기대감이 남아 있어서 가격이 하락하기보다는 보합이 유지되는 불안한 단계다.

④ 침체기

침체기는 거래량과 가격 모두 감소하는 국면이다. 팔고 싶어도 잘 팔리지 않아 부동산시장 분위기가 암울한 단계가 바로 침체기다. 수요자들은 아파트가격이 떨어질 것으로 예상하면서 매수에 나서지 않고 오히려 매물을 내놓는다. 미분양에 대한 우려로 분양물량이 줄어들지만 2~3년 전 밀어냈던 분양물량이 입주물량으로 나오면서 거래량과 가격이 모두 하락하는 단계다. 규제완화 대책이 첫선을 보이지만 별로 약발이 먹히지 않는다.

⑤ 불황기

불황기는 거래량은 소폭 늘어나지만 가격은 더 하락하는 국면이다. 적극적인 성향을 지닌 투자자들 중심으로 급매물이 조금씩 거래되면서 거래량은 소폭 증가하지만 여전히 부동산시장 분위기는 얼어붙어서 급매물과 미분양이 늘어난다. 정부는 냉각되어 있는 부동산시장을 살리기 위해 규제완화 대책을 연이어 발표하지만 회복되지 않는다.

⑥ 회복진입기

회복진입기는 가격 하락이 멈추면서 거래량이 소폭 늘어나지만 본격 회복까지는 되지 않는 국면이다. 부동산 거래를 활성화하기 위한 매우 강력한 규제완화 대책이 나오고, 상승 기대감에 투자 심리가 서서히 회복된다. 거래량은 눈에 띄게 늘어나지만 여전히 불안해하는 매도인들의 매물도 같이 늘어나 가격이 크게 반등하지 못하고 보합세를 유지하는 단계다.

이렇게 돌고 도는 부동산 순환흐름을 알면서도 막상 그 상황이 되면 또다시 같은 실수를 반복하는 것이 우리 모습이다. 회복진입기와 회복기까지는 '혹시 떨어지지 않을까' 하는 걱정스러운 마음이 있지만, 상승기까지 오면 가격 하락에 대한 걱정은 잊히면서 현재 상승이 영원히 이어질 것 같은 착각에 빠지게 된다.

상승기의 마지막 단계에는 혹시나 하는 걱정스러운 마음에 계속 기다리던 위험 기피 성향을 지닌 이들까지 더는 못 기다리겠다며 투자에 뛰어든다. 시간이 더 지나 침체진입기로 접어들면 결과적으로 상투를 잡는 경우가 종종 발생한다. 반면에 불황기나 회복진입기가 되면 도저히 안 될 것 같은 불안감에 더 기다리지 못하고 급매물로 팔아버리는 실수를 하게 된다.

잘 팔리지 않아 시세보다 많이 저렴한 급매물로 팔 수밖에 없는 경우, 그다음에 올 회복기까지 기다리지 못한 결과는 후회뿐이다. 운 좋게 팔고 싶었는데 팔리지 않아 전세로 돌린 이들은 본의 아니게 '회복'이라는 달콤함을 맛보기도 한다.

결국 부동산은 기다리고 버티는 사람에게 기회가 온다. '부동산은 파는 것이 아니라 가지고 가는 것'이라는 극단적 표현이 공감되는 순간이다. 부동산을 판 사람들보다 가지고 간 사람들이 더 많이 벌었다. 더 좋은 부동산으로 갈아타거나 꼭 팔아야 할 이유가 없다면 불안하다는 이유만으로 파는 것은 바람직하지 않다.

인구가 줄어들면
아파트가격이 내릴까?

출산율 감소는 심각한 사회문제다. 하지만 주택 구매 연령대인 40~69세 인구층과
가구 수 등을 감안하면 적어도 서울·수도권 지역은 걱정을 잠시 접어두는 것이 좋다.

"인구가 줄어들고 있는데 아파트가격이 오를까요?" 이런 질문을 종
종 듣는다. 인구가 줄어들면 절대수요가 줄어든다는 말인데, 어떻게
집값이 오를 수 있을까? 인구 감소와 아파트가격의 상관관계를 자세
히 알아보자.

 "아들딸 구별 말고 둘만 낳아 잘 기르자." 1970년대에 우리나라 출
산정책의 단면을 볼 수 있는 표어였다. 당시 우표로 나올 정도로 둘
만 낳아 잘 기르자는 것이 유행이었다. 아들 선호사상 때문에 아들을
낳기 위해 자녀를 여러 명 출산하는 것이 사회문제가 되면서 출산억
제 정책을 실행한 것으로, 1980년대의 "하나만 낳아 잘 기르자"라는

표어에서 보듯이 출산억제 정책은 더 강화되었다.

하지만 1960년대 6명이던 출산율이 1983년 2.1명 아래로 떨어지면서 저출산국가가 되었고, 2001년부터는 초저출산국가가 되면서 "아빠, 혼자는 싫어요. 엄마, 저도 동생을 갖고 싶어요"라는 표어에서 보듯이 인구 정책은 완전히 출산장려 정책으로 전환되었다. 막대한 예산을 쏟아붓고 있지만 출산율은 오히려 떨어지고 있다.

현재 우리나라는 OECD 전체 회원국 중에서 저출산 문제가 가장 심각한 나라다. 2015년 1.24명, 2016년 1.17명, 2017년 1.05명으로 계속 줄어들더니 2018년 0.9명으로 1명 선이 붕괴되었다. 저출산국가의 대표주자였던 일본보다도 출산율이 더 낮다.

우리나라의 신생아 수는 1971년 102만 명으로 정점을 찍은 뒤 1988년 63만 명, 2002년 50만 명, 2017년 35만 7천 명으로 줄어들었고 2020년 28만 4천 명, 2026년 19만 7천 명까지 줄어들 것으로 추정한다.

그동안 통계청이 내놓은 가장 비관적인 시나리오는 2057년 신생아 수 20만 명 선이 붕괴될 것이라는 예상이었는데, 이보다 14년이나 앞당겨진 수치다. 더 큰 문제는 이런 인구 감소가 일시적 현상이 아니라는 것이다.

인구가 줄어도 부동산가격은 오를 수 있다

요즘 젊은 층 사이에 연애, 결혼, 출산을 포기한 세대를 의미하는 '삼포세대'라는 신조어가 일반적으로 쓰

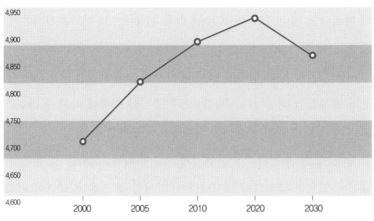

▼ 연도별 인구 변화　　　　　(단위: 만 명)

출처: 통계청

인다. 저출산의 근본 원인은 경제성장률 둔화와 내수경기침체로 일자리와 소득 감소, 주거와 교육비 부담, 노후 걱정까지 총체적인 사회문제 때문이다. 그런데 막대한 재정을 투입하는 출산장려 정책만으로 출산율이 높아지리라는 것은 정부의 희망사항일 뿐이다.

인구 감소는 궁극적으로 수요 감소에 따른 내수경제 규모 축소로 이어져 경제 활력이 떨어진다. 또한 주택 구입 수요가 줄어들면서 빈집 증가와 주택가격 하락 등 심각한 사회문제가 될 수 있다.

위 그래프에서 보듯이 우리나라 인구는 2000년 4,701만 명, 2005년 4,814만 명, 2010년 4,887만 명에서 2020년 4,933만 명을 찍고 2030년 4,863만 명으로 감소할 것으로 예상된다.

그런데 뭔가 이상하다. 인구가 감소되면 수요가 줄어든다는 말이고 당연히 아파트가격이 떨어지는 것이 정상 아닐까? 특히 우리나라 출산율은 OECD 국가 중 최하위 수준이고, 인구가 정점이 되는

2020년이 몇 년 남지도 않았으며, 통계보다 실질인구 감소 속도가 더 빠르다고 했다. 그런데 2010년 이후 전국적으로 아파트가격은 상승했고, 서울 아파트가격은 2017~2018년 큰 폭으로 상승했다.

서울 집값이 다른 지역에 비해 높은 이유는 주택공급물량 대비 수요가 풍부하기 때문이다. 수요는 인구 증가와 이동에 따른 절대수요와 투자 심리에 따라 움직이는 상대수요로 구분할 수 있다.

상대수요는 부동산시장 분위기와 흐름에 따라 더 오를 것 같은 기대감이 있으면 급격하게 늘어났다가, 떨어질 것 같은 불안감이 커지면 순식간에 줄어든다. 반면 절대수요는 인구 증가와 인구 이동에 따라 수요가 변하는 것으로, 심리에 비해 급격한 변화가 오지는 않지만 한번 변화가 오면 오래 지속적으로 이어지는 경향이 있다. 이런 절대수요가 늘어나면 주택가격은 상승하는 것이 원칙이다.

신도시 아파트가격이 오르는 이유는 허허벌판에 대규모 아파트단지가 개발되면서 수요 이동으로 유입된 인구에 비례해 소득이 늘어나고 인프라가 확충되어 지가상승이 뒷받침되기 때문이다.

반대로 절대수요가 줄어들면 아파트가격이 상승하기 어렵다. 일본 신도시가 몰락한 이유가 바로 인구 감소와 도심으로 인구가 이동한 데 따른 절대수요 감소 때문이다.

서울의 경우 출산율은 떨어지지만 대학교, 직장 등의 이유로 지방에서 인구가 꾸준히 유입되고 있고 경기 등 수도권은 서울의 높은 집값과 전세가격에 등 떠밀린 인구 이동으로 절대수요가 늘어나고 있다.

1980년대 집값이 폭등한 이유는 베이비붐 세대가 성장해 취업, 결혼을 하면서 본격적인 주택구매 수요로 연결되었기 때문이다. 전형적인 인구 증가에 따른 절대수요 증가 현상이었다. 그런데 출산율은 1950년대 후반부터 크게 늘어났지만 주택가격은 30년 정도 지난 1980년대부터 본격적으로 상승했다.

**서울과 수도권은
잠시 걱정을 접어두자**

인구 출산보다 주택을 구매하는 실질수요의 변화 흐름이 더 중요하다. 단순 출산율 증감보다는 실제 부동산을 구입할 능력이 되는 경제활동 가능 연령층인 40~59세의 인구 변화가 아파트시장의 수요를 예측하는 데 더 도움이 된다. 능력 있는 부모를 만난 금수저가 아니라면 30세 이전에 아파트를 구입하기는 현실적으로 어렵다.

아래 그래프에서 보듯이 40~59세 인구 변화를 보면 2022년 882만

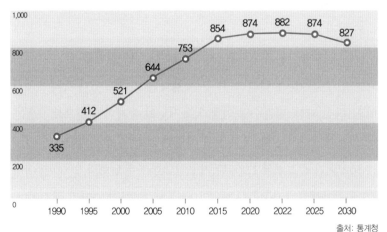

▼ 40~59세 인구 변화 추이 　　　　　　　　　　　　　　　(단위: 만 명)

출처: 통계청

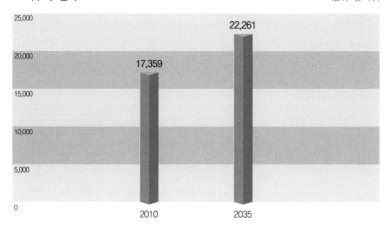

▼ 가구 수 변화   (단위: 천 가구)

출처: 통계청

명을 정점으로 점점 감소해 2030년 827만 명 수준으로 줄어들지만 2010년보다는 높은 수준이다. 최근에는 의료기술이 발달함에 따라 평균수명이 늘어 본격적인 고령화사회로 접어들면서 60대가 최대 주택구매 연령대로 등극했다는 통계가 나오고 있다. 그래서 주택구매 연령대를 40~59세보다 확대해서 40~69세로 넓혀야 한다는 목소리도 커지고 있다.

낮아지는 출산율과 2030년 이후 마이너스로 전환될 것으로 예상되는 인구증가율과 달리 가구 수는 계속 늘어나고 있다. 만혼晩婚과 미혼·독신 확산, 평균수명 연장과 독거노인 증가의 영향으로 1인 가구 증가가 두드러진다. 통계청에 따르면 2017년 우리나라 1인 가구는 562만 가구로 전체 1,967만 가구의 28.6%에 달했다. 2000년 대비 2.5배 증가했고, 2030년 33.3%, 2040년 35.7%까지 증가될 예정이다.

이런 1인 가구 증가와 가구 분화 및 가구 해체가 진행됨에 따라 가구 수는 2010년 1,735만 9천 가구에서 2035년 2,226만 1천 가구로 1.3배 증가할 것으로 예상된다.

인구 통계에는 아직 포함되지 않지만 외국인 노동자와 이민가구 유입이 계속 늘고 있어서 우려하는 것과 같은 인구 절벽에 따른 수요 급감 가능성은 높지 않다.

외국인들은 내국인들과 달리 주택 구입에 적극 나서지 않는다는 반론이 있을 수 있다. 물론 외국인들이 주택 구입에 적극 나서지 않을 수 있지만 집을 사지 않아도 전세나 월세 등 임대로 거주는 해야 하기 때문에 탄탄한 임대 수요는 될 수 있다.

2012년 서울 아파트시장이 바닥이었을 때 인구 감소와 맞물리면서 '이제 아파트 시대는 끝났다'고 불안을 조장한 전문가도 일부 있었다. 당시 인구 감소에 따른 아파트 종말론을 믿고 주택 구입을 미룬 이들이 2017년부터 뒤늦게 주택 구입에 뛰어들었다.

결국 출생률이 떨어지면서 장기적으로 절대인구는 분명 줄겠지만 실질 주택 구입 연령대인 40~69세 인구와 가구 수 증가, 외국인 유입, 인구 이동을 감안하면 서울과 수도권 지역은 적어도 2030년까지는 인구 감소에 따른 주택가격 하락 걱정은 접어두는 것이 좋겠다.

주택보급률은 높은데
왜 집값이 오를까?

집값이 등락하는 데는 주택보급률보다는 입주물량의 영향이 더 중요하다. 1천 명
당 주택 수와 자가보유율을 점검하는 것도 도움이 된다.

2006년 '지방 아파트는 끝났다'는 말이 공공연하게 나돌았다. 그 이
유인즉 출산율 감소와 젊은 층 인구 유출, 그리고 주택보급률이 서
울보다 높다는 것이었다. 당시에는 틀린 말이 아니었지만 결과적
으로는 틀렸다. 최근에야 서울 아파트시장이 강세지만 2010년부터
2016년까지 부산을 비롯한 지방 부동산이 서울보다 열기가 더 뜨거
웠다.

　주택보급률이 높다는 것은 주택이 많이 공급되었다는 것이다. 그
런데 주택보급률이 높은 지방의 아파트가격이 어떻게 2010년부터
올랐을까? 주택공급이 늘어나면 가격상승폭이 줄어들면서 주택가격

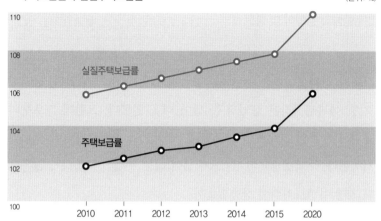

▼ 주택보급률과 실질주택보급률　　　　　　　　　　　　　(단위: %)

출처: 통계청

이 안정되지만 주택공급이 줄어들면 상승폭이 커지면서 주택가격이
상승하게 된다.

　그런데 우리나라 주택보급률은 이미 100%를 넘었다. 2015년 우리
나라 전국 주택보급률은 103.9%였고, 다가구주택을 1채로 보고 산정
한 구舊기준으로는 113%였다. 참고로 주택보급률은 주택 재고의 과
부족을 비율로 나타내는 지표로, 총주택 수를 가구 수로 나누어 계산
한다. 2008년부터는 1인 가구를 포함해 다가구주택을 1채로 보지 않
고 개별 가구 모두를 주택 수에 포함시켜 산정한 기준의 주택보급률
을 적용하고 있다. 오피스텔, 원룸, 고시원 등 대안 주거 형태까지 주
택 수에 포함한 실질주택보급률은 107.9%로 더 올라간다.

　2020년이 되면 주택보급률은 105.8%(실질주택보급률 110%)까지 상
승할 예정이다. 즉 주택보급률만 보면 우리나라는 이제 주택공급이
부족한 상황은 아니다.

주택보급률보다는 입주물량의 영향이 더 중요

다시 2006년으로 돌아가보자. 당시 서울 아파트가격은 천정부지로 올랐지만 지방은 조용했다. 2006년 당시 서울의 주택보급률은 91.3%였지만 지방은 100%가 넘었다. 당연히 '지방 아파트시장은 끝났다'는 말이 나올 만했다. 그런데 그로부터 불과 3년 후인 2009년부터 부산을 중심으로 아파트가격이 오르기 시작했다. 주택보급률이 100%가 넘어 더는 주택이 부족하지 않은데 왜 지방 아파트가격이 상승했을까?

40~69세 주택구매 연령의 두꺼운 수요층과 서울 대비 저평가된 가격, 서울에 집중된 규제의 칼날을 피한 덕도 있었지만 주택보급률의 함정도 숨어 있었다. 주택보급률은 주택 재고와 가구 수로 산정하는데, 1가구가 주택을 여러 채 보유하는 경우도 많아서 주택보급률이 높아도 실제로는 주택을 소유하지 않은 무주택 가구 수가 여전히 많이 존재한다. 이런 주택보급률의 함정을 피하기 위해 1천 명당 주택 수와 자가보유율을 꼭 체크해볼 필요가 있다.

예전보다는 주택이 많이 공급된 것은 사실이지만 다음 그래프에서 보듯이 국가별 1천 명당 주택 수는 미국, 영국, 일본보다 낮은 수준이며 자가보유율 역시 미국, 캐나다, 영국 등보다 높지 않아 일부에서 우려하는 것처럼 주택공급이 아주 많은 수준은 아니다.

아파트의 공급물량을 따질 때는 예전에 공급된 오래된 아파트와 지하 단칸방 빌라까지 포함된 주택보급률보다는 시장 수요자들이 원하는 새 아파트 입주물량을 체크하는 것이 중요하다. 아파트 입주물량이 부동산시장에 실질적으로 영향을 주는 공급물량이다. 예전에는

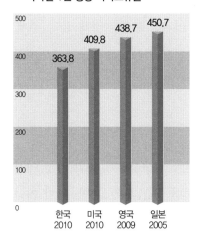

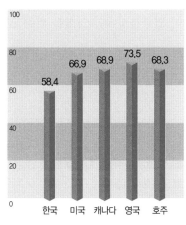

출처: 통계청

젊어서 고생은 사서도 했지만 요즘은 고생은 안 하고 싶고 고생을 시키고 싶지도 않은 시대다.

물질적으로 풍요롭게 살아온 현재 젊은 세대와 그 부모들은 주거 환경이 나쁜 지역의 오래된 주택이 아니라 환경이 쾌적한 새 아파트를 원한다. 요즘은 귀한 딸을 위해 인기 지역 인기 아파트를 구입하지 않으면 결혼 승낙을 해줄 수 없다는 부모들을 텔레비전 드라마가 아니라 주변에서도 심심찮게 볼 수 있다.

2006년 당시 분위기가 좋았던 서울 수도권에 신규 아파트 분양물량이 집중된 반면, 미분양 우려가 높았던 부산·대구 등 지방은 오히려 신규 아파트 분양물량이 줄어들었다. 2009년부터 입주물량 부족이 현실이 되면서 부산을 시작으로 지방 아파트가격이 상승했다. 입주물량이 늘어나면 전세도 약세이지만 주택매매가격도 약세가 된다. 반면 입주물량이 줄어들면 전세와 매매 모두 가격이 오른다.

입주물량과 아파트가격 상승률은 반비례 관계다. 물론 아파트가격이 입주물량에만 영향을 받는 것이 아니라 부동산 정책, 금리, 경제, 유동자금, 투자 심리에도 영향을 받지만 적어도 주택공급 측면에서는 입주물량이 중요한 팩트인 것은 분명하다.

최근 전국 아파트 입주물량은 부담스러운 수준 전국 입주물량이 20만 가구 이하이면 공급 부족, 20만~30만 가구 정도면 안정, 30만~40만 가구 정도면 여유, 40만 가구 이상이면 공급 과잉이라 할 수 있다.

우리나라는 2012~2016년까지 5년간 연평균 입주물량이 24만 가구로 안정 또는 부족 상황이었다. 하지만 2017년부터 전국적으로 30만 가구가 넘었고, 2018년에는 40만 가구가 넘어 공급 과잉 상황이다. 1990년대 이후 전국 아파트 입주물량이 40만 가구를 넘긴 것은 처음이다.

2015년 47만 가구가 넘는 분양물량이 쏟아지면서 2018년 입주물량 과잉으로 이어졌다. 2018년까지도 전국 아파트 분양물량은 30만 가구 이상 꾸준히 공급되고 있기 때문에 이런 공급 과잉 현상은 적어도 2020년까지는 이어질 가능성이 높다.

이렇듯 분양물량은 입주물량을 예측할 수 있는 선행지표이기 때문에 현재 분양물량을 예의주시하면 2~3년 후 입주물량의 영향을 예측할 수 있다. 2018년 아파트시장이 '서울 강세, 지방 약세'가 된 배경에는 입주물량의 영향이 크다. 입주물량의 영향이 제한적인 서울로 투자 수요가 몰리면서 서울 아파트가격이 급등했다.

정부가 투기 수요를 억제하기 위해서 다주택보유자에 대한 양도세를 강화하자 수요자들이 입주물량이 많은 지방 집을 정리하고 입주물량의 영향이 적은 서울 집으로 갈아타면서 '똑똑한 한 채 가지기'가 트렌드가 되었다. 또 서울에 집을 가지고 있는 이들은 '팔지 말고 계속 보유하자'는 심리가 강해지면서 일명 '매물 잠김 현상'이 심화되었다. 서울 아파트 매물은 더 줄어들었고, 집값은 더 상승했다.

분양물량뿐만 아니라 주택 인허가 물량도 입주물량을 예측하는데 도움이 된다. 분양물량은 입주물량보다 3년 정도 시차가 있는데, 주택 인허가 물량은 분양물량보다 6개월에서 1년 정도 더 빠르다.

주택 인허가 지표가 주택공급의 선행지표가 되어왔고 이를 근거로 주택 수급을 조절해왔기 때문에 향후 주택공급물량을 예측하는 지표는 된다. 하지만 주택 인허가 물량 가운데 20~30%만 예측 가능한 공공물량이고, 나머지 70~80%는 민간건설사 물량이기 때문에 실질 주택공급량과 차이가 있다.

건설 인허가 물량 중 일정 부분은 착공도 되지 않고 소멸되는 점을 감안하면 착공되는 주택 수는 더 줄어들 수 있다. 실제로 인허가 물량의 50~60%가 착공되지 않는 등 허수가 많아서 주택 인허가 물량은 참고 정도만 하면 좋겠다.

금리인상이 부동산에 미치는 영향을 파악하자

금리와 집값은 반비례 관계다. 이는 명확한 사실이다. 미국의 기준금리인상이 계속 진행되면서 한국은행의 고민이 커지고 있다.

미국의 기준금리는 2015년 12월 제로 금리에서 탈출한 이후 지속적으로 인상되어 2018년 9월 기준 2.00~2.25%까지 올랐으며, 추가 인상이 예정되어 있다. 반면 우리나라 기준금리는 2017년 11월 0.25% 인상되어 1.5%가 된 후 계속 동결 상태다.

미국 기준금리와 역전된 지는 이미 오래고, 2018년 11월 기준 미국 기준금리와 차이가 0.75%p까지 벌어졌다. 1%p 이상 차이가 벌어지면 국내에 유입된 외국 자본 유출이 시작될 수 있어서 금리인상 압력이 높아지고, 한국은행의 고민은 더 깊어질 것이다.

금리와 주택가격은 어떤 상관관계가 있고, 미국 기준금리인상의 영향으로 우리나라 기준금리도 올라갈지, 부동산시장에는 어떤 영향을 줄지 알아보자.

기준금리를 결정하는 한국은행 금융통화위원회의 입에 관심이 쏠리는 이유는 금리가 부동산에 미치는 영향이 크기 때

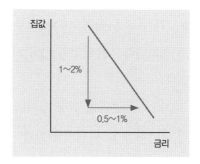

▼ 금리와 집값의 상관관계

문이다. 금리와 부동산은 반비례 관계다. 통상적으로 금리가 0.5~1% 오르면 집값은 1~2% 내리고, 반대로 금리가 내리면 집값은 오른다.

대출금리가 오르면 대출 부담이 늘어나면서 매물은 증가하고, 투자 수요는 줄어든다. 반대로 대출금리가 내리면 대출이자 부담이 줄어든 집주인들은 매물을 회수하는 반면, 수요자들은 주택 구입에 뛰어들면서 집값이 오른다.

금리와 부동산은 반비례 관계

집값이 금리에만 영향을 받는 것은 아니다. 하지만 금리가 집값에 영향을 주는 것은 분명한 사실이다. 특히 최근 서울 집값 과열현상의 단면에는 저금리로 갈 곳을 잃은 1,100조 원이 넘는 유동자금의 영향이 크다는 것은 부인할 수 없는 사실이다. 대출금리뿐만 아니라 예금금리까지 올라 유동자금을 흡수하면 집값 안정에 큰 영향을 줄 수도 있다.

고용, 실업률 등 각종 경제지표가 호황인 미국은 2015년 12월 길

었던 양적 완화의 종말을 알렸다. 제로 금리에서 탈출한 후 지속적으로 기준금리를 올려 2018년 9월 기준 2~2.25%까지 인상했다. 이로써 우리나라 기준금리와 미국 기준금리의 차이는 0.75%p까지 벌어졌다.

그러자 기준금리 인상 압력이 점점 커지면서 한국은행의 고민도 더 깊어지고 있다. 미국을 따라 기준금리를 올리자니 내수경제 상황이 엉망이고, 그대로 계속 동결하자니 미국 기준금리와 차이가 점점 더 벌어져 외국 자본 유출 가능성이 높아지기 때문이다.

미국이 기준금리를 올리는데 왜 태평양 너머에 있는 우리나라의 기준금리인상 압박이 커지는 걸까? 미국이 기준금리를 인상하면 안전자산 선호도가 높아지면서 신흥국에 유입된 투자자본 이탈이 확산된다. 그러면 신흥국 자산가격과 통화가치가 하락할 수 있고, 신흥국의 금리상승과 국제 원자재시장 자본 유출로 원자재가격 하락 등 신흥국 경제는 외환 불안과 경기둔화, 디플레이션 우려가 커진다. 이렇듯 미국이 금리인상이라는 기침을 하면 신흥국은 독감에 걸릴 확률이 높아진다.

미국 기준금리와 차이가 1%p 이상 벌어지면 국내에 유입된 외국 자본이 유출될 가능성이 높아지는데, 2018년 11월 기준 미국 기준금리는 2.00~2.25%로 우리나라 1.5%와 0.75%p 차이까지 벌어졌다. 미국이 1~2차례 더 기준금리를 인상하면 경제상황이 어려워도 한국은행은 외국 자본 유출을 막기 위해서 기준금리를 올려야 하는 상황이 될 수 있다.

과거 20년 동안 미국의 기준금리가 우리나라 기준금리보다 높았던 적이 2차례 있었다. 2000년대 초반 IT 거품 발생 때와 2000년대 중반 주택시장 거품에 따른 글로벌 금융위기 때다. 이런 2차례의 경제위기로 미국이 기준금리를 급격하게 내리면서 역전현상이 해소되었다. 이번 3번째 금리역전이 또다시 거품 붕괴로 이어지면서 경제위기로 진행될지는 아무도 알 수 없지만 위기관리는 할 필요가 있다.

금리인상기, 새로운 부동산 투자전략이 필요하다

미국의 FRB(연방준비제도)는 2020년까지 기준금리를 3% 수준으로 끌어올리겠다고 예고했고, 실제 이 정도 또는 3.5% 수준까지 올릴 가능성도 있는데 아무튼 현재보다 기준금리가 더 올라가는 것은 기정사실이다. 미국이 기준금리를 이렇게 올리는 이유는 실업률과 경제성장률 등의 지표를 근거로 미국 경기가 회복세로 접어들었다는 판단에서 비정상인 제로 금리를 정상상태로 되돌리려는 것이다.

미국이 기준금리를 올린다고 해서 한국은행에서 우리나라 기준금리를 무조건 올려야 하는 것은 아니다. 우리나라의 내수, 투자, 고용 등 각종 경제지표가 매우 좋지 않은 상황이고, 미국을 제외한 다른 선진국들은 여전히 저금리 기조를 유지하면서 환율전쟁을 하는데 우리나라만 기준금리를 큰 폭으로 올릴 경우 자칫 수출경쟁력 약화로 이어질 수 있기 때문에 미국이 기준금리를 올려도 1%p 이상 벌어지기 전까지는 우리나라 기준금리 인상은 매우 조심스러울 수밖에 없다.

최근 우리나라 기준금리는 계속 동결되어 있지만 대출금리는

2017년부터 1%p 이상 상승했다. 집값에 직접 영향을 주는 것은 대출금리로, 기준금리와 상관없이 이미 상당 부분 인상된 상황이다. 또한 가계부채와 수요를 억제하기 위해 강력한 대출규제를 이미 시행하고 있어서 급격하게 올리지 않는 한 당장 서울 주택시장에 큰 타격을 주지는 못할 것이다.

미국의 기준금리인상은 2020년까지 3~3.5%까지도 인상될 가능성이 있지만 어쨌든 점진적으로 인상될 예정이다. 따라서 당장 큰 문제가 되지는 않지만 가랑비에 옷 젖듯이 서서히 영향을 줄 수 있다. 급등한 서울 집값에 대한 피로감과 강한 규제가 누적되는 상황에서 금리인상은 어떤 식으로든 부정적 영향을 줄 수밖에 없다. 따라서 위기관리가 필요한 상황인 것만은 분명하다.

서울 집값이
도쿄 집값보다 비싸다고?

목적성을 담고 있고 통계 오류가 있는 착시뉴스 때문에 잘못 판단할 수 있다. 서울 집값이 도쿄나 뉴욕보다 비쌀 수는 없는데 왜 비싸다는 뉴스가 나왔을까?

"서울 집값이 도쿄 집값보다 비싸다고?" 서울 집값이 도쿄 집값보다 비싸다는 뉴스를 보고 눈을 의심했다. 상식 수준에서 생각해도 경제 규모와 도시 경쟁력 면에서 비교되지 않는 서울 집값이 도쿄보다 비쌀 수는 없기 때문이다.

분명 통계 오류를 이용해 서울 집값이 비싸다는 것을 강조하기 위한 목적성 뉴스일 가능성이 높다. 통계 오류에 따른 착시 효과는 무엇이고, 실제 도쿄 집값이 서울과 비교했을 때 어느 정도 수준인지 자세히 알아보자.

2017년 11월 한 국회의원이 배포한 보도자료를 근거로 '서울 주택 중위가격(주택매매가격을 순서대로 나열했을 때 중간 가격)이 일본 도쿄보다 비싸고 뉴욕과 비슷한 수준'이라는 뉴스가 나왔다. 당연히 이 뉴스를 본 사람들은 집값이 이렇게 비싼 우리나라에는 희망이 없다고 헬 조선을 외치며 분노했다.

진짜로 서울 집값이 도쿄 집값보다 비쌀까?

서울 집값이 우리나라에서 높은 것은 사실이지만 2017년 IMF 기준 명목 GDP 1조 5,297달러(세계 11위), 1인당 GDP 2조 9,730달러(세계 29위)인 대한민국 수도 서울의 집값이 명목 GDP 4조 8,844달러(세계 3위), 1인당 GDP 3만 8,550달러(세계 25위)인 일본의 수도 도쿄의 집값보다 비싸다는 것이 쉽게 납득이 되지 않는다. 더군다나 세계 1위 명목 GDP(17조 4,163달러) 국가인 미국의 대표도시 뉴욕의 집값과 비슷하다니 잘못되어도 크게 잘못된 뉴스임이 분명하다.

보도자료의 출처는 글로벌 컨설팅업체인 데모그라피아 인터내셔널의 통계자료다. 통계 자체의 신뢰성은 검증할 방법이 없으니 일단 믿어야 한다. 하지만 목적을 가진 사람이 이 통계자료를 원하는 대로 이용하면 그 결과는 달라진다.

통계자료의 원본에는 도쿄, 요코하마를 도쿄로 사용함으로써 통계의 오류가 발생했다. 일본의 도쿄도東京都는 황궁을 중심으로 한 23개 구区의 구부区部와 서쪽 26개의 시市로 구성된 다마지역多摩地域, 이즈제도, 오기사와라제도를 포함하는 3개 지역으로 구성되며, 면

▼ 도쿄와 서울 비교

적은 서울의 3.6배 정도 되는 매우 넓은 지역이다. 이른바 우리가 말하는 도쿄는 3개 지역 중 23개 구의 구부를 지칭한다. 그런데 지역범위를 광범위하게 잡으면 당연히 집값은 낮아질 수밖에 없다.

도쿄의 23개 구 구부区部의 집값만 비교하거나 서울의 3.6배 면적에 해당하는 경기도 성남, 고양, 안양, 의정부까지 포함해야 정확한 비교가 된다. 이렇게 되면 당연히 서울의 평균 집값은 도쿄보다 낮아질 수밖에 없다. 서울 집값이 비싸다는 근거를 만들고 싶은 목적에 따라 도쿄의 범위를 넓게 잡음으로써 통계의 오류가 발생했다.

2018년 서울 분양 아파트 3.3m²당 평균가격은 2,300만 원 정도로 도쿄 23개 구 내 분양 아파트 3.3m²당 평균가격인 3,200만 원 정도보다 적다. 서울에서 가장 비싼 반포 새 아파트의 3.3m²당 가격은 아직 1억 원이 넘지 않는다. 반면 일본 도쿄 중심가의 록본기힐즈 같은 고급 주거지의 3.3m²당 가격은 2억 원이 넘는다.

**뉴욕은 왜 서울과
비슷해졌을까?**

뉴욕은 뉴욕주州와 뉴저지주까지 뉴욕으로
사용하는 통계의 오류를 저질렀다. 뉴욕시
도심에서 120km 떨어진 곳까지 포함하면
뉴욕의 집값은 낮아질 수밖에 없다. 그런 논리라면 서울 도심에서
120km 떨어진 강원도와 충청북도 일부까지 포함되어야 맞고, 그렇
게 되면 서울 집값은 부산 집값보다도 낮아질 것이다. 비교하려면 뉴
욕시와 서울시 집값 평균을 비교하거나, 서울 도심에서 120km 떨어
진 지역까지 포함한 집값 평균을 비교하는 것이 맞다.

이렇게 통계를 자의적으로 해석하면 '서울 집값이 일본 도쿄의
1.4배, 오사카의 2.2배나 비싸고 뉴욕과 비슷하다'는 통계의 오류가
만들어질 수 있다.

서울에서 집값이 가장 비싼 강남구, 서초구 아파트의 가구당 평균
가격은 2018년 7월 기준 16억 원 정도인 데 반해 뉴욕에서 가장 집
값이 비싼 맨해튼의 콘도미니엄(우리나라 아파트) 가격은 10만 달러
(34억 원)로 비교가 안 될 정도로 차이가 난다. 한강이 보이는 반포 새

▼ 뉴욕과 서울 비교

아파트가격이 30억 원 정도 한다고 반문할 수 있지만 평균은 평균이고 맨해튼에는 더 비싼 집이 많다.

　이런 평균 집값 비교가 100% 타당하다고 할 수는 없지만 도쿄와 뉴욕의 집값이 서울의 집값보다 비싼 것은 지극히 당연한 결과다. 통계 자체를 의심해서는 안 되지만 목적을 가지고 자의적으로 통계의 오류를 이용하는 정보의 왜곡은 정치인들이나 일부 뉴스기사에서 종종 찾아볼 수 있다. 현명한 투자자라면 상식에서 벗어나는 보편타당하지 않은 뉴스를 거를 수 있는 판단력을 꼭 갖출 필요가 있다.

일본 신도시와 한국 신도시의 공통점과 차이점

우리나라 신도시가 일본 신도시처럼 사회문제가 되지 않을까 하는 우려가 크다. 과연 우리나라 신도시는 일본 신도시처럼 경쟁력을 잃을 수 있을까?

노태우 정부 시절 급등하는 집값을 잡기 위해 1기 신도시를 개발한 이후, 신도시는 편리한 생활 인프라를 무기로 대표 주거지가 되었다. '천당 아래 분당'이라는 말이 나올 정도로 1기 신도시의 대표 분당은 수도권 대표 주거지로 자리 잡았고, 일산·평촌 등 타 신도시도 여전히 인기가 높다. 판교·광교·위례 신도시 등 2기 신도시 역시 새 아파트를 무기로 높은 인기만큼이나 높은 시세를 형성하고 있다.

그런데 최근 1기 신도시의 노후화를 우려하는 목소리가 여기저기서 들린다. 1993년 입주를 시작한 1기 신도시가 벌써 25년이 넘어가면서 신도시라는 말이 무색할 정도로 노후화가 사회문제가 되고 있는데, 그 많은 아파트들을 재건축하자니 이주 수요와 가격상승 등 사회적 부작용을 감당하기 어렵고, 리모델링을 하자니 집주인 주머니로 사업비를 충당해야 하니 사업성이 안 나와 반대하는 주민이 많다.

아마 정부에서도 1기 신도시의 노후화 문제가 잠재적 고민거리 중 하나일 것이다. 왜냐하면 콘크리트 건물은 노후화하면서 감가상각이 될 수밖에 없고, 인구 감소로 도심 회귀현상이 본격적으로 일어나면 낙후된 신도시는 경쟁력을 잃을 가능성이 높기 때문이다.

**일본 신도시부터
제대로 살펴보자**
우리보다 먼저 신도시를 개발했고 신도시 문제가 사회문제가 되고 있는 일본 신도시를 살펴볼 필요가 있다. 우리보다 먼저 인구 감소가 시작된 일본은 이미 도심 회귀현상이 본격화하면서 교외 인구는 줄고, 도심 인구는 늘어났다.

일본의 다마 신도시는 도쿄 외곽에 개발되어 도쿄 출퇴근 수요자들을 흡수하고 주변 산업지역과 연계해 자급자족하는 30만~40만 규모의 대도시로 자리 잡으면서 도쿄의 부족한 주택문제 해결과 서민 주거안정에 큰 도움이 되었다.

한때는 도로, 공원, 학교 등 편리한 생활 기반시설로 주거 선호도가 높아 인기가 좋았고, 가격도 많이 올랐다. 하지만 현재는 과거와 달리 점점 유령도시로 변해가고 있다. 젊은 층은 일자리를 찾아 도쿄 등 도심으로 가고, 경제력이 부족한 노인들 다수가 남으면서 도시 기능도 점점 퇴색되고 있다.

▼ 다마 신도시 인구 변화

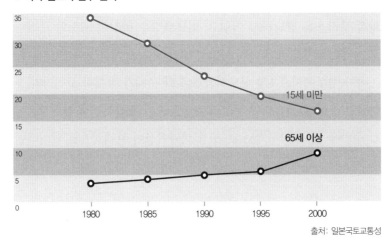

출처: 일본국토교통성

　과거 시세의 절반 가격에도 거래가 잘되지 않고 빈집도 생겨날 정도로 쇠퇴하고 있는데, 주택 수요 감소에 따른 주택가격 하락은 당연한 결과일지도 모른다. 다마 신도시 계획인구가 34만 명이었는데 현재는 14만 명 정도이며, 20년 안에 또 절반 수준으로 줄어들 수 있다는 암울한 전망이 나오고 있다.

　우리나라도 당장이야 일본과 다르다고 하지만 마냥 넋 놓고 있을 상황은 아니다. 우리는 이미 고령화사회로 접어들었고, 출산율은 일본보다 더 낮은 수준이다. 2018년 서울 부동산가격 급등은 10년 전과 비슷하지만 수도권 지역은 다르다.

　2005~2008년 당시에는 서울뿐만 아니라 용인·수원·의정부 등 수도권 전 지역에 투자열풍이 불었다. 하지만 2016~2018년은 서울과 분당·판교·위례·광교·하남미사 등 서울 인근 신도시 정도만 열기가 뜨겁지 나머지 지역은 10년 전과 비교하면 분명 온도 차이가 있

다. 도쿄 도심에서 서쪽으로 30~40km 떨어진 일본의 다마 신도시는 우리나라로 치면 동탄 신도시 정도가 될 것 같다.

분명 도쿄와 집값 차이가 나는데 도심 회귀현상을 촉진하는 이유 중 하나는 교통 여건이다. 물론 오타규선이나 게이오선 등 지하철이 연결되어 있어 40분대에 도쿄 도심으로 이동할 수 있다. 문제는 일본의 교통 요금이 우리나라보다 월등히 높다는 것이다.

굳이 높은 교통비와 불편을 감수하면서 외곽에 있는 큰 집에 거주할 필요가 없다는 판단이 서면, 작고 알찬 도심 주택 선호도가 더 높아질 수밖에 없다. 1~2인 가구 증가도 한몫했다. 또 시간이 지나면서 노후화 문제가 점점 심각해지고 신新도시가 아닌 구舊도시가 되며 일부는 슬럼화까지 진행되고 있지만 재개발 등 제대로 된 도시재생을 하지 못하고 있다. 사업성이 떨어지기 때문이다. 신도시에서 자란 세대가 어른이 되어 다시 도쿄로 돌아가버린 것이다.

도쿄 주변에 과도하게 지은 신도시 물량도 또 다른 원인이다. 30~40년 전 도쿄 주변 다마(서부), 지바(동부), 쓰쿠바(북부), 요코하마 고후쿠(남서부) 등 신도시가 줄줄이 개발되었다.

▼ 도쿄 주변에 지은 신도시

신도시	조성 시기	입주 시기	개발 면적	현재 인구
오사카부 센리	1961년	1962년	1,160ha	9만 명
아이치현 고조지	1966년	1968년	702ha	4만 8천 명
도쿄도 다마	1967년	1971년	2,892ha	20만 5천 명
지바현	1969년	1979년	1,933ha	8만 2천 명
가나가와현 고후쿠	1974년	1983년	2,530ha	13만 6천 명

**추가 신도시 개발은
독일 수 있다**

일본의 고도성장기에는 이런 신도시들이 효자였지만, 경제성장은 멈추고 인구는 감소하는 지금에는 외곽 신도시들의 물량이 오히려 독이 되었다. 여기에 고이즈미 전 일본 총리가 경제활성화를 위해 도쿄의 부동산규제를 무력화하고 콤팩트시티(한정된 부지에 고밀도 개발을 하는 압축도시)를 내세우면서 도쿄 도심 재생사업을 적극적으로 추진하자 베드타운 기능을 하던 외곽 신도시의 경쟁력은 더 떨어지고, 수요는 도쿄로 이동할 수밖에 없었다.

지금 당장 우리나라 신도시가 문제가 될 가능성은 낮다. 하지만 현재 추진하고 있는 수도권 3기 신도시 등 수도권 공급확대 정책으로 몇 년 후 경기도 새 아파트 공급물량이 크게 늘어날 가능성이 높다. 또 서울도 일본 도쿄처럼 고밀도 콤팩트시티 개념으로 도시재생 개발사업이 확대되면 서울 도심에 소형주택공급물량이 늘어날 가능성도 있다.

결국 신도시 노후화 문제의 답을 빨리 찾지 못한다면 주택 구매연령인 40~69세 인구가 본격 감소되는 2030년 이후에는 우리나라 신도시의 경쟁력이 일본 신도시의 길을 따라갈 가능성도 배제할 수 없다. 서울 집값을 잡기 위해 경기도 그린벨트를 풀어서 추가 신도시를 개발하는 정책이 당장 집값 안정에는 도움이 될지 모르겠으나 장기적으로는 감당하기 어려운 독毒이 되어 돌아올 수 있음을 알아야 한다.

집값 상승의 주범은
다주택자가 아니다

3주택 이상 다주택자가 집값 상승의 주범은 아니다. 오히려 무주택 또는 1주택자들이 움직일 때 전체 주택시장에는 큰 변화가 온다.

과열된 서울 집값을 잡기 위해 문재인 정부는 다주택과 고가 아파트 보유자에게 강력한 규제폭탄을 쏟아부었다. 다주택을 보유하고 있거나 고가주택을 보유한 사람들을 주택시장을 교란하는 투기꾼으로 인식한 것이다.

그런데 궁금하다. 정말 다주택자들 때문에 집값이 이렇게 많이 오른 것일까? 다주택자들의 투기로 서울 집값이 이렇게 상승한다는 정부 말과 달리 현장에서나 전문가들은 한결같이 다주택자들 때문이 아니라 오히려 실수요자들 때문에 집값이 상승하는 것이라고 말한다.

통계청이 발표한 2017년 주택소유통계 자료를 보면 우리나라에서

▼ 주택 소유자 분포 (단위: %)

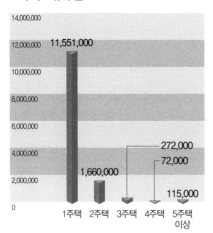

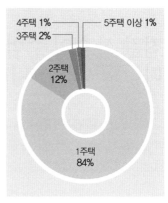

출처: 통계청

주택을 소유한 개인은 1,367만명으로, 총 인구 4,994만명의 27.4%가 주택을 보유하고 있다. 주택보유자 중 1주택자는 1,155만 1천 명으로, 전체 주택보유자의 84.5%정도를 차지하고 있다. 2주택 이상 다주택보유자는 15.5%로, 생각보다 1주택 보유자가 많다. 2주택과 5주택 이상을 같은 다주택이라고 할 수 없으니 조금 더 면밀히 살펴보자.

2주택자는 166만명으로 12.1%를 차지하고 있다. 거주하는 집 1채 있고 갈아타려고 1채 더 구입할 수도 있고 투자목적도 있으며 물려받을 수도 있는 등 이런저런 이유로 2주택까지는 이른바 투기라 할 수는 없는 실수요자라고 할 수 있다.

그러면 2주택까지 실수요 주택보유자는 전체 주택보유자의 96.6%를 차지한다. 일반적으로 3주택 이상은 가지고 있어야 다주택자라 할 수 있는데, 3주택 이상 비율은 3.4%정도 밖에 되지 않는다.

정부 말대로라면 3주택 이상 보유한 사람들이 엄청 많을 것 같은

데, 실제로는 그렇게 많지 않다. '3%의 3주택자가 과연 주택시장을 그렇게까지 교란할 수 있을까' 하는 의문이 든다.

실수요라고 볼 수 없는 진짜 투자목적이라고 볼 수밖에 없는 5주택 이상 보유자는 11만 5천 명으로 1%가 되지 않는다. 정부 논리대로라면 서울 강남구(22%), 서초구(20.9%) 다음으로 다주택자 비중이 높은 제주 서귀포시(20.6%), 세종(20.3%), 충남 아산(19.9%), 경기여주(19.7%)가 투기꾼들로 난리가 나고 집값이 폭등해야 하는데, 서울에 비해 절대 주택가격 상승률이 높지 않다.

아버지나 남편이 집을 가지고 있으면 같은 세대이니 개인별이 아닌 가구당 주택소유를 살펴보면, 전국적으로 주택을 소유한 가구는 총 1,100만 가구로 전 가구의 55.9%가 집을 보유하고 있다.

반면 무주택 가구는 867만 4천 가구로 44.1%의 가구가 집이 없다. 주택을 소유한 가구 중 1주택을 소유한 가구는 798만 9천 가구 전체의 72.6%이고, 2주택 보유가구는 218만 2천 가구로 19.8%를 차지한다. 2주택까지는 실수요라 할 수 있으니 실수요로 주택을 보유한 가구는 전체 보유가구의 92.4%나 된다. 이른바 투자수요라 하는 3주택 이상 보유가구는 7.6%정도에 불과하다. 물론 이 통계에서 빠진 LH 아파트 등 공공임대 아파트를 포함시키면 다주택 비율이 더 올라갈 수 있지만 임대아파트는 빼는 것이 맞고 대세에 영향을 주지 않는다.

정부 말대로 투자자들이 몰려들어서 주택시장을 교란하고 왜곡시켜 가격이 상승할 수는 있다. 하지만 투자세력이 이익을 실현한 후 팔고 나가면 가격이 조정되면서 시장은 다시 안정을 찾는다. 그리고 개인별로 3%, 가구로는 7%의 3주택 이상 주택을 보유한 사람들 때문에 전체 100% 시장이 급등하고 난리가 나는 것은 이해하기 어렵다.

오히려 주택보유자 중 70% 이상인 1주택자와 집을 가진 자보다 더 많은 집을 가지지 않은 무주택자들이 갑자기 움직이거나 멈출 때 주택시장에는 폭등이나 폭락이 온다는 것이 더 설득력 있다. 결국 주택시장은 3주택 이상 다주택자가 아닌 1주택 또는 무주택자들의 움직임에 따라 전체 흐름이 결정된다고 할 수 있다.

실제로 다주택자들은 2014부터 2016년까지 서울수도권 소형아파트에 많이 투자한 반면, 2017년부터는 그동안 투자를 주저했던 무주택 또는 1주택 실수요자들이 강남 등 인기지역에 많이 유입되었고, 2018년에는 이런 실수요자들의 움직임이 더 활발해지면서 '서울 아파트가격 폭등'이라는 결과가 나왔다.

2017년 8·2 부동산 대책 발표시 국토교통부장관이 2006년 5월과 2017년 5월 주택거래량을 비교하면서 강남4구 5주택 이상 소유자의 거래량이 53.1%, 29세 이하의 거래량이 54% 늘어난 것을 근거로 다주택자들을 타깃으로 잡았다. 하지만 현실은 당시 강남4구 총거래량 3,904건 중 5주택 이상 다주택 비중은 98채 2.5%였고, 29세이하 거래량 134채는 3.4%에 불과했지만 8·2 부동산 대책에서 발표한 다주택 양도세 중과는 2주택자부터 적용되었다.

2018년 9·13 부동산 대책부터는 1주택자도 대출을 봉쇄하고 청약을 제한하면서 투기대상에 포함시켰다. 정부 논리대로라면 3주택 이상 또는 5주택 이상 보유자부터 중과적용을 하는 것이 맞으나 현실은 2주택자와 1주택자까지 규제대상에 포함시키면서 오히려 '세수확대가 목적이 아닐까' 하는 오해의 빌미를 정부 스스로 제공했다.

조정대상지역,
투기과열지구, 투기지역

지역규제는 과열된 특정지역만 선별적으로 적용하는 핀셋규제다. 지역규제에는 조정대상지역, 투기과열지구, 투기지역이 있다.

조정대상지역

조정대상지역은 2016년 11·3 부동산 대책에서 처음 선보인 새로운 지역규제로, 청약조정대상지역으로 불리다가 8·2 부동산 대책에서 조정대상지역으로 명칭이 바뀌었다.

조금 더 세밀한 핀셋규제를 위해 기존 투기과열 지구, 투기지역에 조정대상지역을 추가했다. 양도세와 종부세 중과 등 주요 부동산 대책의 적용기준이 조정대상지역이기 때문에 조정대상지역 유무는 중요한 체크포인트다.

조정대상지역은 정량적·정성적 과열 기준에 따라 국토교통부장관이 지정한다. 조정대상지역으로 지정되면 193쪽의 '규제지역 지정 효과'에서 보듯이 다주택 양도세와 종부세 중과, 임대사업자 혜택 축소, LTV 60%, DTI 50% 등 대출·정비사업·세제·전매제한·청약 등 다양한 규제가 적용된다. 그래도 계속 과열된다면 조정대상지역의 범위가 더 넓어질 뿐만 아니라 규제 내용도 더 강화될 것이며, 반대로 부동산시장이 냉각되면 지정된 지역을 해제할 것이다.

2018년 9월 13일 기준 조정대상지역은 서울 25개 구, 경기 과천, 성남, 하남, 고양, 광명, 남양주, 동탄2 신도시, 구리, 안양 동안구, 광교 신도시, 부산(해운대, 연제, 동래, 부산진, 남, 수영), 세종이다.

투기과열지구

투기과열지구는 주택 투기가 성행할 우려가 높은 지역을 지정해 투기수요억제를 관리하는 지구로, 2002년 주택건설촉진법 개정으로 투기과열지구 지정제도가 도입되었다. 지정요건은 192쪽의 '규제지역 지정기준'에서 보듯이 주택청약경쟁률이 높거나 주택공급이 위축되어 가격상승 가능성이 있거나 주택전매 등 투기가 우려되는 지역에 대해 국토교통부장관 또는 시도지사가 주택정책심의위원회 심의를 거쳐 지정 또는 해제할 수 있다.

투기과열지구로 지정되면 '규제지역 지정 효과'에서 보듯이 LTV·DTI 40%, 조합원 지위양도 불가, 분양권 전매제한, 청약 1순위 자격 제한 및 요건 강화 등 대출·정비사업·세제·전매제한·청약 등 다양한 규제가 적용된다.

2002년 주택가격 상승으로 강남 3구가 처음 지정되었으며, 2008년 강남 3구를 제외한 전 지역이 해제되었고, 2011년 강남 3구가 마지막으로 해제되었다. 하지만 2017년 6·19 부동산 대책으로 조정대상지역 규제를 했는데도 계속 과열되면서 8·2 부동산 대책에서 투기과열지구와 투기지역 규제가 더 강력하게 부활했다.

2018년 9월 13일 기준 투기과열지구는 서울 25개 구, 경기 과천, 성남 분당, 광명, 하남, 세종, 대구 수성이다.

투기지역

투기지역은 주택 투기지역과 토지 투기지역으로 구분할 수 있으며, 주택가격이나 토지가격이 급등하는 지역에 대해 투기를 억제하기 위해 기획재정부장관이 지정한다. 국토부장관이 지정하고 주택법을 근거로 하는 조정대상지역이나 투기과열지구와 달리 투기지역은 기획재정부장관이 소득세법을 근거로 지정하며, 당연히 금융규제의 성격을 갖는다.

지정요건은 '규제지역 지정기준' 같이 부동산가격 상승률이 높아 과열된 지역으로, 투기지역으로 지정되면 LTV·DTI 40%(주택담보대출 1건 이상 보유세대 30%, 실수요자 50%), 중도금 대출 비중 축소와 복수대출 제한, 담보대출 건수 제한 등 금융규제 위주로 적용된다.

정부에서는 '조정대상지역 → 투기과열지구 → 투기지역'으로 규제 강도의 순서를 정하고 있다. 하지만 이미 가계부채를 억제하기 위해 대출규제는 꾸준히 시행하고 있기 때문에 규제 내용을 보면 다주택 중과와 대출규제 등을 포함한 조정대상지역이 가장 강한 규제이며, 투기지역은 정부 판단과 달리 시장에 미치는 영향이 크지는 않다.

2018년 9월 13일 기준 투기지역은 서울(강남, 서초, 송파, 강동, 용산, 성동, 노원, 마포, 양천, 영등포, 강서, 종로, 중구, 동작, 동대문), 세종이다.

▼ 규제지역 지정기준

구분	투기지역	투기과열지구	조정대상지역
법령	소득세법 제104조의2, 시행령 제168조의3	주택법 제63조, 시행규칙 제25조	주택법 제63조의2, 시행규칙 제25조의2
지정기준	정량적 요건 공통요건+선택요건 중 1 이상 충족 공통요건 직전월 당해 주택가격상승률 > 전국소비자물가상승률×130% 선택요건 ① 직전 2개월 당해 주택평균 가격상승률 > 전국주택가격상승률×130% ② 직전 1년간 당해 주택가격상승률 > 직전 3년간 연평균 전국 주택가격상승률 * 단, 물가상승률×130%, 소비자물가상승률×130%가 0.5% 미만인 경우 0.5%로 함 정성적 요건 정량적 요건을 갖추고 당해 지역의 부동산가격 상승이 지속될 가능성이 있거나 다른 지역으로 확산될 우려가 있다고 판단되는 경우	정량적 요건 공통요건+선택요건 중 1 이상 충족 공통요건 해당 지역 주택가격상승률이 물가상승률보다 현저히 높은 지역 선택요건 ① 직전 2개월 월평균 청약경쟁률 모두 5 대 1 초과(국민주택규모 10 대 1) ② 주택분양계획이 전월대비 30% 이상 감소 ③ 주택건설사업계획승인이나 주택건축허가 실적이 지난해보다 급격하게 감소 ④ 신도시개발이나 전매행위 성행 등으로 주거불안 우려가 있는 경우로 주택보급률 또는 자가주택 비율이 전국 평균 이하이거나, 주택공급물량이 청약 1순위자에 비해 현저히 적은 경우 정성적 요건 지역주택시장 여건 등을 고려했을 때 주택에 대한 투기가 성행하고 있거나 우려되는 지역	정량적 요건 공통요건+선택요건 중 1 이상 충족 공통요건 직전월부터 소급해 3개월간 해당 지역 주택가격상승률이 시도 소비자물가상승률의 1.3배를 초과한 지역으로 다음 중 하나에 해당하는 지역 선택요건 ① 직전월부터 소급해 주택공급이 있었던 2개월간 청약경쟁률이 5 대 1 초과(국민주택규모 10 대 1) ② 직전월부터 소급해 3개월간 분양권 전매 거래량이 전년 동기대비 30% 이상 증가 ③ 시도별 주택보급률 또는 자가주택비율이 전국 평균 이하 정성적 요건 주택가격, 청약경쟁률, 분양권 전매량 및 주택보급률 등을 고려했을 때 주택 분양 등이 과열되어 있거나 과열될 우려가 있는 지역

출처: 국토교통부

▼ 규제지역 지정 효과

	투기지역	투기과열지구	조정대상지역
	LTV·DTI 40%	LTV·DTI 40%	LTV 60%·DTI 50%
대출	중도금 대출 발급 요건 강화 - 분양가격 10% 계약금 납부 - 세대당 보증건수 1건 제한	중도금 대출 발급 요건 강화 - 분양가격 10% 계약금 납부 - 세대당 보증건수 1건 제한	중도금 대출 발급 요건 강화 - 분양가격 10% 계약금 납부 - 세대당 보증건수 1건 제한
	주담대 만기 연장 제한 - 2건 이상 아파트담보대출이 있는 경우		
	주담대 건수 제한(세대당 1건) - 기존 주택 2년 내 처분 약정시 예외 허용	–	
	기업자금 대출 제한 - 임대사업자의 임대용 주택 취득 외 주택 취득 목적 기업자금 대출 신규 취급 불가		
정비사업	–	재건축 조합원 주택공급 수 제한(1주택)	재건축 조합원 주택공급 수 제한(1주택)
		재건축 조합원 지위양도 제한 - 조합설립인가~소유권이 전등기시	–
		재개발 등 조합원 분양권 전매제한 - 관리처분계획인가~소유권 이전등기	
		정비사업 분양 재당첨 제한 - 조합원/일반분양 포함 5년	
		재건축사업 후분양 인센티브 배제	

구분			
세제	양도세 주택 수 산정시 농어촌주택 포함 - 3년 보유 및 이전주택 매각시 1세대 1주택 간주 배제	–	
	취·등록세 중과대상 특례 배제 - 중과대상인 별장에서 일정 규모·가액 이하 농어촌 주택 배제 제외		
	–		다주택자 양도세 중과·장특공 배제 - 2주택+10%p, 3주택 +20%
			1세대 1주택 양도세 비과세 요건 강화 - 2년 이상 보유+거주, 9억 원 이하
			분양권 전매시 양도세율 50%
전매제한	–	분양권 전매제한 - 소유권이전등기시(최대 5년)	분양권 전매제한 - 6개월~소유권이전등기시
		오피스텔(100실 이상) 전매제한 강화 - 소유권이전등기 또는 사용승인일부터 1년 중 짧은 기간	오피스텔(100실 이상) 전매제한 강화 - 소유권이전등기 또는 사용승인일부터 1년 중 짧은 기간
청약	–	1순위 자격요건 강화 - 청약통장 가입 후 2년 경과+납입 횟수 24회 이상 - 5년 내 당첨자가 세대에 속하지 않을 것, 세대주일 것 - 2주택 소유 세대가 아닐 것(민영)	1순위 자격요건 강화 - 청약통장 가입 후 2년 경과+납입 횟수 24회 이상 - 5년 내 당첨자가 세대에 속하지 않을 것, 세대주일 것 - 2주택 소유 세대가 아닐 것(민영)

청약	–	1순위 청약일정 분리(해당 지역, 기타)	1순위 청약일정 분리(해당 지역, 기타)
		민영주택 일반 공급 가점제 적용 확대–85m² 이하 100%, 85m² 이상 50%	민영주택 일반 공급 가점제 적용 확대–85m² 이하 75%, 85m² 이상 30%
		민영주택 재당첨 제한 – 85m² 이하: 과밀억제권역 5년, 그 외 3년 – 85m² 초과: 과밀억제권역 3년, 그 외 1년	민영주택 재당첨 제한 – 85m² 이하: 과밀억제권역 5년, 그 외 3년 – 85m² 초과: 과밀억제권역 3년, 그 외 1년
		오피스텔 거주자 우선분양 – 분양 100실 이상: 20% 이하 – 분양 100실 미만: 10% 이하	오피스텔 거주자 우선분양 – 분양 100실 이상: 20% 이하 – 분양 100실 미만: 10% 이하
		9억 초과 주택 특별공급 제외	–
기타	–	지역·직장주택조합 조합원 지위양도 제한 – 사업계획승인 후 양도·증여·판결 등에 따른 입주자 지위 변경 제한	–
		지역·직장주택 조합원 자격 요건 강화 – 조합설립인가신청일→신청일 1년 전	
		자금조달계획서 신고의무화(3억 이상)	
		민간 분양가상한제 적용 주택 분양가 공시 – 수도권은 의무 공시, 지방은 별도 고시	
		공급 질서 교란자에 대한 자격제한–5년, 공공주택지구는 10년	

출처: 국토교통부

'2018년 하반기 서울 집값 안정'을 예측하는 전문가들이 많았다. 2013년부터 2017년까지 꾸준한 상승에 따른 피로감, 입주물량 증가, 강력한 수요억제 규제 대책 누적, 거래량 감소 등이 그 이유였는데 결과는 보기 좋게 틀렸다. 서울 집값은 거침없이 가파르게 상승했다. 2018년 3월부터 안정을 찾은 듯 보이던 서울 집값은 7~9월 폭등하다가 9 · 13 부동산 대책 발표 후 다시 잠잠해졌다.

도대체 서울 아파트가격은 왜 이렇게 올랐을까? 언제까지 오를까, 아니면 끝물인가? 서울과 지방 아파트, 강남과 강북 아파트, 중대형과 중소형아파트, 새 아파트와 기존 아파트, 입주물량, 전세시장, 세금폭탄, 일본형 장기불황까지 아파트시장의 향후 3년을 예측해보자.

4장

부동산시장,
다가올 3년을 말한다

서울 집값이
상승하는 이유 7가지

서울 집값이 상승하는 이유는 탈출구 없는 유동자금, 아파트시장의 구조적 문제,
지방 입주물량 증가 등의 이유로 서울 아파트에 수요가 몰리기 때문이다.

2017~2018년 서울 집값은 한마디로 미친 듯이 상승했다. 2012년
바닥을 찍고 2013년부터 거래량이 늘어나기 시작한 서울 아파트는
2015년부터 본격 상승해 2017년에 많이 올랐다.

입주물량이 늘어나는 2018년 하반기에는 조정양상이 진행될 것
이라는 전망이 우세했지만 이런 예측을 비웃기라도 하듯 2018년에
폭등했다. 매매가격지수, 매수우위지수 등 각종 통계를 보면 이미
2006년 버블 집값을 넘어섰다.

하지만 통계는 숫자일 뿐 느낌이 잘 오지 않는다. 2018년 1월 프리
미엄 2억 원에 구입한 북아현 재개발 아파트(전용 84m²)가 9월에 7억

원에 거래되었다. 2018년 7월 10억 8천만 원에 계약한 목동 89.2m²(27평) 아파트가 두 달 만에 14억 원에 계약되었다.

서울에서 이 지역 집값이 오르면 안 오른 곳이 없다는 노원, 도봉, 강북구의 아파트가격도 올랐다. 2017년까지는 강남 4구를 비롯한 마포, 용산, 성동 등 핵심 지역 아파트가격이 많이 올랐는데, 2018년에는 그동안 상승에서 소외되었던 서대문, 관악, 종로, 중구, 동대문, 은평, 노원구까지 상승 바람이 불었다.

2018년 9월까지 서울 부동산시장은 과열 시기에나 볼 수 있는 '위약금 주고 계약 깨버리기, 담합해 집값 올리기' 등 각종 사회 부작용이 난무했다. 아파트 내부 상태를 보고 결정해서 계약날짜를 잡고 계약하는 아파트 매매의 정상 패턴을 고집하면, 서울 아파트를 계약할 수 없었다. 아파트를 보지도 않고 계좌번호를 따서 바로 입금해야만 계약되었다. 이렇게라도 계약하면 다행인데, 위약금을 내고 계약을 깨버리거나 아예 매물 자체가 나오지 않는 경우가 더 많았다.

물론 9·13 부동산 대책이 발표된 후 상승세가 주춤하면서 거래는 위축되었지만 하락세로 반전되지는 않았다. 도대체 서울 집값은 왜 이렇게 상승한 것일까?

상승 이유 1 _ 탈출구 없는 유동자금 | 시중에 풀린 유동자금이 너무 많다. 유동자금을 정확하게 파악하기는 어렵지만 1,100조 원이 넘는다는 것은 기정사실이다. 2008년 글로벌 금융위기 이후 미국의 양적 완화가 시작되면서 엄

청난 자금이 풀리기 시작했고, 우리나라 역시 그때부터 시작된 저금리 기조가 유지되면서 유동자금이 크게 늘어났다.

문재인 정부가 오르는 서울 집값을 잡겠다고 세제 강화 등 수요 억제 대책을 쏟아낸 반면, 복지 확대 재정지출 정책을 펴면서 시중에 엄청난 돈이 풀리는 모순을 보여주고 있다. 일자리, 도시재생 등 100조 원이 넘는 공적 재원을 투입하면 그 돈이 어디로 가겠는가?

경제상황이 매우 좋은 미국은 자신 있게 기준금리를 올리고 있다. 하지만 내수경기침체에 빠져 있는 우리나라는 기준금리를 올리고 싶어도 올리지 못하고 저금리 기조가 아직도 이어지고 있다.

대출금리는 가계부채 억제를 명분으로 조금씩 올랐지만 시중은행 예금금리는 여전히 낮은 수준이다. 갈 곳을 잃은 유동자금이 그나마 안정자산인 부동산시장으로 유입된 것은 당연한 결과다. 탈출구가 없는 유동자금의 부동산 유입을 막지 못하는 한, 부동산 상승의 힘을 꺾기는 쉽지 않을 것이다.

상승 이유 2 _ 구조적 문제 | 인간의 내면에는 남들보다 더 잘살고 싶어 하는 탐욕과 남들보다 뒤처지기 싫어하는 불안감이 숨어 있다. 그래서 열심히 일하고 투자하면서 자산을 모은다. 자본주의 사회에서 열심히 일하고 자산을 늘리는 것을 뭐라고 할 수는 없으나 과유불급過猶不及이라고 지나치면 모자라는 것보다 못하다.

지금 우리 사회는 더 나은 삶을 위해 자산을 증식하는 것이 아니라 자산 숫자를 늘리는 데 혈안이 되어 있다. 10억 원, 20억 원, 100억 원, 과연 이 숫자를 달성한 후 어떻게 살 것인가에 대한 고민은 없다.

"그냥 돈 많이 벌고 부자가 되면 좋겠어요.""남들보다 뒤떨어지지는 않았으면 좋겠어요." 이런 탐욕과 불안감 때문에 돈만 있으면 안정자산인 부동산으로 몰린다. 주식은 불안하고, 노후는 더 불안하고, 부동산 외에 투자 대안이 없다.

그런데 부동산 중에서도 왜 아파트일까? 아파트가 이렇게 투자 수단이 된 이유는 거주편의성과 전세제도 때문이다.

아파트는 부동산가치 측면에서는 대지지분이 작고 콘크리트 가치가 더 커서 내재가치가 부족한 부동산이다. 하지만 인프라를 갖춘 좋은 입지에 위치한 대단지 아파트는 살기가 아주 좋다. 당연히 인프라가 좋은 도시 지역에는 수요가 몰릴 수밖에 없다.

여기에 우리나라에만 있는 독특한 전세제도가 한몫한다. 전세 없이 내 돈을 다 주고 집을 사라고 하면 아마 거주할 집 하나 외에는 투자하기 어려울 것이다. 바로 이 전세제도 때문에 집값의 절반 정도 투자 금액만으로도 아파트 투자가 가능한 것이다.

강남 새 아파트가격이 25억~30억 원 정도인데 이 돈을 다 주고 구입하는 사람이 몇이나 될까? 전세가격이 10억~15억 원 이상 뒷받침해주니 가능한 일이다. 여기에 전세자금 대출까지 가능하니 전세금 인상에 대한 거부감이 적고, 이렇게 인상된 전세가격이 매매가격을 밀어 올리게 된다. 외국처럼 전세가 아닌 월세제도가 자리 잡았다면, 아파트 투자 열풍이 이렇게 불기는 어려웠을 것이다.

상승 이유 3 _
경제침체와 입주물량

아무리 시중에 유동자금이 많고 탐욕과 불안감이 있고 전세제도가 뒷받침해준다고 해도, 서울 집값만 이렇게 상승하는 것은 납득하기 어렵다. 일부 지역을 제외하고는 지방 아파트시장은 침체되어 있다.

우리나라 내수경제침체는 어제오늘 일이 아니다. 이미 장기침체는 시작되었다. 특히 조선, 철강, 자동차 등 우리나라 제조업의 근간이 흔들리고 있다. 싼 인건비와 막대한 자본으로 뭉친 중국 제조업의 빠른 추격까지 더해져 성장동력을 잃은 우리 경제는 이미 침체의 늪에 빠졌다. 제조 산업단지를 기반으로 한 지방 도시들의 침체는 바로 지방 부동산 침체로 이어지고 있다.

물론 2013년부터 회복한 서울에 비해 2010년부터 상승한 지방 아파트시장이 먼저 조정을 받는 것은 정상이지만, 산업경제 침체로 인한 지방 도시들의 침체는 지방 아파트시장을 더욱 어렵게 하고 있다. 울산, 창원, 포항, 구미, 군산 등 대부분 지방 산업도시들의 아파트시장이 더 어렵다.

지방의 늘어난 입주물량은 지방 아파트시장을 더욱 어렵게 하고 있다. 몇 년 전 시장 분위기가 좋을 때 밀어낸 분양물량이 부메랑이 되어 입주물량 폭탄으로 돌아오고 있다. 또 지방의 새 아파트는 대부분 기존 주거지가 아닌 외곽에 택지지구 개발 형태로 대규모 새 아파트단지로 공급되다보니 입주물량의 영향이 더 치명적이다.

서울은 도시개발이 완료되어 그린벨트가 아니고는 이제 빈 땅이 없다보니 도심 재건축이나 재개발이 아니면 새로운 아파트가 공급되기 어렵다. 특히 재건축·재개발은 기존 주택의 멸실減失을 수반하기 때문에 새 아파트 실질공급량 자체도 다르다. 집값 과열을 잡기 위해 재건축·재개발 규제가 더 심해져서 서울의 입주물량은 크게 늘어나기도 어렵다.

상승 이유 4 _
풍부한 서울 수요

서울 아파트는 서울 시민만 구입하는 것이 아니다. 서울 아파트에는 거주 목적의 실수요자들도 많지만 투자 목적의 수요자들이 더 많이 유입된다. 서울 수도권 거주자들뿐만 아니라 지방과 해외 거주자들도 서울에 아파트 1채 정도는 가지고 싶어 한다.

아래 그래프에서 보듯이 서울 외의 지역에 거주하는 이들의 서울 아파트 매입 비중은 서울 집값 흐름과 비슷해서 부동산시장 분위기

▼ 서울 외 지역 거주자의 서울 아파트 매입 비중

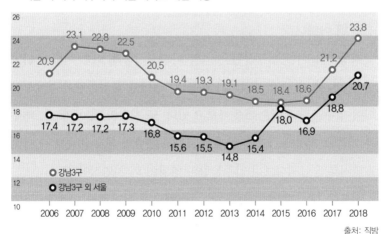

출처: 직방

가 좋아질수록 가파르게 늘어남을 알 수 있다. 지방 투자자들의 상경 투자가 통계로 입증된 것이다.

실제로 지방에 사는 이들 중 서울에 투자한 사람들을 쉽게 만나볼 수 있다. 돈을 엄청나게 벌려고 투기를 하는 이들도 소수 있지만, 대부분 자녀들이 서울에 있는 대학교나 직장에 다녀서 또는 서울에 아파트 하나 정도는 사두고 싶었다는 이야기를 한다. 그만큼 서울 아파트는 수요층이 넓다.

상승 이유 5 _
정책의 왜곡인지
| 서울 집값 상승은 풍부한 유동자금, 전세금 뒷받침, 경제침체와 입주물량, 풍부한 서울 수요 뿐만 아니라 정부 정책도 한몫하고 있다.

다주택보유자에 대해 양도세와 종합부동산세를 중과하는 규제를 하자 오히려 시장에는 '가격이 낮은 지방 아파트는 팔고, 보유가치가 높은 서울 아파트는 가지고 가자'는 분위기가 형성되었다.

정부가 똘똘한 서울 아파트 한 채를 갖게 하려고 이런 대책을 발표한 것은 아니다. 다주택보유자를 규제함으로써 아파트 투자 수요를 억제하겠다는 것이 목적이었는데, 시장이 왜곡인지를 하면서 정부의 바람과 달리 엉뚱한 방향의 똘똘한 한 채 트렌드가 형성되었다. 여기에 투명 과세와 서민 주거안정, 매매 거래량 감소를 위해 임대사업자 등록시 혜택을 주는 활성화 정책을 시행하자 시장에서는 보유가치가 높은 서울 아파트를 임대주택으로 등록했다.

그러자 임대주택 등록을 한 서울 아파트는 의무보유기간에 매매할 수 없게 되면서 장기간 매물 잠김 현상이 발생했다. 이런 매물 잠김 현상은 서울 아파트 공급 감소로 이어졌다.

거래량이 줄어들었지만 매물은 더 많이 줄어들면서 매물 하나만 거래되어도 바로 시세가 되는, 기형적으로 왜곡된 부동산시장이 형성되었다. 1천 세대 아파트에 매물이 안 나오거나 1~2개 나오는 것이 정상은 아니다.

상승 이유 6 _
섣부른 정책의 실수
2017년 발표된 8·2 부동산 대책은 문재인 정부의 대표적 부동산규제 대책이다. 재건축 등 정비사업, 청약시장, 대출, 세금, 자금출처 등 부동산의 다양한 분야에 대한 규제 내용이 대부분 포함된 매우 잘 만든 대책이다. 대책 자체만 보면 100점 만점에 90점 이상을 주어도 아깝지 않다. 하지만 아무리 좋은 것도 상황에 맞지 않으면 그 효과는 크게 반감된다. 호텔의 고급 요리도 배부른 사람한테는 맛있는 음식이 될 수 없듯 말이다.

8·2 부동산 대책이 잘 만든 대책임에는 분명하지만 한꺼번에 모든 대책을 쏟아부은 결과 양도세 중과와 재건축초과이익환수 정도만 기억할 뿐 나머지 대책은 묻혀버렸다. 필자도 8·2 부동산 대책의 모든 내용을 관련 자료를 찾아보지 않으면 다 기억하지 못한다. 그런데 시장의 일반 사람들은 오죽할까.

시장에서 받아들일 수 있는 규제의 양은 물컵 정도인데, 정부는 큰 주전자 정도의 물을 한번에 부어버리면서 아까운 규제 대책이 다 흘러버렸다. 역대 정권들이 몰라서 규제를 하나씩 발표한 것이 아니라, 부동산규제를 한꺼번에 다 쏟아낸다고 집값이 잡히는 것이 아니기 때문이었다.

또한 대책은 2017년 8월 2일에 발표되었지만 재건축초과이익환수는 2018년 1월부터 다주택 양도세 중과는 2018년 4월부터 적용되면서 대책 효과를 반감시켰다. 시장 상황을 보면서 규제카드를 하나씩 꺼내는 것이 맞는데 게임을 시작하자마자 카드를 다 던져버린 것이다.

그나마 남겨둔 강력한 규제카드 하나가 바로 종합부동산세 인상이었다. 하지만 2018년 6·13 지방선거 완승 이후 지나친 자신감 때문이었는지, 세수를 늘리고 싶은 마음이 컸는지, 6월 종합부동산세 인상안 카드를 꺼내들었다. 말만 들어도 고가 집 소유자들이 긴장한다는 종합부동산세 인상 카드를 서울 주택시장이 그나마 안정세를 유지하던 6월에 갑자기 발표한 것은 이해할 수 없다. 차라리 9·13 부동산 대책에 종합부동산세 인상안이 처음 포함되었더라면 시장에 미치는 효과가 극대화되었을 것이다.

우려보다 약했던 종합부동산세 인상안은 "생각보다 별거 아니네" "이 정도 가지고 서울 집을 팔 수는 없지"라는 심리가 확산되면서 종합부동산세라는 불확실성이 제거되었고, 박원순 서울시장의 여의도·용산 마스터플랜 발언이 기름을 부으면서 서울 주택시장은 폭발했다.

냉정하게 따져보면 종합부동산세 인상안이 약한 것이 아니다. 집값이 오르든 내리든 상관없이 해마다 재산세 몇 배에 달하는 종합부동산세를 내야 하고, 공정시장가액비율과 종합부동산세율 인상, 공시가격 상향조정으로 어떻든 2018년보다는 2019년, 2020년 종합부동산세 부담이 2배 이상 커질 수밖에 없다.

그럼에도 시장에서 이런 약하다는 반응이 나온 것은 2019년 12월 인상된 고지서를 받아보기 전까지는 막연하게 생각만 할 뿐 체감을 하지 못하기 때문이다. 전문가나 정책입안자들은 공시가격, 공정시장가액비율, 종합부동산세율이 어떻게 종합부동산세로 계산되는지, 그게 얼마나 나올지 가늠할 수 있지만 대부분 사람들은 공정시장가액비율 80%에서 100%, 종합부동산세율 0.1~1.2%p 인상이라는 추상적 숫자가 어떤 영향을 줄지 느낌이 오지 않는다. 차라리 국세청 홈페이지에서 인상될 종합부동산세 예정금액을 확인할 수 있도록 했다면 효과가 훨씬 더 컸을 것이다.

부동산 대책은 시장에서 직접적으로 느끼기 어려운 온통 숫자 천지로 되어 있다. 진정 시장에 미치는 효과가 극대화되는 대책을 만들려면, 전문가나 정책입안자 처지가 아닌 시장 다수의 처지에서 쉽고 간단하게 알고 체감할 수 있게 해야 한다. 이미 한번 꺼낸 음식은 다시 가열해도 신선함을 유지하기 어렵다. 6월에 한번 발표한 종합부동산세 인상을 9월에 더 강화해 발표한 것은 시장에 미치는 영향도 정부 기대보다 크지 않을 뿐 아니라 매끄럽지 못하다.

섣부른 정책 실수에는 정부뿐만 아니라 서울시도 한몫했다. 박원순 서울시장의 발언이 불난 집에 휘발유를 뿌렸다. 여의도·용산 마스터플랜과 강북을 강남처럼 개발하겠다는 발언은 투자 심리를 자극하기에 충분했다. 급등하는 집값에 놀라 보류를 선언했지만 불이 붙은 투자 심리를 식히기에는 늦었다.

물론 노후화한 서울 도심을 정비하는 것은 당연히 해야 하는 정책이지만 부동산시장에서 개발 호재로 받아들이면서 매물은 회수하고 호가는 올리는 원인이 될 수 있다면 당위성이 있어도 시기를 늦추는 것이 맞았다. 서울 집값을 올릴 의도는 아니었겠지만 결과적으로는 개발 호재를 추가해주면서 투자 심리가 더욱 달아오르고, 서울 집값 상승은 서울 전 지역으로 확대되었다. 아이러니하게도 박 서울시장이 한 달 동안 살았던 옥탑방 가격도 2배 올랐다.

대책의 내용도 중요하고 타이밍도 중요하지만, 무엇보다 중요한 것은 국민들이 믿고 기다릴 수 있게 일관성 있고 신뢰를 주는 대책을 실행하는 일이다. 정부 스스로 섣부른 정책 실수를 반복하면서 시장의 신뢰를 잃어버려 이제는 콩으로 메주를 쑨다고 해도 믿지 않는 상황이 되었다.

정부와 청와대, 여당, 서울시가 각각 다른 목소리를 내고 있다. 정부는 그린벨트를 풀어 주택을 공급하고자 하지만 해제 권한을 가진 서울시는 반대한다. 정부에서 종합부동산세 인상안을 확정한 지 두 달이 지나지 않아 여당 대표는 강화해야 한다면서 잉크가 마르기도 전에 손을 댔다. 게다가 당시 청와대 정책실장이 '보유세를 올리면 거래세를 낮추는 것이 맞다'고 했다가 '강남 족집게 규제를 해야 한다'고 하더니 '특정 지역 규제는 안 된다'거나 '자신이 강남에서 살고 있는데 강남에 집을 살 필요가 없다'는 식으로 오락가락 발언을 하면서 배는 산으로 가고 국민들의 신뢰는 땅속으로 들어갔다.

상승 이유 7 _
매도자 우위시장

부동산시장에서는 항상 매도자(집을 팔려는 집 주인)와 매수자(집을 사려는 사람)가 팽팽하게 줄다리기를 한다. 시장이 과열되면서 정부 규제가 나오면 부동산시장은 일시 소강상태가 된다. 매도자는 '이 정도 규제로 집값이 꺾이지 않고 더 오를 것'이라는 기대감을 가지고 기다리는 반면, 매수자는 '좀 떨어질 것'이라는 기대감으로 기다린다.

그러다가 매도자가 이기면서 집값이 오르면 매도자는 매물을 회수하거나 호가를 올리는 반면, 매수자는 실망하면서 투자에 뛰어든다. 집값은 더 오르고, 그동안 덜 오른 지역도 갭 메우기로 따라 오르면서 다시 규제가 나온다.

또다시 매도자와 매수자가 줄다리기를 시작하지만 이번에도 매도자가 이긴다. 그렇게 되면 매수자는 이러다가 영원히 집을 사지 못하는 것이 아닌가, 나 혼자 뒤떨어지는 것이 아닌가 하는 불안감에 뒤늦게 주택 구입에 뛰어들게 된다. 이런 매도자와 매수자 간 줄다리기는 보통 3번 이상 반복된다.

2016년 11·3 부동산 대책 발표 후 대통령 탄핵과 장미대선, 미국 트럼프 대통령 당선 등 불확실성이 커지면서 주택시장은 매도자와 매수자 간 줄다리기가 있었지만 문재인 대통령 당선 후에는 오히려 불확실성이 제거되면서 매도자 우위시장이 되었다. 2017년 8·2 부동산 대책 발표 후 한 달 정도 짧은 줄다리기가 있었지만 역시 매도자가 이겼다. 2018년 봄 3번째 줄다리기가 있었지만 여름에 다시 매도자가 승리하면서 서울 집값은 9월까지 폭등했다.

이렇게 반복적인 줄다리기에서 승리한 매도자들은 더 오를 것이라는 기대감에 매물을 회수한다. 반면에 패배한 매수자들, 특히 그동안 기다렸던 안정 성향의 실수요자들은 이제 더는 못 기다리겠다는 조바심에 올라가는 호가를 따라간다.

하지만 매도자와 매수자 간 줄다리기에서 영원한 승자는 없다. 2018년 9월까지 급등하던 서울 집값은 9·13 부동산 대책, 9·21 부동산 대책 발표 후 다시 매도자·매수자의 줄다리기가 시작되었다. 매도자가 또 이길 수도 있고, 이번에는 매수자가 이길 수도 있지만 단기간에 매수자 우위로 빠르게 돌아서기는 어렵다.

하지만 시간이 더 지나 시장에서 감내할 수 있는 임계치를 넘어 과도하게 상승하면 시장은 피로감을 느낄 수밖에 없다. 거기에 입주물량 증가, 규제 누적에 금리상승까지 이어지면 결국 투자 심리가 꺾이면서 다시 매수자 우위시장으로 넘어갈 수 있다.

서울 아파트,
끝물은 언제일까?

9·13 부동산 대책 이후 서울 집값이 주춤하고 있다. 입주물량, PIR, 벌집순환이론 등을 통해 서울 집값이 언제까지 상승할지 예측해보자.

2018년 9월까지 브레이크 없이 급등하던 서울 집값이 9·13 주택시장 안정 대책과 9·21 수도권 주택공급 확대 방안이 발표된 이후 주춤하고 있다. 일시적인 보합 이후 다시 상승할 것이라는 기대감과 '이제 끝물'이라는 우려의 목소리가 공존하는 혼돈 상황이다.

며칠 전 전화를 한 통 받았다. 급등하는 서울 집값을 보고 도저히 안 되겠다 싶어 무리해서라도 집을 사려고 마음먹었는데, 또 대책이 발표되었으니 어떻게 해야 할지 모르겠다고 했다. 그도 그럴 것이 2006~2007년 전 참여정부 시절에도 이런 분위기였고, 그때도 과감히 투자했는데 그 결과는 끝물이었다는 것이다.

미래는 아무도 알 수 없다. 그리고 실물자산인 아파트, 특히 인구 집중도가 높은 서울 아파트는 장기적으로는 인플레이션에 따른 화폐 가치 하락만큼 또는 그 이상 상승한다. 하지만 달콤한 집값 상승과 달리 집값 하락은 쓰디쓴 아픔 이상의 고통을 주기 때문에 무턱대고 분위기만 쫓아갈 수 없는 노릇이다.

과연 현재 서울 집값 상승이 끝물일까, 아니면 대세상승이 이어질까? KB국민은행 발표에 따르면 2018년 9월 서울 아파트 중위가격은 8억 2,975만 원으로 역대 처음으로 8억 원에 진입했다. 강남 11개 구 아파트의 중위가격은 10억 원을 넘어 10억 원 시대를 열었다. 서울 아파트 중위가격은 2009년 7월 5억 203만 원으로 처음 5억 원을 넘어선 후 2017년 4월 6억 원 돌파까지 7년이 넘게 걸렸는데, 2018년 1월에 7억 원을, 9월에 8억 원을 순식간에 넘어버렸다.

약세인 지방과 차이가 더 벌어지면서 지방 아파트 5채 이상을 팔아야 서울 아파트 한 채를 살 수 있는 셈이 되었다. 한마디로 거침없는 하이킥이다. 하지만 9·13 부동산 대책 발표 이후 0.47% 고점을 찍은 서울 아파트값 주간 상승률이 0.1%까지 둔화되었다.

9·13 부동산 대책을 통해 종합부동산세 강화, 임대사업자 혜택 축소, 대출강화 등의 강한 규제를 발표했고 9·21 부동산 대책에서 3기 신도시를 포함한 대규모 주택공급 신호를 주어 관망세가 짙어지면서 매수심리가 흔들리고 호가가 떨어지기 시작한 것이다. 미래는 신의 영역이기에 인간은 항상 불안하고 분위기에 휘둘릴 수밖에 없다.

**매매가격 변동률
과거 패턴 비교** | 우리는 현재 분위기에 취해서 영원히 상승만 할 것 같은 착각에 빠져 있는데, 과거에도 지금과 같은 패턴이 반복되었다. 노무현 정부부터 문재인 정부까지 매매가격 변동률을 나타낸 아래 그래프를 보자.

IMF 경제위기 당시 큰 폭으로 하락한 주택가격과 파격적으로 풀어진 규제완화와 주택공급 감소의 영향으로 2003년 노무현 정부 출범 이후 집값은 크게 상승했고, 10·29 부동산 대책 등 규제를 쏟아부으면서 전국 집값은 안정을 찾는 듯 보였다. 하지만 2005년부터 다시 급등했고 8·31 부동산 대책 등 많은 대책을 발표했지만 집값은 이런

▼ **역대 정권별 매매가격 변동률** (단위: %)

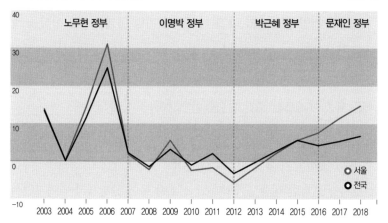

	2003	2004	2005	2006	2007	2008	2009	2010	2011	2012	2013	2014	2015	2016	2017	2018
전국	13.36	0.05	11.6	24.8	2.21	-1.46	3.16	-1.01	2.04	-3.27	-0.29	2.72	5.6	4.22	5.33	6.72
서울	13.79	0.19	14.44	31.11	1.84	-2.22	5.54	-2.44	-1.73	-5.79	-1.81	2.13	5.58	7.57	11.4	14.72

출처: 부동산114

규제를 비웃기라도 하듯이 더 큰 폭으로 올랐다.

2006년까지 강남을 중심으로 버블세븐지역(강남 3구, 목동, 분당, 평촌, 용인)의 집값은 천정부지로 올랐고, 2007년부터 비강남 지역 소형 아파트 가격상승이 두드러졌으며 한강변 아파트 역시 강세를 보였다. 당시 서울 주택시장 분위기는 현재 분위기보다 더 뜨거웠고, 불안감을 느낀 실수요자들이 뛰어들면서 하늘 높은 줄 모르고 집값이 올랐다.

그 후 지나치게 쏟아부은 대책 규제가 누적되면서 이명박·박근혜 정부는 매우 어려운 시기를 보냈다. 2008년에는 글로벌 금융위기까지 겹치면서 이명박 정부 시절 매매가격 변동률은 마이너스를 기록했다. 특히 2012년 서울 주택시장 분위기는 '이제 아파트시장은 끝났다'는 말이 나올 정도로 폭락했다. 잠실주공 5단지와 압구정 현대아파트 99.1m²(30평형)대가 10억 이하로 떨어졌으니 더이상 무슨 말이 필요하겠는가?

2013년 박근혜 정부에서 5년간 양도세 면제 특례 등 파격적인 대책이 나왔지만 서울의 주택시장은 거래량이 조금씩 늘어날 뿐 큰 움직임이 없다가 2015년이 넘어서야 본격 상승궤도에 올라섰다. 회복만 되면 좋은데, 2016년부터 서울은 급등 양상을 보이면서 2018년이 되었다. 2018년 초까지 강남을 비롯한 마포, 용산, 성수 등 핵심 지역 아파트가격이 상승을 주도하다가 2018년 여름부터 은평, 관악, 노원 등 비핵심 지역 아파트가격도 큰 폭으로 올랐다. 10여 년 전과 비슷한 상승패턴을 보이는 것이다.

하지만 부동산시장 흐름은 계속 상승만 하거나 계속 하락만 하지는 않았다. 차면 기울고, 오르막이 있으면 내리막이 있다. 과거 사례에서 보면 집값이 상승하면 대책이 나오고, 대책이 나온 후 바로 집값이 잡히지 않으면서 계속 대책이 발표된다. 결국 대책 발표 이후 적어도 3년 정도 지나야 실질 규제효과가 나온다.

2016년 11·3 부동산 대책이 발표된 시점을 기준으로 하면 2019년 말 정도, 2017년 8·2 부동산 대책을 기준으로 하면 2020년 중반 정도가 되면 현재와 다른 분위기가 될 수도 있다.

투자자에 대한 입주물량의 영향 | 입주물량이 증가하면 아파트가격이 약세가 된다고 하는데 왜 서울 집값은 오르는 것일까? 전국 주택 입주물량은 40만 가구에 육박할 정도로 많고, 2020년까지 부담스러운 것도 사실이다. 하지만 서울의 입주물량은 경기도나 지방과 비교하면 문제가 될 만한 상황은 아니다. 경기도는 2020년까지 10만 가구 이상인 반면, 서울은 4만 가구이하다. 특히 서울은 신규 택지가 부족해 신규 주택공급 자체가 제한적이고 재건축·재개발 등 정비사업으로만 신규 주택공급이 가능한데, 기존 주택 멸실滅失이 수반되기 때문에 현재 서울의 입주물량은 부족하지는 않지만 경기도나 지방만큼 문제가 되지는 않는다.

이런 서울의 제한적 입주물량이 투자자들에게 서울 아파트의 선호도를 올리는 중요한 요인으로 작용하는 것은 분명하다.

PIR(소득 대비 부동산가격 비율) │ 주택가격 적정성을 나타내는 지표인 소득 대비 부동산가격 비율 PIR Price to Income Ratio도 살펴볼 필요가 있다. 2017년 9월 기준 서울의 중간 구간 PIR는 11.2로 11.2년 동안 소득을 모아야 중간에 위치한 집을 살 수 있다는 의미다.

2018년 9월 기준 PIR는 12가 넘었다. 2008년 12월 중간구간 PIR는 11.9였고, 2009년 9월에는 12.1로 최고치를 기록했다. 즉 현재 서울 집값이 2009년 고점 시절까지 또는 그 이상 차올랐다는 것을 알 수 있다. 서울 집값이 본격 상승하기 시작한 2014년 PIR는 8.8이었고, 2016년 3월까지 9.7로 10 이하였다. 지금 와서 소용없는 이야기지만, 2014~2016년이 서울에서 집을 사야 했을 때다.

지방 주택시장 │ 울산, 창원, 포항, 구미, 군산 등 내수경기침체로 지방 산업단지 도시들의 주택시장도 동반 침체되고 있다. 부산의 경우도 현재 조정대상지역을 해제해주어야 한다는 목소리가 나올 정도로 서울과 반대 분위기다. 2017년 초만 해도 부산 주택시장 분위기는 과열을 염려할 정도로 뜨거운 분위기였는데 지금은 상승세가 꺾였다.

내수경기침체와 수출경쟁력 약화로 산업도시의 침체는 그렇다 쳐도 서울과 같은 소비도시인 부산의 약세는 눈여겨봐야 한다. 서울과 부산은 엄연히 나르고 난순 비교일 수는 없지만 부산 주택시장 상승이 서울 주택시장 상승보다 2~3년 정도 빠른 2010년 정도였음을 감안하면, 현재 부산 주택시장의 모습이 2~3년 후 서울 주택시장의 모습이 될 수도 있을 것이다.

서울 주택시장 순환흐름 | 최근 서울 주택시장 흐름을 보면 비핵심 지역 상승과 그동안 관심이 없거나 기다리면서 기회를 놓친 실수요자들이 뒤늦게 뛰어든 경향이 눈에 띈다. 2007~2008년 분위기와 비슷한 점이 있다. 한번 분위기를 타면 대외적 충격이 없는 한 단기간에 급반전될 가능성이 낮아서 현재 상승세가 비핵심 지역으로 확산되면서 이어질 가능성은 있다.

현재 서울 집값 상승이 당장 끝물이라고 할 수는 없다. 하지만 부동산시장은 순환흐름 구조여서 결국 분위기는 바뀌게 되어 있다. 앞에서 다룬 벌집순환이론을 다시 기억해보자. 현재 서울 집값 상승 흐름에서 거래량이 늘어나는 상황은 아닌지라 거래량 감소와 가격 상승의 '2국면(상승기) 막바지 상황'이다. 2국면 다음에는 거래량 감소와 가격 보합의 3국면(침체진입기)으로 이어질 테고, 그다음은 거래량 감소와 가격 하락의 4국면(침체기)이 기다리고 있다.

거래량은 감소하면서 호가가 오르는 것은 그렇게 낙관적으로 볼 수만은 없다. 거래량이 감소한다는 것은 더 오를 것으로 기대하는 매도자들이 매물을 회수하면서 공급이 줄어든 반면, 불안감을 느낀 실수요자들이 뒤늦게 추격매수를 하면서 간헐적 거래가 시세를 올리는 상황이다. 그 후 많이 올랐다가 더 오르기 힘들다는 불안감이 확산되면 거둬들인 매물이 한꺼번에 나오면서 공급물량이 늘어나는 반면,

더 떨어질 것으로 기대하는 수요자들은 대기모드로 들어가면서 현재와 다른 매수자 우위시장이 될 수 있다.

서울 아파트 전세가율 │ KB국민은행이 발표한 2018년 9월 주택가격 통계에 따르면 서울 아파트 전세가율은 61.7%로 전달보다 2.6% 하락했다. 강남 11개 구 전세가율은 58.2%를 기록하면서 4년 9개월 만에 처음으로 60% 아래로 내려왔다. 특히 강남구 전세가율이 48.9%로 매매가 대비 전세가 비율이 절반에도 미치지 못했다.

KB국민은행이 전세가율을 공개한 2013년 이후 처음이고, 2016년 78%까지 치솟았던 강북 14개 구 전세가율도 65.8%로 하락했다고 하니 강남·강북 할 것 없이 전세가가 약세다. 이 같은 전세가율 하락의 원인은 전세가격이 하락했다기보다는 매매가격이 급등하면서 전세가격이 매매가격을 따라가지 못했기 때문이다.

2018년 9월까지 서울 아파트 매매가격은 7.54% 오른 반면, 전세가격은 0.02% 하락한 것으로 나온 한국감정원 조사 결과만 봐도 이런 사실을 확인할 수 있다. 전세가격은 투자 수요와 실수요가 혼재된 매매가격과 달리 실수요에 따른 실제 가격이다. 투자 수요에 따른 거품이 배제되었다는 것으로, 전세가격이 매매가격을 따라가지 못한다는 것은 서울 아파트 매매시장이 과열되었음을 의미한다.

서울 아파트 거래 수요자 성향 | 최근 서울 아파트를 거래하는 수요자들을 보면 그동안 투자에 나서지 않았다가 뒤늦게 아차 싶어 투자에 뛰어든, 위험 기피 성향을 지닌 이들이 많다. 투자에 소극적인 이들이 뒤늦게 추격매수에 뛰어들면 끝물일 가능성이 높다.

2015~2016년까지만 하더라도 확실히 공격적인 투자성향을 지닌 다주택을 보유한 투자자들이 많았다. 하지만 2017년부터 다주택자들의 투자가 줄어들면서 거래량이 줄어들었고, 무주택이나 1주택 보유자들의 주택 구입이 늘어났다.

서울 아파트 끝물인가, 아닌가? | 2018년 9·13 부동산 대책 발표 이후 서울 아파트시장이 주춤하고 있다. 7~9월 단기간 지나치게 급등한 피로감과 무주택자를 제외하고는 꽁꽁 틀어막아버린 대출, 미국의 금리인상, 주택공급을 늘린다는 의지를 보여주면서 관망세가 길어지고 있는 것이다.

그렇다고 당장 하락세로 이어지진 않을 것이다. 1,100조 원이 넘는 탈출구를 찾지 못한 유동자금도 문제고, 한번 달아오른 투자 심리는 금방 식지 않기 때문이다. 여전히 서울 아파트를 원하는 수요층은 두껍고, 상황에 따라 비규제 지역으로 풍선효과가 발생할 수도 있다.

실수요자라면 무리하지 않는 범위에서 내집 마련은 해야 한다. 향후 신규 택지 분양물량 공급이 늘어날 수 있으니 청약조건이 좋은 무주택자들은 적극적으로 청약에 도전해보는 것도 좋다. 하지만 과거

패턴, PIR, 벌집순환이론모형, 투자자 성향을 감안하면 지금은 끝물이 아니더라도 끝이 가까워지고 있어서 다주택보유자들은 위험관리를 할 필요가 있다.

서울 아파트
vs. 지방 아파트

서울과 지방 아파트는 시차가 발생하며 차이가 벌어지기도 하고, 좁혀지기도 한다.
서울과 지방 아파트의 차이를 알면 타이밍을 잡는 데 도움이 된다.

2018년 서울 아파트시장은 여름의 폭염처럼 펄펄 끓은 반면, 지방 아파트시장은 시베리아와 같은 추운 겨울이었다. 서울과 지방 아파트시장의 양극화는 2017년부터 더 심화되었다.

서울 강세가 어제오늘의 일은 아니지만 왜 이렇게 서울 아파트시장만 강세인지, 앞으로 지방 아파트시장은 미래가 없는 것인지 알아보자. 또한 서울과 지방 아파트의 상관관계로 아파트시장을 예측하는 노하우도 알아보자.

2018년 서울과 지방 아파트시장 분위기는 서로 다른 방향으로 달리고 있다. 2018년 9월 서울 아파트 중위가격은 사상 처음으로 8억

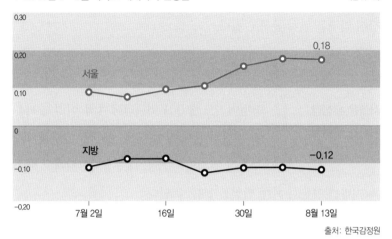

출처: 한국감정원

원을 돌파했고, 강남 11개 구는 10억 원을 넘었다. 서울 아파트가격이 지방 광역시의 약 3.5배, 기타 지방의 5.3배 수준까지 벌어져 지방 아파트 5채를 팔아도 서울 아파트 한 채를 사기가 쉽지 않다.

위 그래프는 '2018년 7~8월 아파트 매매가격 변동률'로, 서울은 7월 이후 상승폭을 확대하고 있는 반면, 지방은 마이너스를 벗어나지 못하고 있다. 강남의 전용 84m² 새 아파트가격은 25억 원을 넘어선 지 오래고, 동작 흑석, 마포 아현, 서대문 북아현 등 도심 새 아파트 역시 10억 원을 훌쩍 넘어선 지 오래다. 심지어 그동안 서울의 상승에서 소외되었던 은평, 관악, 동대문, 노원까지 상승세를 타고 있다.

하지만 지방은 죽을 맛이다. 경남 창원은 한때 서울 못지않을 정도로 부동산 투자 열기가 뜨거웠던 지역인데 지금은 가격 하락에 속수무책이고, 입주하는 새 아파트의 하자를 문제 삼아 입주를 거부하는 일도 벌어지고 있다. 또 부산 기장군은 조정대상지역에서 제외되었다. 대구광역시와 광주광역시 정도를 제외한 대부분 지방 아파트시장이 약세를 면치 못하고 있다.

서울은 우상향,　　땅덩어리도 좁은 우리나라에서 왜 이렇게 서울
지방은 우하향　　과 지방의 온도 차이가 큰 것일까? 입주물량과
　　　　　　　　부동산 정책의 부작용, 내수경기침체에서 서울
과 지방의 양극화 확대 원인을 찾을 수 있다.

　수요와 공급이라는 가장 기본적인 경제원리는 아파트가격 형성에 매우 중요한 역할을 한다. 주택공급에서 가장 중요한 요소가 바로 입주물량이다. 입주물량이 줄어드느냐 늘어나느냐에 따라 전세와 매매 공급물량이 결정된다. 입주물량 증감은 투자 심리에도 영향을 준다.

　서울은 개발이 끝난 완성도시다. 그도 그럴 것이 강북은 조선시대부터 이어온 수도였고, 1970년대 대규모 토지구획정리사업으로 탄생한 강남, 강서, 노원 등 대부분의 주거지 역시 포화 상태로 재건축·재개발 등 정비사업이 아니면 더는 신규 주택공급이 불가능하다. 정비사업은 정부의 수요억제를 위한 각종 규제로 속도를 내기 어렵고, 그나마 정비사업이 진행되는 구역은 멸실滅失을 수반하기 때문에 입주물량의 50~70%가 순주택 증가물량이다.

　반면 경기도나 지방은 아직까지 빈 땅이 많다. 마음만 먹으면 얼마든지 신도시급 대규모 택지공급이 가능하다. 힘들게 정비사업에 목멜 필요 없이 택지를 이용해 손쉽게 주택을 공급할 수 있다는 말이다. 2018년 9·21 수도권 주택공급확대 방안에서도 많은 부분의 주택

공급이 경기도에 집중되어 있다. 빈 땅에 주택을 지으니 당연히 기존 주택 멸실 없이 100% 순주택 증가물량이 된다. 결국 서울은 아무리 노력해도 신규 입주물량이 항상 부족한 반면, 지방은 아파트시장 분위기만 좋아지면 신규 분양물량이 어김없이 크게 늘어나면서 3~4년 후 입주물량이 큰 폭으로 증가한다.

부동산 정책도 서울 집중현상을 부추기는 데 큰 역할을 했다. 정부는 투기 수요를 억제하기 위해 다주택보유자에게 양도세와 종합부동산세 중과 폭탄을 내렸다. 폭탄이 떨어지는데 가만있을 사람은 없다. 다주택 상태를 유지하면 중과로 세금을 더 내야 하는 만큼 다주택보유자가 선택할 수 있는 방법은 가치가 높은 아파트는 보유하되 가치가 낮은 아파트는 정리하는 '선택과 집중'이었다. 가지고 가는 똘똘한 한 채는 서울 아파트가 된 반면, 지방 아파트는 정리대상이 되었다.

또한 임대사업자 등록자 수가 늘어나면서 매물 잠김 현상이 심화되었다. 양도세와 종합부동산세 등 세 부담을 줄이기 위해 많은 다주택자가 임대사업자 등록을 했다. 임대사업자로 등록하게 되면 의무보유기간이 적용되어 8년 동안 매매할 수 없게 된다.

경기침체도 서울 집중 현상에 일조하고 있다. IMF 경제위기 시절보다 더 어렵다고 말하는 이들을 쉽게 만날 수 있다. 공무원이나 대기업에 다니는 이들은 못 느낄 수도 있지만 자영업, 중소기업에서 체감하는 실물경기는 IMF 경제위기보다 심하면 심했지 덜하지 않다. 고용, 소비, 투자, 기업뿐만 아니라 수출까지 한국 경제는 5중고의 늪에 빠지고 있다.

나라 전체가 어려운데 서울이라고 별수 있는 것은 아니지만 경제가 어려울수록 그래도 마지막까지 살아남을 곳은 서울이라는 생각을 하는 사람들이 많다. '잃어버린 20년' 장기침체를 겪으면서 몰락한 외곽 신도시와 달리 살아남은 일본 도쿄의 학습 효과도 영향을 주었을 것이다.

여기에 소비도시와 산업도시의 차이도 미묘한 영향을 준다. 지방에는 1970년대 산업화를 거치면서 개발된 산업도시들이 많다. 자동차와 중공업의 울산, 조선의 거제, 철강의 포항, 전자의 구미와 창원등이 대표적인 산업도시인데 공교롭게도 지방 아파트시장의 침체를 주도하는 곳이 바로 이들 산업지역이다.

예전 경제성장기에는 산업도시들에 활기가 넘쳤고, 유입되는 인구증가에 힘입어 주택시장도 호황이었다. 하지만 인건비 상승, 규제 누적, 내수경기침체와 더불어 가격경쟁력을 무기로 기술도 무섭게 따라오는 중국 기업과의 경쟁에서 점점 밀리면서 우리 기업들과 산업단지들이 설 자리가 좁아지고 있다.

반면 소비도시들은 그나마 버텨주고 있다. 서울은 인구밀도가 높은 대표적 소비도시로 대학교와 기업들의 본사가 집중되어 있다. 대구나 부산 역시 예전에는 섬유·신발산업이 번성했지만 지금은 서울과 같은 전형적인 소비도시의 모습을 갖추고 있으며, 아파트시장 또한 잘 버텨주고 있다. 경제가 다시 회복하지 않는 한 산업도시의 부활은 그리 녹록하지 않은 상황인지라 당분간 서울, 부산, 대구 등 소비도시에 관심을 두는 것이 현명할 것이다.

**지방 부동산,
부활할 수 있을까?**

2006년으로 거슬러 올라가보자. 당시 분위기는 2018년처럼 서울·수도권 아파트시장은 '미쳤다'고 할 정도로 초호황임에 반해, 부산 등 지방 아파트시장은 '끝났다'는 말을 할 정도로 어려웠다. 주택보급률이 서울은 90% 초반이었지만 지방은 100%가 넘었고, 인구 감소와 유출도 진행되었다. 주택은 많고 인구는 줄어드는데 어떻게 아파트가격이 오른단 말인가?

그로부터 몇 년 후 서울 아파트시장은 꺾인 반면, 부산 아파트가격은 무섭게 오르기 시작했다. 서울은 2010~2012년 극심한 침체를 겪었지만 부산은 침체된 서울을 비웃기라도 하듯이 호황이었고, 2016년까지 이런 분위기는 이어졌다. 2006년 서울 수도권 아파트시장이 과열되자 건설회사들은 서울 수도권 지역에 당시 인기가 높았던 중대형아파트 공급물량을 대폭 늘린 반면, 미분양 우려가 있는 지방에서는 분양물량을 줄였다. 그 결과 2010년부터 부산 등 지방의 새 아파트 입주물량 부족 현상이 발생했다.

반면 출생률 감소와 인구 유출은 진행되었지만 주택 구입 연령층인 40~69세 허리층은 여전히 두꺼웠다. 여기에 정부의 부동산규제도 뜨거운 서울·수도권에 집중되면서 지방은 규제의 칼날을 피했다. 결국 부산 등 지방 아파트시장은 다시 기회를 잡았다. 내수경기침체와 수출경쟁력 약화로 경쟁력을 잃고 있는 지방 산업도시들의 아파트시장 약세는 지금까지 지방 부동산 침체와 좀 다르게 볼 필요는 있지만 서울과 비슷한 소비도시인 부산과 대구의 아파트시장에는 계속 관심을 가져야 할 이유다.

서울과 지방 아파트 간 가격차이인 갭은 항상 관심 있게 봐야 한다. 서울은 인구밀도가 높고 개발될 땅이 없어 입주물량 영향도 제한적이고 수요와 공급의 불균형이 큰 것은 분명한 사실이지만, 그렇다고 사람이 사는 주거공간인 아파트가격이 지방과 비교해 천정부지로 차이가 날 수는 없다. 같은 소비도시인 서울과 부산, 대구의 집값은 시차를 두고 적정수준을 유지한다.

서울 집값이 큰 폭으로 상승해서 매매가격 차이가 벌어지면 향후 서울 집값 조정장이 올 때 부산과 대구의 아파트가격은 다시 회복하면서 그 격차를 줄인다. 2009년 2배 정도 차이가 벌어졌다가 2014년 1.5배 정도로 줄어들었고 최근 다시 벌어졌다.

아파트가격은 영원히 상승할 수는 없으며, 일정 기간 상승한 후에는 반드시 조정기간이 온다. 서울과 지방의 아파트가격 차이가 많이 벌어지면 지방이 저평가되었다고 할 수 있을 테고, 반대로 갭이 줄어들면 서울 아파트가격이 저평가되었다고 할 수 있을 것이다. 이러한 서울과 지방 아파트가격 차이의 흐름을 관심 있게 살펴보면 아파트 매매 타이밍을 잡을 때 도움이 될 것이다.

강남 아파트
vs. 강북 아파트

강남 아파트가 상승한다고 속상해할 필요는 없다. 강남 아파트가 먼저 오르고 나면
강북 아파트가 따라 올라간다.

강남과 강북의 집값 차이는 어제오늘의 일은 아니고, 양극화가 심해
진다는 뉴스도 새삼 놀랍지 않다. 다음 그래프에서 보듯이 2018년
7월 기준 3.3㎡당 아파트가격이 강남권역은 평균 2,837만 원, 강북
권역은 평균 1,824만 원으로 집계되었다. 3.3㎡당 평균 강남, 강북
간 아파트가격 격차가 1,013만 원으로 2006년 1,028만 원 이후 최고
수준을 기록한 것이다.

  2008년 글로벌 금융위기 이후 강남 아파트가격이 내림세가 되면
서 2013년 강남 1,880만 원, 강북 1,306만 원으로 574만 원까지 격차
가 크게 줄어들었는데 5년 만에 다시 격차가 원상복구되었다.

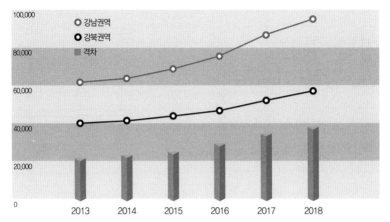

▼ 강남·강북권역 아파트 가구당 평균가

○ 강남권역
○ 강북권역
■ 격차

출처: 부동산114

강남권역과 강북권역 간 가구당 평균 매매가격 격차도 더 벌어졌다. 가구당 매매가격은 2013년 강남 평균 6억 1,744만 원, 강북 평균 4억 322만 원으로 2억 1,413만 원 차이가 났는데 2018년 강남 평균 9억 5,029만 원, 강북 평균 5억 6,631만 원으로 차이가 벌어진 것이다.

2018년 9월 서울 아파트 중위가격 조사에서도 강남 11개 구 아파트 중위가격은 10억 5,296만 원으로 10억 원 시대를 연 반면, 강북 14개 구 중위가격은 5억 6,767만 원으로 강남 11개 구의 절반 수준이다. 이 정도면 강남과 강북 차이가 벌어진 것은 분명한 사실이다.

IMF 경제위기 전까지만 해도 이 정도 차이는 아니었는데 강남과 강북 아파트가격 차이가 이렇게 많이 나는 이유는 무엇일까? IMF 이후 주택시장이 양의 부족에서 질의 부족으로 재편되면서 우수한 교육환경과 교통 등 생활 인프라가 우수한 강남으로 수요가 몰렸기 때문이다. 자연스럽게 고급 커뮤니티가 형성되면서 강남이라는 부촌 이미지가 만들어졌다.

거기에 재건축 등 각종 개발사업이 강남 3구에 집중되면서 투자 수요가 강남으로 쏠린 반면, 강북 지역은 강남에 비해 낙후되었지만 개발은 상대적으로 소외되었고, 서울 아파트시장 흐름상 상승 시기에는 강남 아파트가 주도했다.

너무 실망하거나 걱정하지는 말자 | 우리가 사는 세상의 분명한 진리는 차면 기울고, 오르막이 있으면 내리막이 있으며, 영원한 상승도 영원한 하락도 없다는 것이다.

2018년 9월 기준 강북 14개 구 중위가격이 강남 11개 구 중위가격의 절반 수준이라고 했지만 강북 14개 구 상승폭을 보면 강남 못지않다. 8월 대비 상승폭은 강남 11개 구가 6.53% 상승했는데 강북도 6.33%나 상승했다.

IMF 경제위기 이후 2006년까지 서울 아파트시장은 강남 중대형 아파트를 중심으로 매우 가파르게 상승했다. 2006년 한 모임에서 노원구 상계동에 거주하는 한 분이 "상계동은 저주받은 동네야. 강남 아파트는 저렇게 오르는데 왜 내가 살고 있는 상계동은 꿈쩍도 하지 않는 거야"라고 신세한탄을 하던 모습이 아직도 생생하다. 당시 분위기는 그랬다. 강남만 오르고 강북은 오를 기미가 보이지 않자 속이 많이 상했던 것이다.

그로부터 불과 2년 후인 2008년부터 서울 아파트시상은 완선히 달라졌다. 영원히 상승만 할 것 같던 강남 아파트가격은 주춤한 반면, 저주받은 동네라던 노·도·강(노원, 도봉, 강북) 등 강북 소형아파트는 펄펄 날아서 가격이 급등했다.

서울 아파트시장은 2010년부터 침체의 늪에 빠져 2012년까지 혹독한 침체기를 보냈다. 2011년 8억 2천만 원에 거래된 개포주공 1단지 42.9m²(13평) 아파트가 불과 1년 만에 5억 7천만 원까지 떨어졌으니 가히 폭락이라 해도 지나친 말이 아니었다. 2012년 당시 필자도 예상치 못한 폭락에 당황했고 이러다가 영원히 상승하지 못하는 것이 아닌가 하는 두려움도 잠시 느꼈다. 분양물량 감소, 정부의 규제완화 정책 등을 감안하면 당연히 반등할 거라는 확신이 있었지만 불안한 마음은 어쩔 수 없었다.

역시 2013년부터 서서히 회복하기 시작한 서울 아파트시장은 2015년부터 본격 상승하면서 2018년까지 상승 흐름이 이어졌고, 그 중심에는 역시 강남이 있다. 항상 서울 아파트가격 상승을 주도하는 지역은 강남이다. 그리고 강남 상승의 다음 순서는 강북이다.

2018년부터 2017년 강남 상승을 바라만 보고 있던 강북의 노원·도봉·강북 아파트가격은 오름세를 타기 시작했다. 2017년부터 강남을 비롯해 마포, 용산, 성수 등 서울의 핵심 지역 위주로 상승하던 서울 아파트시장은 2018년부터 서대문, 은평, 관악, 동대문, 종로, 중구, 노원 등 비핵심 지역으로 불이 옮겨붙었다. 10년 전인 2008년과 비슷한 상황으로 강남과 강북의 차이가 벌어지면 결국 또 차이를 줄이는 것이 시장의 힘이다.

우리나라에서 아파트가격이 가장 높은 천장지역은 강남 3구다. 천장이 높아져야 그다음 지역이 갭(차이)을 메우면서 따라간다. 지금으로부터 10년이 지나 다음 상승 시기가 오더라도 현재 흐름과 크게 다르지 않을 것이다.

강남이 먼저 치고 올라간 후 강북이 따라가므로 강남 아파트가격이 먼저 높이 오른다고 해서 너무 배 아파하거나 속상해할 필요가 없다. 기다리면 강북 아파트에도 분명 기회가 온다. 강남이 폭등했다면 강북으로 눈을 돌리는 것도 좋다. 반대로 강북이 폭등한 후 아파트시장 조정이 시작되면 '그다음 상승장의 강남'을 노려야 할 것이다.

소형아파트
vs. 대형아파트

1~2인 가구 증가와 경기침체의 영향으로 소형아파트 전성시대가 열렸다. 한때 잘 나갔던 대형아파트, 과연 다시 기회가 올까?

"소형아파트가격이 많이 올랐는데 차라리 대형아파트로 눈을 돌려야 할까요? 대형아파트가 저평가된 것 같아요." 이런 질문을 종종 받는다. 2000년대 중반까지만 해도 전용면적 85m² 초과 대형아파트는 서울·수도권 아파트시장에서 인기였다. 그런 대형아파트가 3.3m²당 가격에서 소형아파트에 역전당한 지 오래고, 매매가격 차이가 별로 나지 않는 경우도 많다. "아 옛날이여~" 노래가 저절로 나오는 대형아파트, 과연 예전의 영광을 다시 찾아 전성시대가 올 수 있을까?

1962년 한국 최초의 아파트인 마포아파트를 시작으로 서울 용산 한강맨션, 여의도, 반포, 압구정, 잠실지구, 개포지구, 둔촌, 고덕지구 등 대규모 주거단지가 서울에서 개발되었다. 베이비붐 세대가 취업과 결혼 등 본격적인 경제활동을 시작하면서 절대적인 주택의 양 부족 시대가 시작되었다. 복부인이라는 말이 등장할 정도로 아파트 투기는 극성이었고, 아파트가격은 큰 폭으로 상승했다.

수요는 급증하는데 공급은 턱없이 부족하니 아파트가격이 오르는 것은 당연한 일이었다. 강서 가양지구, 노원 상계지구 등과 1기 신도시(성남 분당, 고양 일산, 안양 평촌, 부천 중동, 군포 산본) 등 서울과 수도권 대부분 지역에 엄청난 물량의 아파트가 공급된 후 비로소 주택시장은 안정을 찾았다.

그런데 압구정 등 일부 부촌 지역을 제외하면 공급된 아파트는 대부분 전용면적 85m² 이하 중소형아파트였다. 당시 우리나라 경제와 국민들의 생활수준을 감안하면 전용면적 85m² 이하 중소형아파트 위주로 공급한 것은 당연한 일이었지만, 1990년대 말에 IMF 경제위기가 발생하면서 상황이 달라졌다. 아파트가격은 큰 폭으로 하락했고, 주택공급은 중단되었다. 이런 위기상황을 극복하기 위해 동원할 수 있는 모든 규제를 풀면서 총력 투쟁을 한 결과 IMF 경제위기는 졸업했지만 아파트가격이 폭발적으로 상승했다.

그런데 IMF 이후 상승한 주택시장은 예전과 달랐다. 주택보급률이 90%를 넘어섰고 생활수준이 올라가면서 집이라도 다 같은 집이 아닌 입지, 학군, 교통이 좋은 아파트를 원하는 고급 수요가 늘어났다. 주택에 양量의 부족시대에서 질質의 부족시대가 열린 것이다. 아파트와 비아파트, 강남과 비강남, 서울과 지방, 대형과 소형아파트 산의 차이가 벌어졌다.

IMF 경제위기가 지나간 후 집값이 급등하자 당시 노무현 정부는 강남 아파트가격을 잡기 위해 다주택 규제폭탄을 쏟아부었다. 하지만 부동산시장에는 '주택 수를 늘리기보다는 똘똘한 한 채를 가져야 한다'는 분위기가 형성되면서 강남을 중심으로 한 버블세븐지역 중대형아파트로 몰려들었고, 중대형아파트 전성시대가 열렸다. 중대형아파트 인기만 빼면 현재 부동산시장 분위기와 비슷한 점이 많다. 문재인 정부 출범 이후 서울 아파트가격이 급등했고 '똘똘한 한 채 가지기'가 서울 아파트시장의 흐름을 주도하고 있다.

IMF 경제위기 이후 급등하는 집값을 잡고 국민들의 높아진 눈높이에 맞는 질 높은 주택을 공급하기 위해 판교 등 2기 신도시를 개발했다. 1기 신도시와 달리 2기 신도시부터는 소형아파트보다 전용면적 85m² 중형아파트 공급을 늘렸다. 2기 신도시의 면적별 비중은 전용면적 84m²(30평형대)가 60~70%, 전용면적 100m² 초과(40~50평형대) 대형이 20~30%, 전용면적 59m²(20평형대) 이하 소형아파트가 10~20% 정도로 소형아파트 비중이 크게 줄었고, 전용면적 50m²(10평형대) 이하 초소형아파트는 일부 임대아파트를 제외하고는 거의 공급이 중단되었다.

2000년대 후반까지 중대형아파트가 인기를 끌자 건설회사들은 전용면적 85m² 이상 중대형아파트 위주로 분양물량을 쏟아냈다. 그 결과 2010년 이후 입주물량이 크게 늘어난 중대형아파트는 공급 과잉이 되었고, 분양시장에서 소외된 소형아파트는 공급 부족이 되었다.

소형아파트 공급은 크게 줄어들었지만 반대로 1~2인 가구와 임대수요 증가로 소형아파트 수요는 크게 늘어났다. 2006년까지 지나치게 상승한 중대형아파트에 비해 저평가된 소형아파트로 눈을 돌리기 시작하면서 2008년부터 소형아파트 전성시대가 열렸다. 버림받은 동네라고 하소연하던 상계동 소형아파트가격은 2배 이상 상승했고, 노원구 상계동·중계동은 지금도 서울 동북부권 중심 지역으로 인기가 높다.

이런 소형아파트 전성시대는 현재도 진행형이다. 소형아파트의 3.3m²당 가격이 대형아파트를 넘어선 것은 물론이고, 심지어 절대가격이 역전되는 경우도 발생하고 있다. 2018년 3월 송파구 파크리오 아파트 전용 84m² 26층이 15억 2천만 원에 거래되었는데 전용 144m² 8층이 13억 5천만 원에 거래되었다.

일반적인 경우는 아니지만 소형아파트의 인기가 완전한 트렌드가 된 것은 분명하다. 한때 인기가 높았던 대형아파트가 이렇게 외면을 받는 이유는 간단하다. 대형아파트는 절대가격과 관리비가 높아서 부담스럽고, 환금성이 떨어져 시세 형성에 불리하기 때문이다.

중대형아파트의 전성시대, 다시 올까?

소형아파트의 인기는 여전히 높고 아파트가격 상승률은 더 높지만 대형아파트의 가격이 전혀 오르지 않는 것은 아니다. 2017~2018년 서울 아파트가격이 크게 오르면서 대형아파트가격도 덩달아 올랐다. 소형아파트가격이 너무 오르자 부담을 느낀 투자자들이 그나마 덜 오른 대형아파트로 눈을 돌린 것이다. 또 소형아

파트의 인기가 높아지면서 건설회사들이 전용면적 85m² 초과 대형
아파트 공급을 전체 물량의 10% 이하로 낮추면서 대형아파트 공급
이 줄어들고 있다.

소형아파트 강세가 지속되면서 소형과 대형의 가격 차이가 더 벌
어지고, 대형 공급물량이 지속적으로 감소하면서 희소가치가 높아진
다면 대형아파트의 부활을 기대할 수 있다. 실거주 목적으로 대형아
파트가 필요한 수요자라면 소형아파트에 비해 저평가된 대형아파트
에 눈을 돌려도 좋다. 다만 소형아파트 대비 3.3m²당 가격은 낮을지
라도 절대가격과 관리비는 여전히 무겁다.

소형아파트 선호도 역시 여전히 두꺼워서 장밋빛 예상만으로 무
리하게 대형아파트에 투자하는 것은 주의가 필요하다. 그래도 대형
아파트 투자를 생각한다면 대형아파트를 소화할 여유가 되는 수요층
을 확보한 지역 위주로 선별투자하는 것이 좋다.

서울의 경우 강남 4구(서초, 강남, 송파, 강동), 용산, 성동, 마포, 동작
등 한강변 핵심 지역이나 교육·교통 등 선호도가 높은 분당, 목동 등
인기 지역 대형아파트 정도라면 그래도 해볼 만하다. 반면 여유가 되
는 수요층이 얇고 입주물량이 많거나 산업경기침체가 깊은 수도권
외곽이나 지방 도시들의 대형아파트 투자는 당분간 신중하게 할 필
요가 있다.

새 아파트
vs. 기존 아파트

새 아파트가 인기인 것은 사실이지만 갭 메우기로 기존 아파트가격도 상승한다. 하늘이 무너져도 솟아날 구멍은 있다고 기다리면 저평가에 따른 갭 메우기 기회가 온다.

소형 새 아파트가 주택시장을 이끌고 있는 것에 반론을 제기하는 이들은 거의 없다. 그도 그럴 것이 새 아파트를 싫어하는 사람이 어디 있겠는가? '젊어서 고생은 사서 한다'는 말은 옛말이 되었다. 자식을 위해서 일부러 단칸 지하방부터 시작하라는 부모는 요즘 찾아보기 어렵다. 부동산시장의 공급물량에서 입주물량이 중요한 이유다.

　그런데 뜻밖의 사건이 하나 생겼다. 2017년 주택가격상승률이 가장 높았던 지역이 분당 신도시라는 조사결과가 나왔다. 2006년 분당은 '천당 밑에 분당'이라는 말을 할 정도로 열기가 대단했다. 버블세븐지역에 당당하게 이름을 올린 분당이 2008년 이후 서서히 침체의 늪에 빠지더니 강남 집값이 오르던 2015년까지도 비교적 조용했다. 이웃 신도시인 판교 신도시와 차이도 벌어져 분당은 '세입자만 사는 곳'이라는 오명도 들었다.

그런 분당 신도시가 2017년 가장 높은 주택가격상승률을 기록하면서 예전의 명성을 되찾았다. 입주한 지 25년이 넘어가는 오래된 아파트의 대명사인 1기 신도시 분당 아파트가 어떻게 주택가격상승률 1위가 되었을까? 새 아파트가 분명 인기라고 했는데 앞뒤가 맞지 않는다. 그 이유는 바로 갭Gap 메우기 때문이다.

분당의 천장지역인 판교 신도시 가격이 급등하자 저평가로 인식된 분당으로 투자 수요가 유입되었다. 강남 아파트가격이 급등하니 마포, 성동, 용산, 동작 아파트가격이 올랐다. 마·용·성(마포, 용산, 성동) 아파트가격이 오르자 동대문, 종로, 중구, 관악, 은평도 오르고 노·도·강(노원, 도봉, 강북) 아파트가격도 올랐다.

천장지역 아파트가격이 오르면 그 아래 지역의 아파트가격이 따라 오르는 '갭 메우기 현상'이 나타난다. 아파트 간 차이인 갭을 따라 오르는 갭 메우기는 지역 간 차이인 지역 갭 메우기만 있는 것이 아니다. 새 아파트가격이 먼저 오르면 기존 아파트가 뒤따라 올라가는 새 아파트 갭 메우기도 있다.

갭 메우기 현상에 주목하자 | 다음 페이지의 표는 2018년 8월 기준 입주연차별 서울 아파트 매매가격을 비교한 자료다. 상식선에서는 새 아파트인 5년 내 또는 6~10년 된 아파트의 매

▼ 입주연차별 서울 아파트 매매가격 비교(2018년 8월 기준)　　　　　(단위: 만 원)

입주연차	평균 매매거래가격		가격변동률	
	2017년	2018년	2017년	2018년
5년 내	75,420	83,629	14.7%	10.9%
6~10년	70,387	68,527	12.7%	−2.6%
11~15년	54,063	62,071	12.7%	14.8%
16~20년	50,736	55,792	7.3%	10.0%
21년 이상	57,977	59,759	12.4%	3.1%

출처: 직방

매가격상승률이 높을 것 같지만 통계자료를 보니 오히려 입주연차가 11~15년인 아파트의 가격상승률이 더 높다. 16~20년 된 아파트도 상승률이 만만하지 않다.

　새 아파트가 아니라면 아예 오래되어 개발 기대감이라도 있는 아파트가 낫다는 것이 아파트 투자의 통설이다. 그래서 어중간한 입주연차인 11~20년 된 아파트는 실수요자가 아니면 필자도 강하게 추천하지 않는다.

　하늘이 무너져도 솟아날 구멍이 있다고, 새 아파트와 갭 메우기 힘으로 어중간하다는 11~20년차 아파트의 매매가격상승률이 높아졌다. 11~20년차 아파트는 새 아파트에 비해 주거 만족도는 떨어진다. 하지만 새 아파트가격이 먼저 치고 올라가면서 그 차이가 지나치게 벌어지면 추격매수세가 붙는다. 새 아파트가격과 차이를 좁히는 갭 메우기 현상이 벌어지고, 안 오를 것 같았던 아파트의 가격도 오른다.

　다음 표는 강남 3구, 마포, 용산, 성동 등 서울의 투기지역 11개 지역(2018년 8·27 부동산 대책으로 종로, 중구, 동작, 동대문이 추가되어 15개 지

▼ 서울 투기지역 아파트 매매가격 비교(2018년 8월 기준) (단위: 만 원)

입주연차	평균 매매거래가격		가격변동률	
	2017년	2018년	2017년	2018년
5년 내	85,080	95,623	16.7%	12.4%
6~10년	82,695	82,628	11.5%	−0.1%
11~15년	61,942	75,045	16.1%	21.2%
16~20년	54,877	61,878	5.5%	12.8%
21년 이상	68,157	73,275	13.3%	7.5%

출처: 직방

역)의 입주연차 평균매매가격과 가격변동률이다. 상대적으로 가격대가 높고 투자자들의 인기가 높은 투기지역도 예외가 아니어서 새 아파트보다 기존 아파트의 가격변동률이 더 높다. 고가 아파트에 대한 규제가 강화되고 새 아파트가격이 많이 상승하자 투자자들이 가격대가 낮은 기존 아파트로 눈을 돌린 것이다.

아파트시장에는 절대적인 법칙이 없다. 새 아파트가 대세라고 하지만 새 아파트가격만 올라간다는 법은 없다. 새 아파트가 먼저 많이 오르면 기존 아파트도 갭 메우기를 하면서 따라간다.

입주물량,
이제는 팩트 체크가 필요하다

입주물량은 아파트가격 형성에 반비례 영향을 미친다. 지역별 입주물량 팩트를 체크해 아파트시장 흐름을 상세히 예측해보자.

입주물량이 부동산시장에 미치는 영향은 반비례 관계임을 앞에서 이미 알아보았다. 물량 앞에서는 장사가 없다고, 입주물량이 쏟아져나오는 지역의 아파트시장은 일단 피하고 보는 게 상책이다.

2018년 전국적으로는 부동산시장 분위기가 좋지 않지만 유독 서울만 독야청청獨也靑靑 상승을 이어가는 가장 큰 이유는 바로 입주물량 영향이 제한적이기 때문이다. 서울은 이미 개발이 완성된 도시이고, 그린벨트를 해제하지 않고는 아파트를 지을 새로운 택지를 마련하기가 어려워 아파트의 희소가치가 높고, 특히 새 아파트의 인기는 말이 필요 없다.

그나마 남은 서울 면적의 25%에 달하는 그린벨트도 막상 주택공급이 가능한 면적은 크지 않고 서울시가 원칙적으로 그린벨트 해제에 반대하기 때문에 기존 도심의 재건축·재개발이 아니면 새로운 아파트를 공급하기는 현실적으로 어렵다.

상황이 이렇다보니 신규 택지로 100% 주택공급이 가능한 지방이나 수도권과 달리 서울은 재건축·재개발로만 새 아파트 공급이 가능하다. 설상가상으로 재건축과 재개발은 기존 주택 멸실이 수반되기 때문에 실질적인 신규 주택 증가분은 더 줄어든다.

그러면 지역별 입주물량이 얼마나 되는지 알아보고, 입주물량에 따른 부동산시장 분위기가 실제 현장 분위기와 비슷하게 일치하는지 팩트fact를 한번 체크해보자.

다음 페이지의 표는 지역별 연간 주택수요와 2018년에서 2020년까지 예상 입주물량을 정리한 내용이다. 참고로 연간수요는 인구와 선호도에 따라 임의로 분석한 것이라 오차가 있을 수 있다.

서울의 경우 서울뿐만 아니라 전국, 해외에서도 투자 수요가 유입되기 때문에 실제 서울의 아파트 수요는 표에 나온 수치보다 훨씬 더 많을 것이다.

입주물량은 조사기관과 조사방법에 따라 차이가 있어서 100% 정확한 수치를 파악하는 것은 현실적으로 어렵고, 정리하면서 일부 오류가 있을 수도 있다. 편의상 10자리 숫자는 반올림했지만 대략적인 흐름을 파악하기에는 무리가 없을 것이다.

▼ 2018년 6월 기준 지역과 연도별 아파트 입주물량(편의상 10자리는 반올림)

지역	인구 (명)	연간수요 (가구)	연간 아파트 공급량(가구)		
			2018년	2019년	2020년
서울	9,845,300	39,000	34,500	41,700	34,700
부산	3,465,400	17,300	23,500	26,200	26,000
대구	2,473,500	12,300	13,500	6,800	8,400
인천	2,951,600	14,800	23,600	18,500	23,300
광주	1,463,100	7,300	6,300	11,600	9,000
대전	1,499,200	7,500	6,400	3,000	6,000
울산	1,163,200	5,800	8,500	10,100	2,000
세종	288,100	1,400	12,700	10,000	4,100
경기	12,908,000	64,500	164,500	122,700	93,000
수원	1,201,900	6,000	8,100	6,800	300
성남	967,000	4,800	500	800	4,600
안양	585,200	2,900	220	3,000	400
부천	851,800	4,300	1,400	600	2,200
광명	330,600	1,700	2,400	0	3,600
평택	484,200	2,400	9,000	17,200	4,600
의정부	442,700	2,200	5,200	2,000	5,000
안산	671,600	3,400	6,800	5,000	10,200
고양	1,041,400	5,200	6,000	10,900	5,300
남양주	669,600	3,300	8,200	1,300	4,000
하남	236,700	1,300	9,200	3,600	3,300
용인	1,007,800	5,000	15,900	12,400	1,500
김포	395,500	2,000	13,900	500	13,200
화성	707,100	3,500	32,300	17,600	4,000
포항	512,500	2,600	9,600	1,300	3,200
구미	422,200	2,100	2,800	4,500	1,700
창원	1,056,900	5,300	15,700	10,000	4,000
거제	252,900	1,300	5,800	300	0

**정부의 규제 타깃인
서울부터 살펴보자** │ 서울 인구는 9,845만 명 정도이고, 1년에
신규 주택을 소화할 수 있는 연간수요는
3만 9천 가구로 4만 가구 정도다. 연 신규
입주물량이 4만 가구 이하면 입주물량은 다소 부족하다 할 수 있고,
4만 가구가 넘지 않으면 공급 과잉이라 할 수는 없는 곳이 서울이다.
사실 서울은 4만 가구가 넘어도 문제가 되지 않는다.

서울 아파트는 서울 사람들만 투자하는 것이 아니다. 서울 아파트
에 투자하고 싶어 하는 수요 범위는 경기, 인천의 수도권뿐만 아니라
부산, 대구 등 지방에 있는 투자자들도 서울 아파트 수요에 포함된
다. 실제로 지방에 있는 투자자들 중 상당수가 서울에 아파트를 보유
하고 있다. 또한 서울은 신규 택지공급이 불가능하기 때문에 기존 주
택 멸실이 수반되는 재건축·재개발사업으로만 신규 아파트 공급이
가능하다.

아무튼 이런 서울의 특수성을 감안하면 연 5만 가구 이상이 되어
도 문제가 되지 않는데, 2018년 서울의 입주 예정물량은 3만 4,500가
구 정도이니 부족한 것은 분명한 사실이다. 2020년까지 입주물량도
3만~4만 가구 수준이기 때문에 역시나 '입주물량이 제한적'이라는
말이 틀린 것이 아니었다.

물론 9,500세대의 송파 헬리오시티(가락시영 재건축)가 입주하는 송
파 등 2019~2020년 입주물량이 많은 일부 지역도 1년 정도면 다 소
화되고, 미리 세입자를 구한 이들도 많으며, 양도세 거주요건 강화로
입주하는 이들도 늘어나서 실제 입주물량 영향은 당초 생각보다 크
지 않을 수 있다.

아무튼 근본적으로 입주물량이 부족하고 수요가 풍부한 서울은 일시적 공급 과잉의 영향은 길어야 1년 정도다. 다만 입주물량이 주택가격을 결정하는 절대기준은 될 수 없기에 입주물량이 제한적이라고 해도 아파트가격이 지나치게 급등해 시장 임계치를 넘는 수준이 되면 쉬어가는 상황은 발생할 수 있다.

**지방의 대표 주자인
부산, 대구 등은 어떨까?**

부산 인구는 350만 명 정도이고, 연간 수요는 1만 7천 가구 정도 된다. 입주물량을 보니 2020년까지 2만 가구가 넘는 수준으로 다소 부담스럽기는 하지만 크게 위험하다고 할 수준은 아니다. 실제로 부산 부동산시장 분위기는 2017년부터 주춤하고 있다.

대구는 수성구의 초강세는 이미 전국적으로 유명한데, 250만 명 정도 인구에 연간 주택 수요는 1만 2,300가구 정도다. 입주물량은 2020년까지 무난한 수준을 보일 것으로 예상되기 때문에 크게 문제가 될 가능성은 낮다.

최근 대구와 함께 지방에서 그래도 상승 분위기를 유지하는 광주는 2019년부터 입주물량이 늘어나면서 상승세가 다소 둔화될 가능성이 있다.

최근 침체 그림자가 짙은 울산은 어떨까? 110만 명 정도 인구에 연간 수요는 5,800여 가구인 데 반해 입주물량은 2019년까지 2배 가까이 예상된다. 2020년부터는 입주물량이 줄어들 것으로 예상되니다행이긴 하지만 울산의 경우 단순 입주물량의 영향 외에 산업도시의 특성상 자동차, 조선 등 중공업 경기가 살아나야만 예전의 영광을 다시 찾을 가능성이 높다.

최근 지방에서 그나마 분위기가 좋은 대전은 역시 입주물량의 영향이 제한적이다. 주춤하고 있는 세종은 아니나 다를까 입주물량이 수요 대비 많은 편이다.

그동안 지방에서 광역시를 제외한 대표 도시인 포항, 구미, 창원, 거제 등도 입주물량의 영향을 피하지는 못했다. 특히 어려움을 많이 겪고 있는 창원의 경우 입주물량이 매우 많음을 알 수 있다.

다시 수도권으로 올라와보자 | 경기도는 1,300만 명에 조금 못 미치는 인구에 6만 5천 가구 정도가 연간 소화할 수 있는 수준인데, 입주물량은 2배가 넘으니 전반적으로 서울에 비해 분위기가 좋지는 않다. 다만 경기도는 지역별 편차가 커서 그냥 경기도 하나로 판단할 수는 없고 도시별로 분석할 필요가 있다.

수원은 2019년까진 입주물량이 다소 많은 편이고, 2020년이 넘어야 입주물량이 줄어들면서 안정을 찾을 것 같다. 성남은 입주물량이 매우 부족해서 성남 강세가 단순히 판교, 분당 등 신도시 인기 때문은 아니라는 것을 알 수 있다.

삼성전자와 미군기지 이전 호재를 확대 해석해서 지나치게 많은 분양물량을 쏟아냈고 지금도 많은 도시개발이 예정되어 있는 평택은 연간 수요의 4배에서 7배까지 많은 입주물량이 기다려서 당분간 투자 목적으로 평택에 분양을 받는 것은 신중하게 할 필요가 있다. 김포, 남양주, 화성 등 입주물량이 많은 지역들 역시 옥석을 가릴 필요가 있다.

입주물량만으로 모든 것을 판단할 수는 없다. 하지만 입주물량이 부동산시장의 공급에 큰 영향을 미치는 팩트임은 분명하기 때문에 입주물량 팩트를 체크해 지역별 공급 부족 또는 과잉 유무를 판단하는 것이 좋다.

전세난은
당분간 없다

매매가격 상승과 전세시장 약세로 전세가율이 하락세다. 전세시장 약세로 실수요
자도 마냥 좋아할 수만은 없다.

전국 아파트 전세시장의 약세가 이어지고 있다. 2015년부터 전세가
격상승률이 둔화되기 시작하더니 2017년 하반기 일부 지역은 마이
너스로 전환되었다. 물론 모든 지역이 다 전세가격 약세인 것은 아니
며, 서울 도심 등 일부 지역은 여전히 상승하고 있다. 전세가격 추이
는 매매가격의 선행지표 역할도 하기 때문에 '전세가격 하락이 부동
산시장 침체의 전조현상이 아닐까' 하는 우려 때문에 전세가격 추이
에 관심을 가져야 한다.

다음 그래프는 2018년 1월부터 2018년 10월까지의 서울 주택의
매매·전세 변동률 추이다. 매매가격은 2018년 3월까지 상승하다가

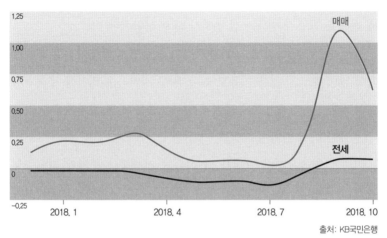

(2015.12=100.0)

출처: KB국민은행

4~6월 양도세 중과 시행의 영향으로 주춤했다. 그러다가 박원순 서울시장의 여의도·용산 마스터플랜 발언 이후 폭등했다가 9·13 부동산 대책 이후 안정을 찾고 있는 모습을 볼 수 있다. 2017년 9월부터 2018년 3월까지 상승도 무서웠다고 하는데, 2018년 7월부터 9월까지 상승은 엄청난 수준이다.

예전과 같은 전세난은 찾아보기 어렵고, 서울도 매매시장에 비해 전세시장이 안정적인 흐름을 보이는 것은 사실이다. 하지만 10월 이후 매매시장이 다소 안정을 찾으면서 서울 도심 등 일부 지역은 전세가격이 상승하고 있다. 2018년 9월 서울 아파트가격이 상승하면서 강남구 매매가 대비 전세가 비율(전세가율)이 심리적 지지선이라 할 수 있는 50% 아래로 떨어졌다.

강남 11개 구의 평균 전세가율도 2013년 이후 처음으로 60% 이하로 내려왔고, 강북 14개 구도 2016년 78.2%에서 65.8%로 동반 하락했다. 9·13 부동산 대책으로 대출도 막힌 상황에서 전세가율이 하락해 전세를 끼고 투자하는 갭 투자가 더 어려워졌다.

전세가율이 낮아진 것은 매매가격이 급등했기 때문이지만 전세가격이 많이 오르지 않은 이유도 있다. 일부 지역은 세입자를 구하기가 어려워지면서 전세가격이 떨어져 전세보증금 반환에 어려움을 겪는 '역전세난'까지 벌어지고 있다.

이렇게 전세시장이 약세가 된 이유는 전세물량 증가와 전세수요 감소 때문이다. 2015년부터 크게 늘어난 분양물량에 입주가 시작되면서 자연스럽게 전세물량도 늘어났다. 여기에 전세를 끼고 투자하는 갭 투자가 몇 년 동안 이어지면서 전세물량이 늘어난 것도 있다. 물량 앞에서는 장사가 없다고, 2008년 서울 잠실 일대 잠실주공 1~4단지와 시영 재건축 아파트 2만 세대 정도가 입주를 시작하자 강남 3구인 송파도 1~2년 정도 역전세난으로 고생했다.

늘어난 전세물량과 달리 전세수요는 오히려 감소했다. 취업난과 주택 구입의 어려움 등 현실적인 문제와 굳이 결혼하지 않아도 된다는 사회적 문화가 확산되면서 결혼을 늦추거나 아예 포기하는 젊은 층이 늘어나 전세를 구하는 절대수요가 줄어들었다. 또 최근 몇 년간 주택시장 분위기가 활황을 보이자 전세보다는 내집 마련에 적극 나서는 실수요자들이 늘어나면서 전세의 상대수요도 감소했다. 전세물량 증가와 전세수요 감소의 전형적인 하락곡선이 그려지면서 전세가격은 안정을 보였다.

**전세와 매매의
상관관계를 파악하자**

전세가 매매의 선행지수가 된다는 말은 사실일까? 상관관계가 있기는 하다. 매매시장이 약세면 전세가율은 올라가고, 매매시장이 강세면 전세가율은 낮아지는 경향이 있다.

다음은 연도별 서울 아파트 전세가율 흐름을 나타낸 그래프다. 서울 아파트가격이 절정인 2018년 9월 서울 아파트 전세가율은 61.7%다. 서울 아파트가격이 급등하기 시작한 2016년 전세가율은 75%까지 치솟았다.

과거로 돌아가보자. IMF 경제위기 시절에는 국가 부도위기 상황인지라 매매가격과 전세가격 모두 약세였다. 그러다 경제위기를 극복하면서 2000년부터 집값은 급등했지만 전세가율은 낮아졌다.

2008년 말 글로벌 금융위기 발생과 참여정부 시절 쏟아부은 규제

▼ 서울 아파트 전세가율 흐름 (단위: %)

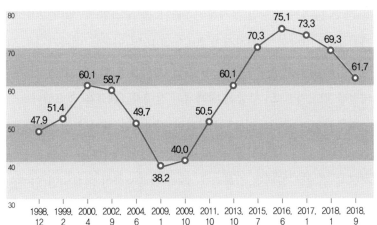

출처: KB국민은행

누적으로 서울 부동산시장은 서서히 침체가 시작되었다. 반면 전세가율은 2009년부터 서서히 상승곡선을 그리고 있다.

매매와 전세는 반비례 관계처럼 보이지만 상호 보완적 관계에 더 가깝다. 매매가격과 전세가격의 차이 비율인 전세가율 흐름은 매매흐름과 반비례한다. 하지만 매매가격이 오른다고 전세가격이 떨어지지는 않는다. 오히려 전세가격이 매매가격을 밀어올리는 역할을 한다.

전세는 우리나라에만 있는 좋은 임대제도로, 집값의 절반 정도 보증금으로 임대 기간에 세금 한 푼 내지 않고 집주인과 동일한 권리를 누린다. 세입자한테도 좋은 제도이지만 투자자한테도 좋은 제도가 전세다. 우리나라 부동산, 특히 아파트 투자가 이렇게까지 활성화된 배경에는 바로 전세제도가 자리 잡고 있다. 전세가 없으면 보증금을 제외한 대부분 집값을 자기자본 또는 대출로 충당해야 하는데, 사실 이는 쉽지 않다.

반면 전세가 있으면 매매가격에서 집값의 50~70%의 전세보증금을 제한 나머지 금액만 투자하면 아파트를 구입할 수 있다. 2016년까지 크게 상승한 전세가격이 2017~2018년 아파트 매매가격을 밀어올리는 중요한 원동력이 되고 있다. 정부도 이런 전세금의 지렛대 역할을 막고자 9·13 부동산 대책에서 전세자금대출을 축소했다.

입주물량이 증가하면 다 소화되기 전까지는 매매와 전세시장 모두 약세가 된다. 매매시장 침체가 지속되면 매매수요가 전세로 돌아서면서 전세는 강세로 전환된다. 다시 매매시장이 회복되면 입주물량이 늘어나고 전세수요가 매매수요로 전환되면서 전세는 다시 안정을 찾는다.

**전세시장 약세가
가져올 부메랑**

서울은 매매시장이 약세로 전환되기 전까지는 당분간 전세시장이 강세로 전환되지 않을 것이다. 그렇다고 전세가격이 하락할 가능성은 많지 않다. 전세상승이 둔화되어 강세가 아니라는 이야기지 전세가격이 떨어진다는 말은 아니다.

다주택자 규제와 양도세 비과세 거주요건까지 강화되자 전세를 주지 않고 집주인이 직접 입주하는 경우가 늘어나면서 최근 서울 전세가격은 소폭 상승하기도 했다. 반면 지방은 입주물량이 많은 지역은 공급 과잉으로 전세와 매매 모두 약세가 될 수 있다. 한국건설산업연구원의 2018년 건설 주택경기 전망 보고서에 따르면 전국적으로 매매뿐만 아니라 전세 약세도 더 이어질 가능성이 높다. 서울이 괜찮다고 해서 전국이 다 괜찮은 것은 아니다.

전세시장 약세는 전세보증금 하락으로 이어져 전세금을 돌려주지 못하는 집주인뿐만 아니라 받아야 할 전세금을 못 받는 세입자도 고통을 당할 수 있다. 한국은행 보고서에 따르면 전세가격이 20% 이상 급락하면 대출 없이 전세보증금을 반환해줄 수 있는 임대가구는 전체의 78.4%로, 임대가구의 20% 정도는 대출을 받거나 다른 방법을 찾지 않으면 전세보증금을 반환해주기 어렵다고 한다. 또 전세가격

▼ 전국 주택가격 매매지수 활용 전망

구분	2015년	2016년	2017년	2018년
매매	3.5%	0.7%	1.5%	−0.1%
전세	4.8%	1.3%	0.6%	−2.2%

출처: 한국건설산업연구원

이 매매가격을 받쳐주지 못하면 전세를 끼고 투자할 여력이 약해지면서 매매시장도 약세가 될 가능성이 있다.

이런 전세시장 약세에 힘입어 저렴한 전세로 들어간 실수요자도 마냥 기뻐하면 안 된다. 일시적 입주물량 증가에 따른 전세가격 하락은 그리 오래가지 못한다. 입주물량이 소화되고 나면 다시 정상가격으로 회복된다. 당장 낮은 전세가격에 취해 있다가는 나중에 큰 코 다칠 수 있다.

역설적으로 '가장 나쁜 집주인은 전세금을 올려받지 않는 집주인'이라는 말이 있다. 우물 밖으로 나왔을 때 집도 마련하지 못했고, 올라 있는 전세금을 따라가기도 어렵기 때문이다. 실수요자들은 전략적으로 전세를 이용할 수는 있지만 내집 마련 전략은 반드시 준비해야 한다.

세금폭탄,
드디어 현실이 된다

양도세, 재건축초과이익환수, 종합부동산세 강화 등 세금폭탄으로 수요를 억제하는
문재인 정부의 규제 정책은 시간이 지날수록 큰 부담이 될 수 있다.

서울 집값을 잡기 위해 쏟아부은 규제폭탄은 시간이 지날수록 점점
더 부담으로 느껴질 것이다. 양도세, 재건축초과이익환수, 종합부동
산세 등 문재인 정부에서 만든 중과 폭탄은 결코 만만하게 생각할 문
제는 아니다. 특히 주택가격이 계속 상승하면 세금 정도야 부담스러
워도 낼 수 있지만 집값 조정기에 접어들었을 때 세금폭탄이 매년 더
강하게 부과되면 미치고 환장할 상황이 된다.

　양도세는 조정대상지역 주택을 양도할 때는 장기보유특별공제를
받을 수 없고, 2주택자는 10%p, 3주택 이상은 20%p 중과가 된다. 또
한 2018년 9·13 부동산 대책으로 조정대상지역 신규 취득 주택의

▼ 주택 종합부동산세 계산

구분	계산
종합부동산세	과세표준×종합부동산세율－누진공제
과세표준	(공시가격－공제금액)×공정시장가액비율
공제금액	6억(1세대1주택 9억)
공정시장가액비율	80%(2022년까지 100%)

일시적 2주택 기간은 기존 3년에서 2년으로 축소되고, 1세대 1주택 9억 초과 아파트를 10년 이상 보유했을 경우 적용받던 80% 장기보유특별공제를 받으려면 2020년부터는 2년 거주 요건을 채워야 한다.

양도세는 양도차익에 대한 세금으로 팔 때 투자해서 번 돈이 있으면 한 번 내는 것이니 그나마 받아들일 수 있는데, 종합부동산세는 정말 죽을 맛이다. 집값이 오르든 내리든 상관없이 대상이 되면 매년 부과되기 때문이다. 노무현 정부 시절에도 종합부동산세로 고생한 이들이 많았는데, 문재인 정부에서도 종합부동산세를 강화하면서 고가주택 보유자를 압박하고 있다. 종합부동산세가 앞으로 얼마나 더 나오면서 부담이 될지 시뮬레이션을 해보자.

종합부동산세를 계산하는 방법은 '알면 힘이 되는 부동산 지식-보유세'에서 알아보았듯이 공시가격에서 공제금액을 뺀 금액에 공정시장가액비율을 곱한 과세표준에 세율을 곱한 후 누진공제를 빼면 된다.

2018년 9·13 부동산 대책에서 발표된 인상안을 포함한 주택의 종합부동산세율은 다음과 같다. 과세표준 50억 원 초과구간은 시가 100억 원 이상이 되는 0.1% 부자들만의 리그이고, 그 정도 되는 이들은 지정 세무사를 두고 있으므로 굳이 이 표에는 넣지 않았다. 50억

▼ 주택의 종합부동산세율

과세표준	현행		9·13 부동산 대책 인상안			
			일반		3주택 및 조정대상 2주택	
3억 원 이하	0.5%	누진공제	0.5%	누진공제	0.6%	누진공제
3억~6억 원	0.5%	–	0.7%	60만 원	0.9%	90만 원
6억~12억 원	0.75%	150만 원	1.0%	240만 원	1.3%	330만 원
12억~50억 원	1.0%	450만 원	1.4%	780만 원	1.8%	1,020만 원

원 초과 이상 구간이 궁금한 이들은 '알면 힘이 되는 부동산 지식-보유세'를 참고하기 바란다.

현장 사례로 배운다   그러면 공시가격 10억 원(시가 14억 원), 21억 원 (30억 원) 아파트를 1주택자와 다주택자의 경우로 가정해 현행과 2019년, 2022년 얼마나 차이 나는 지 계산해보자. 편의상 종합부동산세와 함께 부과되는 농어촌특별세 (종합부동산세의 20%)는 계산하지 않았다.

공시가격 10억 원(시가 14억 원 정도) 1주택자의 2018년 종합부동산세의 경우

- 과세표준 = (주택공시가격(10억 원) − 공제금액(9억 원)) × 공정시장가액비율(80%) = 8천만 원
- 종합부동산세 = 과세표준(8천만 원) × 종합부동산세율(0.5%) = 40만 원

공시가격(시가)	2018년	2019년	2022년
10억 원(14억 원)	40만 원	42만 5천 원	50만 원
21억 원(30억 원)	570만 원	780만 원	960만 원

공시가격 21억 원(시가 30억 원 정도) 1주택자의 2018년 종합부동산세의 경우

- 과세표준 = (주택공시가격(21억 원) − 공제금액(9억 원)) × 공정시장가액비율(80%) = 9억 6천만 원
- 종합부동산세 = 과세표준(9억 6천만 원) × 종합부동산세율(0.75%) − 누진공제(150만 원) = 570만 원

위에서 보았듯이 공시가격 10억 원(시가 14억 원 정도) 1주택자의 2018년 종합부동산세는 40만 원이다. 과세표준이 8천만 원으로 3억 원 이하이니 2019년이 되어도 종합부동산세율 인상은 없지만 공정시장가액비율은 80%에서 85%로 높아져 2019년 종합부동산세는 42만 5천 원, 공정시장가액비율이 100%가 되는 2022년 종합부동산세는 50만 원으로 소폭 늘어난다. 공시가격 10억 원(시가 14억 원 정도) 아파트 1채를 가진 이들은 종합부동산세 부담이 크지는 않다. 물론 공시가격까지 오르면 예상보다 부담이 조금 더 늘어날 수는 있다.

공시가격 21억 원(시가 30억 원 정도) 1주택자의 종합부동산세는 2018년까지는 공정시장가액비율 80%, 세율 0.75%가 적용되어 570만 원 정도 부과된다. 2019년에는 공정시장가액비율 85%, 세율 1.0%가 적용되어 780만 원, 공정시장가액비율이 100%가 되는

공시가격(시가)	2018년	2019년	2022년
10억 원(14억 원)	160만 원	178만 원	220만 원
21억 원(30억 원)	750만 원	1,005만 원	1,320만 원

2022년 종합부동산세는 960만 원으로 늘어난다.

2주택자(비조정대상지역)는 공제금액이 6억으로 줄어들면서 세 부담이 더 늘어난다. 공시가격 10억 원(시가 14억 원 정도)의 경우 2018년 160만 원 내던 종합부동산세가 2019년 178만 원, 2022년 220만 원으로 늘어난다.

공시가격 21억 원(시가 30억 원 정도)의 경우 2018년에는 750만 원이던 종합부동산세가 2019년부터 과세표준구간이 12억~50억 원이 되면서 세율이 2018년 0.75%에서 1.4%로 껑충 뛰어올라 2019년 1,005만 원, 2022년 1,320만 원까지 올라간다.

2018년까지는 동일하게 내던 종합부동산세를 3주택자 및 조정대상지역 2주택자는 2019년부터는 훨씬 더 내야 한다. 중과세가 적용되기 때문이다. 공시가격 10억 원(시가 14억 원 정도)의 경우 2018년에는 2주택자와 동일하게 160만 원을 내지만 2019년 216만 원, 2022년 270만 원으로 더 늘어난다. 공시가격 21억 원(시가 30억 원 정도)의 경우에는 폭발적으로 늘어나 2018년 750만 원 내던 종합부동산세가 2019년 1,275만 원, 2022년에는 2,016만 원으로 크게 늘어난다.

이렇게 정리해보니 1주택자들은 2022년이 되어도 현행 대비 늘어나는 세 부담이 2배가 되지 않으니 심각하다고 할 수 없다. 하지만 중과대상이 되는 3주택 및 조정대상지역 2주택 시가 30억 원 이상 고

▼ 3주택자 및 조정대상지역 2주택자의 종합부동산세 시뮬레이션

공시가격(시가)	2018년	2019년	2022년
10억 원(14억 원)	160만 원	216만 원	270만 원
21억 원(30억 원)	750만 원	1,275만 원	2,016만 원

가 주택을 가진 이들은 2022년 정도 되면 2018년 종합부동산세의 3배 정도로 늘어날 수 있어 부담이 커질 것으로 예상된다.

또 종합부동산세의 20%에 해당하는 농어촌특별세도 생각해야 하며 공시가격이 현실화되면 종합부동산세 부담은 더욱 커지고, 재산세 부담도 늘어날 수 있다. 집값이 계속 올라가면 괜찮지만 몇 년 후 집값은 조정되는데 폭탄 종합부동산세 고지서를 받으면 매우 고통스러울 수 있다. 세금폭탄에 미리 준비해야 하는 이유다.

우리나라도
일본형 장기불황으로 갈까?

우리나라 인구구조적 관점에서 일본형 장기불황으로 갈 가능성이 높다는 의견이
많다. 일본의 장기불황은 인구구조 문제를 넘어 경제와 정책의 문제다.

일본형 장기불황을 우려하는 목소리가 점점 더 커지고 있다. 과거 일
제강점기라는 어두운 시간을 보냈지만 우리의 힘과 의지로 광복과
정부수립을 한 것이 아니다보니 법, 교육, 경제 등 우리나라 곳곳에
일본 흔적이 많이 남아 있다.

　1995년작이지만 우리나라에서는 1999년 개봉해서 일본 영화의
핸디캡을 극복하고 관객 10만 명이 넘는 히트를 기록한 이와이 순지
감독의 〈러브레터〉라는 영화를 보았을 때 필자는 큰 충격에 빠졌다.

　많은 사람이 주인공 '나카야마 미호'가 설원에서 외치는 "오겡기
데스카(お元気ですか, 안녕하세요, 잘 지내세요?)"를 기억하겠지만 필자는

영화에 나온 주인공들의 학교 모습이 학창시절 우리나라 학교 모습과 너무나 닮아서 깜짝 놀랐다.

미국 할리우드 영화를 보면서 미국 고등학교 모습이 너무 낯설고 우리나라와 참 다르다는 생각을 많이 했는데, 〈러브레터〉 영화 속 일본 학교 모습이 어찌 학창시절 우리나라 학교와 같은지! 일제강점기 시절 일본이 지어준 학교와 시스템이 그대로 이어져왔기 때문일 것이다. 그래서 일본의 '잃어버린 20년' 장기불황이 더더군다나 남의 일처럼 느껴지지 않는다.

일본과 우리나라의 집값 비교 | 1949~1989년까지 40년간 물가상승률을 반영한 일본의 도심 지가地價는 52배 올랐다. 우리나라는 1964~2013년까지 49년간 토지의 실질가격이 83배 올랐다. 일본은 도심이고, 우리나라는 산이 포함된 전국 지가이니 우리나라 땅값이 더 많이 오른 것이다.

1980년에서 1990년까지 10년 동안 일본 도쿄의 주택가격은 평균 27.6% 상승했다. 우리나라는 2003년부터 2008년 9월까지 5년간 22.1% 상승했고, 서울은 40.9%나 올랐다. 2013년부터 2018년 9월까지 5년 평균은 12.6% 상승했고, 서울은 21.7% 상승했다. 경제규모(GDP)와 비교한 부동산 자산비율은 2012년 기준 우리나라는 4.1배인 데 반해 일본은 2.4배 정도다.

이 통계수치만 보면 우리나라가 일본보다 오히려 더 심각한 수준이다. 우리나라가 일본형 장기불황으로 가지 않을까 걱정하는 가장 큰 이유는 인구구조 변화와 주택가격 등락의 연관성 때문이다. 일본은 1990년대 초반까지, 미국은 2000년대 초반까지 베이비붐 세대의 은퇴를 앞두고 집값이 급등하면서 버블 붕괴의 아픔을 겪었다.

　일본의 베이비붐 세대는 1930년부터 1964년까지, 미국은 1946년부터 1964년까지, 우리나라는 1955년부터 1964년(2차 베이비붐까지 포함하면 1974년)까지다. 베이비붐 세대 출생기간에 60을 더하면 주택시장 가격 하락이 시작된다는 속설이 있다. 일본의 베이비붐 세대의 시작인 1930년에 60을 더하면 1990년이 되는데, 공교롭게도 1990년부터 일본은 '잃어버린 20년'의 장기불황이 시작되었다. 미국의 경우 1946년에 60년을 더해보면 2006년이 되는데, 2008년 글로벌 금융위기가 발생해 부동산가격이 폭락했다. 우리나라는 1955년에 60을 더하면 2015년이다. 아직은 문제없지만 인구가 급증하는 시기인 베이비붐 세대의 은퇴가 경제와 부동산시장에 큰 영향을 주는 것만은 분명하다. 경제활동인구 감소는 주택구매력 감소로 이어질 가능성이 높기 때문이다.

　하지만 장기침체를 인구구조만으로 해석하는 것은 문제가 있다. 미국의 경우 2008년 글로벌 금융위기로 2~3년 집값이 큰 폭으로 하락했지만 기축통화 국가의 장점을 살려 막대한 유동성 공급 등 발 빠르게 대처해 장기침체로 가는 길목을 차단했고, 과감한 친기업과 경기활성화 정책으로 '실업률 최저, 고용률 최고'라는 호황을 다시 맞이하고 있다.

　일본은 '잃어버린 20년'을 완전히 극복하는 모양새다. 기업들은 고용을 크게 늘리고 있고, 자영업자들은 영업시간을 늘리고 있다. 취업난에 몰린 우리나라 젊은 세대가 일본 취업에 눈을 돌리는 현실이 안타깝기도 하고, 일본의 경제회복이 부럽기도 하다. 그리고 일본의 '잃어버린 20년'은 인구구조만의 문제가 아니다. 정책 실수가 더 크다.

1장과 2장에서 살펴보았듯이 일본의 장기침체는 미국의 요구로 환율을 조정하며 인위적으로 푼 유동자금이 부동산으로 유입되어 주택뿐만 아니라 상업용 부동산가격이 큰 폭으로 상승하면서 시작되었기 때문이다. 당시 일본 기업과 은행들은 일본 내 빌딩뿐만 아니라 미국의 빌딩 구입에도 열을 올렸다.

당시 일본 정부가 급등한 부동산가격을 잡으려고 급격한 대출 규제와 금리인상이라는 무리수를 던진 결과 '부동산을 팔자'는 나비효과로 돌아오면서 걷잡을 수 없는 침체로 이어졌다. 물론 인구 감소에 따른 수요 감소의 영향도 분명 있었고, 인구가 뒷받침되던 1970~1980년대 경제호황 시절 버블은 생기고 있었지만 도쿄 외곽에 신도시를 여러 개 만들면서 주택공급물량을 늘렸다가 시간이 흘러 인구 감소 및 경기 위축이 되자 도심 회귀현상과 맞물려 외곽 신도시의 매물 증가와 집값 하락으로 이어진 영향도 있었다.

우리나라는 어떠한가? 출생률의 급격한 감소는 분명 걱정되는 부분이며, 장기적으로 경제에 매우 부정적인 것만은 확실하다. 하지만 1인 가구 증가로 가구 수는 늘어나고 있고, 외국인 인구 유입으로 절대인구 감소는 늦춰지고 있다. 2005년 조사에서는 2018년부터 인구가 감소할 것으로 전망했지만 2015년 조사에서는 2030년 초반 정도부터 인구가 감소할 것으로 전망치가 조정되었다.

또 주택구매연령인 40~69세 인구층은 여전히 두꺼우며, 서울과 수도권은 유입되는 인구 증가로 인구 감소 기간이 더 늦춰질 것이다. 은퇴하면 주택을 매도하거나 구입하지 않을 것이라는 당초 우려와 달리 현실은 그렇지 않다. 우리나라에서 집의 의미는 거주 목적 이상이다. 도저히 방법이 없는 경우가 아니면 주거용 주택을 매도하지 않는다.

정 어려우면 거주 지역을 이동하거나 평수를 줄이면서 주거 비용을 줄이는 대신 전세를 끼고 투자용으로 아파트를 구입하거나 임대수익이 나오는 수익형 부동산을 구입한다. 오히려 은퇴할 때 받은 위로금이나 퇴직금으로 부동산 투자를 더 늘리는 경우도 있다.

1998~1999년 IMF 경제위기, 2008~2009년 글로벌 금융위기로 공교롭게도 10년마다 큰 파도가 몰아치면서 부동산가격 하락을 맛보다보니 '10년 주기설'이 우리나라 많은 국민의 마음속에 불안감으로 자리 잡고 있다. 물론 아파트시장 흐름과 부동산 대책, 심리 효과와 시차, 벌집순환모형을 감안하면 순환흐름이 이어지며 10년 정도 주기로 순환흐름을 보이는 경향은 있다.

하지만 오르막이 있으면 내리막도 있고, 도심지역은 장기적으로는 인플레이션에 따른 화폐가치 하락만큼 오르는 것이 실물자산이다. 설령 좀 조정을 받아 20~30% 떨어져도 나중에 회복되어 오를 때는 그 이상으로 올라간다. 대외적 경제위기는 언제든 발생할 수 있지만 우리가 예측하기도 어렵고, 10년마다 오지도 않는다. 우연의 일치로

IMF 경제위기와 글로벌 경제위기가 10년 주기로 왔지만 그것이 주기설 법칙이 될 수는 없다. 1988년에는 우리나라 경제의 꽃을 피웠던 88올림픽이 있었는데 무슨 10년 주기설이란 말인가?

우리나라 서울의 집값은 글로벌 도시들과 비교해 결코 버블이라고 할 수 없다. 스위스의 세계적 투자은행인 UBS가 세계 주요 도시의 부동산가격에 대한 거품지표를 발표했는데 중국 홍콩, 독일 뮌헨, 캐나다 토론토와 밴쿠버, 영국 런던, 일본 도쿄 등은 포함되었지만 서울은 없다. 집값은 소득과 지역별 편차가 커서 국가별 비교보다는 이런 도시별 비교를 하는 것이 맞다. 글로벌 통계사이트인 넘베오에서 조사한 글로벌 도시별 소득대비 집값인 PIR를 보더라도 서울은 버블이 아니다.

하지만 지금부터가 중요하다. 필자는 무조건 일본형 장기불황으로 이어진다고 말하고 싶지는 않다. 그렇다고 절대 일본처럼 장기침체로 가지 않는다고 말하지도 못 하겠다. 일본의 '잃어버린 20년'도 부동산 문제는 현상이고, 그 속은 경제문제였다.

우리나라 내수경제침체는 이미 매우 심각한 수준이다. 중국에 밀려 기술력과 가격경쟁력을 잃은 우리의 산업경제는 획기적인 돌파구를 찾지 못하는 한 20년 이상 장기침체에 빠질 가능성을 배제할 수 없다. 부동산가격이 경제와 반드시 일치하지는 않지만 경제가 뒷받침되지 않는 부동산은 버티지 못한다. 경제가 무너졌는데 부동산만 계속 활황일 수는 없다.

서울 집값 상승만 보면 마치 우리나라 경제가 문제없는 것 같은 착각에 빠질 수도 있지만 전국적으로 보면 부동산시장도, 내수경제도 모두 심각하다. 지방을 둘러보면 부동산규제완화 대책을 발표해도 모자랄 판이다. 청년취업, 결혼, 출산 등 여러 사회문제는 결국 경제와 부동산이 해결되어야 풀 수 있는 숙제다.

일본형 장기불황을 따라가면 우리는 20년이 아니라 50년, 아니 그 이상을 잃어버릴 수 있다. 서울 집값 상승은 시간과 시장이 해결해준다. 서울 집값에 정부 대책이 함몰되기보다는 경제라는 큰 판을 살리는 데 정부와 기업, 노조, 온 국민이 힘을 합쳐야 할 때다.

내 전세금 안전하게 지키기

전세보증금을 제때 돌려받지 못하는 경우가 발생할 수 있다. 내 전세금을 안전하게
지키는 방법에 대해 알아보자.

최근 입주물량이 늘어나는 지역에서는 전세시장이 약세로 전환되면
서 역逆전세난을 걱정하는 목소리가 높아지고 있고, 세입자들의 불
안 역시 커지고 있다. 역전세난이란 집주인이 전세가격이 하락하거
나 세입자를 구하지 못해 퇴거하는 기존 세입자의 전세보증금을 돌
려주지 못하는 현상이다.

전세가격 하락이 새롭게 전세를 구하는 세입자한테는 반가운 소
리일 수는 있지만, 전세보증금을 받지 못할 세입자들과 하락한 보증
금만큼 부족한 돈을 마련해야 하는 집주인들에게는 매우 곤혹스러운
악몽이다. 전세가격 하락이 지속되면 집주인과 세입자 문제를 넘어

주택가격 하락으로 이어지면서 주택시장이 침체될 수도 있어 역전세난은 결코 좋은 현상이라 할 수 없다. 역전세가 우려되는 지역의 집주인과 세입자들은 전세금 지키기에 각별히 신경 써야 한다.

세입자가 전세금 하락으로 발생한 차액 상환을 요구하거나 전세가격이 더 낮은 집으로 갈아탈 경우 여유자금이 없는 집주인은 진퇴양난에 빠질 수 있고, 전세금을 제때 돌려받지 못하는 세입자도 난처한 상황이 될 수 있다. 전세계약이 만료되어 계약연장을 하지 않으면 만기일에 맞춰 전세보증금을 반환받는 것이 정상이다. 하지만 전세보증금을 현금자산으로 보관하고 있다가 바로 반환하는 집주인은 많지 않다.

새로운 세입자를 제때 구하지 못하거나 전세가격이 하락해서 만기일에 보증금을 반환하지 못하는 경우가 빈번히 발생하고 있다. 전세기간이 만료되면 쉽게 전세금을 받을 수 있을 것이라 생각하고 일방적으로 이사 갈 집을 계약하면 낭패를 볼 수 있다.

새롭게 이사 갈 집을 먼저 계약했다가 전세금을 받지 못해 새롭게 이사 갈 집이 계약해제가 될 경우, 그 책임을 무조건 임대인에게 물을 수는 없다. 현 집주인이 만기일에 제때 보증금을 반환하지 못한 잘못은 있지만 새롭게 계약한 집의 계약 주체는 아니기 때문이다. 그렇기에 반드시 현재 거주하는 전세집이 새로운 세입자와 계약해 보증금 반환 가능 날짜가 정해진 후 새롭게 이사 갈 집을 계약하는 것이 현명하다.

전세가격 하락으로 전세금을 반환해주지 못하는 집주인 마음도 이해할 수 있지만 당연히 받아야 할 전세금을 받지 못하는 세입자 마음에 비할 바는 아니다. 그래서 내 전세금을 안전하게 지킬 수 있는 방법 정도는 알고 있는 것이 좋다.

전세권설정등기

전세보증금을 반환받지 못한 채 퇴거해야 하는 상황이 생기면 우선 전세권설정등기를 생각할 수 있다. 전세권설정등기를 하면 보증금 반환을 지체할 경우, 법원 판결문이 없어도 경매신청을 할 수 있다.

경매절차에서도 확정일자는 배당요구를 꼭 해야 하지만 전세권설 정은 별도 배당요구 없이도 순위배당에 참가할 수 있다. 또 실제 거주 여부와 관계없이 대항력을 가지기 때문에 주민등록상 주소를 옮기더라도 대항력이 있어서 세대 전원이 주소를 빼고 짐도 모두 빼는 상황이 되어도 대항력에는 문제가 없다. 하지만 임대인 동의가 필요한데, 대부분 임대인이 전세권설정등기 동의를 해주지 않으려고 하는 경향이 많고 등기비용도 발생하는 것은 단점이다.

확정일자

일반적으로 전세권설정등기보다는 확정일자를 받는 경우가 많다. 전세계약을 한 후 전입신고를 하고 확정일자를 받은 후 점유(거주)하면 대항력을 갖추게 되고, 보증금반환소송에 따라 판결문을 받아 강제 경매를 할 수 있다. 확정일자만 받은 상황에서 전세보증금을 받지 못하고 먼저 퇴거해야 하는 경우에는 점유와 전입신고 요건을 유지해야 하기에, 전세금을 완전히 받기 전까지는 세대 전원이 이사 가면 안 되고 세대 일부의 주소와 짐이라도 남겨두어야 한다.

임차권등기명령

관할법원에 임차권등기명령을 신청하는 방법도 있다. 부동산소재지 지방법원에 임차권등기명령 신청을 하고 주민등록등본, 거주사실 확인서를 첨부해 확정일자를 받은 임대차계약서와 같이 제출해서 임차권등기명령 신청이 완료되면, 전세금을 받기 전 이사해서 주민등록을 옮기더라도 대항력과 우선변제력을 갖추게 된다.

단, 임차권등기명령은 임대차 계약기간이 만료된 시점에만 가능하며 계약만료 이전에 먼저 이사 갈 경우에는 해당되지 않는다. 또 다음의 경우에는 대항력이 없어 보호받지 못할 수 있으므로 주의가 필요하다.

- 전입신고를 할 때 본인이 주소를 잘못 기재한 경우
- 건물의 실제 동표시가 공부와 다른 경우
- 일시적으로 주민등록을 이전한 경우
- 주민등록상 동·호수가 기재되지 않은 경우
- 전입신고 전에 저당권, 가압류, 가등기, 처분금지가처분이 된 주택의 경우

정리하면 전세보증금을 받지 못하고 이사 가야 하는 경우 전세계약기간이 만료되었다면 임차권등기명령을 하는 것도 좋다. 계약기간이 만료되지 않은 상태에서 이사를 가야 하면 가족 일부의 주소와 점유는 유지해야 하며, 세대 전원이 퇴거해야 한다면 전세권설정을 반드시 해야 한다.

지급명령

전세금 반환이 계속 안 된다면 지급명령신청을 해야 한다. 세입자가 대법원 전자소송 홈페이지에서 양식에 맞춰 지급명령을 신청하면 집주인은 지급명령 관련 등기를 받게 되고, 2주 내에 이의신청이 없으면 가압류나 경매 등 강제집행이 가능하다. 집주인이 이의신청을 하게 되면 전세보증금반환소송으로 넘어간다.

내용증명도 보내야 하고, 반환소송 기간도 수개월 정도 소요되며, 손해배상청구까지도 동시에 진행해야 할 수도 있어서 소송은 마지막 카드로 생각하는 것이 좋다. 집주인이 고의로 보증금 반환을 거부하는 것이 아니라면 가급적 서로 협의해서 원만히 마무리를 하는 것이 최선이다.

전세금반환보증

마지막으로, HUG(주택도시보증공사)나 SGI서울보증에서 제공하는 전세금반환보증 상품도 있다. 전세금반환보증은 경매에 넘어가거나 만기일이 지나도 전세금을 받지 못한 경우 전세금을 대신 주는 상품이다.

HUG의 전세금반환보험은 한도(수도권 기준 7억 원, 그 외 지역 5억 원)가 있고, 전체 계약기간 중 남은 기간이 절반 이상이어야 하며, SGI 상품은 전세계약을 맺은 지 10개월(1년 계약은 5개월)이 지나지 않아야 한다.

집주인이 담보대출이 많거나 소유권 행사가 어려울 경우에는 보증보험 가입이 안 될 수 있으므로 미리 확인해보는 것이 좋다. 법률

문제 상담은 서울시 법무행정서비스나 대한법률구조공단 사이버 상담을 이용하면 된다.

　무엇보다 문제가 생기기 전 예방이 가장 좋은 방법이니 전세집을 구할 때는 가급적 전세금과 대출금의 합이 집값의 70%를 넘지 않는 것이 좋고, 70%를 넘는 경우 꼭 그 집이 마음에 든다면 보증금을 안전수준까지 낮추고 보증금 일부를 월세로 전환해 반전세로 계약하는 것도 안정성을 높이는 방법이다. 또 집주인 직업이 공무원이나 대기업 직원 등 안정적인지 확인해보는 것도 도움이 된다.

과도하게 급등한 서울 집값에 대한 피로감, 전세가격 약세로 벌어진 갭, 누적되는 부동산규제, 금리인상 부담, 서울을 제외한 전국적인 입주물량 증가, 침체되는 내수경제 등 부동산시장을 억누르는 부정적인 요인이 즐비하다. 하지만 탈출구를 못 찾은 과도한 유동성과 꺾이지 않은 투자 심리, 지역별 입주물량 차이 등을 감안하면 그래도 기회는 있다.

물이 찰 때 노 젓는 투자는 누구나 할 수 있다. 미래는 아무도 알 수 없기에 오히려 기회도 아직 남아 있는 것이다. 하늘이 무너져도 솟아날 구멍은 있다. 규제 틈새와 갭 메우기, 도시재생사업과 신규 택지, 서울시 정책 등 활용할 수 있는 기회를 찾아보자.

5장

그래도 부동산으로
돈 벌 기회는 있다

정부규제에도
틈새는 반드시 있다

규제폭탄이 쏟아졌지만 그래도 틈새는 분명히 있다. 규제 틈새를 잘 공략하는 것도 좋은 투자전략이다.

문재인 정부 출범 이후 뛰어오르는 서울 집값을 잡기 위해 규제폭탄을 쏟아붓고 있다. 강남 집값 상승을 막으려고 재건축초과이익환수, 재건축안전진단강화 등 재건축시장이 정부규제의 집중 타깃이 되었다.

종합부동산세가 강화되면서 고가 아파트나 다주택보유자들은 더욱 절세에 신경을 써야 한다. 집값이 올라가주면 그까짓 세금이라며 쉽게 생각하겠지만 집값이 항상 올라가는 것은 아니다. 주택시장이 안정기가 되어도 종합부동산세는 계속 부과되기 때문에 종합부동산세를 피하거나 줄이는 절세전략도 중요한 투자 포인트다. 하늘이 무너져도 솟아날 구멍은 있다고 했는데 규제폭탄을 피할 틈새는 무엇일까?

재건축보다는 재개발 | 2018년부터 재건축초과이익환수제가 시행되면서 2017년까지 관리처분 접수를 받지 못한 재건축단지들은 초과이익환수 대상이 되었다. 재건축초과이익환수제도는 조합원 1인당 평균 개발이익(초과이익)이 3천만 원을 넘는 경우에 초과이익의 최대 50%를 세금으로 내야 하는 규제다.

재건축추진위원회를 구성해 재건축사업을 시작한 시점부터 준공되는 종료 시점까지 오른 집값 가운데 개발 비용과 해당 지역 평균 집값 상승분을 뺀 금액에 대해 3천만 원까지는 면제되고, 3천만 원 초과분부터 금액구간에 따라 3천만~5천만 원 10%부터 최고 1억 1천만 원 초과 50%까지 부담금이 부과된다. 아직까지 공식적으로 통보받은 단지는 없지만 국토교통부에서 밝힌 주요 재건축 아파트 20곳의 재건축 부담금 시뮬레이션 결과를 보면, 조합원들의 예상을 뛰어넘는 억 단위 부담금이 예상된다. 상황이 이렇다보니 재건축 추진 아파트단지는 초과이익을 피하거나 피해를 최소화하기 위해서 재건축사업을 늦추거나 개발이익을 낮추려 발버둥치고 있다.

또 재건축 안전진단을 강화하면서 재건축 추진 자체를 원천봉쇄했고, 투기과열지구 지정으로 서울의 재건축 조합원 지위양도를 제한했다. 이 정도면 '재건축은 사업을 하지 말라'는 의미로밖에는 해석되지 않을 만큼 재건축사업을 꽁꽁 틀어막아버렸다.

　반면 재개발사업은 재건축에 비하면 규제가 다소 느슨하다. 강남에 집중된 재건축과 달리 재개발은 비강남 지역에 분포되어 있다보니 아무래도 규제 강도가 상대적으로 약하다. 강남에 집중된 재건축에 비해 서민 주거지역인 재개발에 규제 강도를 높이는 것에 대한 정치적 부담도 고려했을 것이다.

　재건축은 투기과열지구 지정으로 조합원 지위양도 금지가 예외사유를 제외하고는 엄격히 제한되지만, 재개발은 조합원 분양권 전매 제한을 하긴 하지만 관리처분계획인가 후부터 소유권이전 등기시까지 조합원 분양권 전매를 금지한다. 다시 말해 관리처분계획인가 전에는 거래할 수 있다는 말이다. 초과이익환수도 재개발사업은 대상이 아니다. 예전보다는 규제가 강화되었지만 재건축에 비해 규제 강도는 아주 강하다고 할 수 없다. 재건축이 막힌 투자자들이 재개발로 눈을 돌리면서 한남, 흑석, 아현, 북아현, 성수 등 전통적으로 인기가 높은 지역뿐만 아니라 동작 노량진, 영등포 신길, 동대문 이문, 수색 증산, 광명까지 인기가 높아지면서 프리미엄 가격도 상승하고 있다.

다주택을 피하라　　다주택보유자는 정부의 부동산규제 타깃이다. 조정대상지역 2주택 이상부터 양도세 중과가 적용되며, 3주택 및 조정대상지역 2주택자는 종합부동산세도 중과대상이다. 굳이 권력을 쥔 정부에 맞설 필요는 없다. 정부에서 다주택을 규제하겠다고 하면 다주택을 피하면 된다.

임대사업자 등록은 양도세 중과와 종합부동산세 합산배제를 받을 수 있는 좋은 방법이다. 물론 2018년 9월 13일 이후 조정대상지역 신규 취득 주택은 임대주택을 등록해도 양도세 중과와 종합부동산세 과세가 된다. 규제 타깃이 조정대상지역이기 때문에 조정대상지역이 아닌 지역의 주택을 보유하면 중과가 적용되지 않는다. 예를 들어 강남에 한 채, 의정부에 한 채를 보유하고 있는데 의정부 집을 팔면 양도세 중과가 되지는 않는다. 일시적 2주택 혜택을 받을 수 없다면 비조정대상지역 주택을 양도세 일반세율로 먼저 팔고 난 후 조정대상지역 주택을 1주택 양도세 비과세로 팔면 된다. 또 지방 3억 원 미만 주택은 양도세 주택 수에서 빠지기 때문에 혹시라도 지방 3억 원 미만 집을 가지고 있다면 양도세 중과 걱정은 한숨 돌려도 된다.

보유가치가 낮은 주택은 기회가 되면 정리해서 주택 수를 줄이는 것이 좋다. 선택해야 한다면 보유가치가 높은 서울 아파트는 가지고 가고, 보유가치는 낮으면서 주택 수 부담이 되는 주택을 먼저 정리하는 것이 좋다. 반대로 1주택자는 규제대상이 아니다.

조정대상지역에 2017년 8월 2일 이후 구입한 주택은 2년 거주요 건이 추가되긴 하지만 1주택자 양도세 비과세 혜택은 여전히 존재한다. 또 1주택자는 종합부동산세도 9억 원까지 공제되고 세율인상폭도 크지 않다. 1주택이 되는 것을 두려워할 필요는 없다는 말이다.

무주택자는 대출 문도 열려 있어서 선택의 폭이 넓다. 특히 앞으로 신규 택지를 통한 새 아파트 공급물량이 늘어날 예정이기 때문에 무주택자들 중 청약조건이 좋다면 좋은 입지의 분양물량은 적극 도전하는 것이 좋다.

**종합부동산세
부담을 낮춰라**

양도세는 부부합산으로 주택 수를 합쳐 계산하지만 종합부동산세는 합산이 위헌판결이 나면서 인별로 계산된다. 남편이 한 채, 부인이 한 채를 가지고 있으면 양도세는 1가구 2주택이지만 종합부동산세는 남편 한 채, 부인 1채를 각각 계산한다. 남편 혼자서 10억 원 아파트 2채를 가지고 있어서 20억 원이 되는 것보다 남편과 부인이 각각 10억 원 아파트 명의를 갖는 것이 종합부동산세 부담을 줄일 수 있다.

부부공동명의로 해서 과세표준을 줄이는 것도 좋은 방법이다. 종합부동산세뿐만 아니라 양도세도 공동명의로 하면 누진공제 구간에 따라 약간 이득을 볼 수 있다. 또 부부간에는 6억 원까지 증여세 공제가 되기 때문에 부부간 증여로 취득가액을 높여 향후 매도시 양도차익을 줄이는 절세를 할 수도 있다. 다만 증여 5년 이내에 양도하면 이월과세로 양도세 불이익을 당할 수 있으니 5년 이상 더 가지고 갈 계획이라면 부부간 6억 원 증여를 활용하는 것이 좋다.

아파트 공시가격이 올라갈수록 종합부동산세율은 누진세율로 올라가며, 3주택 및 조정대상지역 2주택이 되면 중과대상이 된다. 투자한다면 고가 아파트보다는 종합부동산세 부담을 줄일 수 있는 중저가 아파트도 관심을 가져볼 만하다. 반면 1세대 1주택 보유자는 9억 원까지 공제(그 외 6억 원)되기 때문에 고가주택을 보유한 실수요자라면 1주택 상태를 유지하는 것도 절세 방법이다.

갭 메우기만큼 좋은
틈새 투자전략도 없다

갭 메우기는 좋은 틈새 투자전략이다. 천장지역, 새 아파트, 소형아파트의 갭 메우기 투자전략에 대해 알아보자.

아파트가격은 모든 지역이 동시에 오르거나 내리지 않는다. 지역별 온도 차이가 존재한다. 재미있는 것은 먼저 오른 지역이 있으면 그 인근이나 그 지역보다 한 단계 선호도가 낮은 지역은 시차는 필요하겠지만 따라서 올라간다는 것이다. 선호도가 높아 먼저 오른 지역(천장지역)을 따라 올라가는 현상을 갭Gap 메우기라고 한다.

갭 메우기는 지역별 차이를 이용한 천장지역 갭 메우기만 있는 것이 아니다. 선호도가 높은 새 아파트가 먼저 상승하면 매매가격 차이가 벌어지면서 인근 기존 아파트가격도 따라 올라가는 새 아파트 갭 메우기도 있다. 또 인기가 높은 소형아파트가격이 먼저 오르면서 중대형아파트와 가격 차이가 적정 수준 이상으로 벌어지면 그 차이를 메우는 소형아파트 갭 메우기도 있다. 이런 여러 종류의 갭 메우기를 잘 활용하면 규제가 강해지는 시기에 좋은 틈새전략이 될 수 있다.

천장지역 갭 메우기

천장지역과 차이를 이용하는 갭 메우기 투자는 가장 일반화된 갭 메우기 투자다. 2006년쯤 강남(강남 3구, 목동, 분당, 평촌, 용인)을 비롯한 버블세븐지역 아파트 열기는 대단했다. 강남은 투자 금액도 많이 들어가고, 분당도 쉽게 투자하기에는 여러 가지로 무리가 있었다. 그래서 평촌 신도시와 용인으로 눈을 돌렸다.

그런데 막상 평촌과 용인 지역을 방문하니 이미 불이 붙어 매물을 찾기도 어렵고 호가도 부르는 것이 값 아닌가! 다시 작전을 변경해 그다음 지역으로 눈을 돌렸다. 1기 신도시는 분당-평촌-산본 신도시 순으로 선호도 차이가 나고, 매매가격의 차이도 난다. 분양가는 비슷했지만 입지와 교통, 인프라 차이가 가치의 높이를 다르게 만든 것이다. 분당이 어려워 평촌으로 눈을 돌렸고, 평촌이 여의찮아서 그다음 산본으로 넘어갔다. 다행히 산본은 이제 막 시작하려는 단계여서 계약한 후 가격이 올라 투자수익을 남겼다.

이렇듯 지역별 선호도 차이가 나기 때문에 모든 지역이 동시에 투자 수요가 유입되고 가격이 오르지는 않는다. 위 지역의 가격이 올라 천장이 높아지면 그다음 지역은 높아진 천장 차이만큼 또는 그만큼은 아니더라도 어느 정도 따라 올라간다. 반포와 대치동이 오르면 개포가 오르고, 잠실이 오르고, 과천이 오른다. 용산이 오르면 마포가 오르고, 서대문이 오른다. 강남이 오르면 판교가 오르고, 분당과 광교가 오르면 동탄이 따라 오른다.

이런 상위지역 천장이 올라가는지 면밀히 체크한 뒤 상위지역 투자 기회를 놓쳤다면 그다음 지역을 노려야 한다. 아직 움직이지 않았거나 이제 움직이기 시작하는 단계라면 들어가도 좋다.

아주 특별한 경우가 아니면 천장 아래 지역 아파트가격이 위 지역 아파트가격을 뛰어넘기는 어렵다. 동탄 아파트가 광교 아파트를 넘기 어렵고, 광교가 판교를 넘기 어렵다. 개포 아파트가 대치동이나 반포 아파트를 넘지 못한다.

물론 입주 연도와 세대 수, 브랜드 차이에 따라 가격 차이가 발생하기 때문에 비교적 조건이 비슷한 아파트를 비교하는 것이 타당하다. 천장 아래 지역으로 따라가기도 가능하지만 반대로 천장 위 지역으로 가는 것도 가능하다.

2016년 봄 개포주공 2단지(래미안 블래스티지) 일반분양이 3.3m²당 4천만 원이 넘는, 당시에는 고분양가인데도 일반분양은 대성공을 했다. 지금이야 그 가격이면 무조건 사야 하는 거 아니냐고 할 수 있지만, 2016년 일반분양 당시만 해도 개포가 3.3m²당 4천만 원이 넘는다는 것은 파격적인 일이었다. 그도 그럴 것이 2015년만 해도 개포주공 일반분양가가 3.3m²당 3,500만 원, 가락시영 일반분양가는 3.3m²당 2,600~2,800만 원 수준이 되지 않을까 예상하는 분위기였다.

아무튼 개포가 4천만 원을 넘기면서 크게 성공하자 강남 나머지 지역들이 본격적으로 상승했다. 개포가 4천만 원을 넘겼는데 대치,

반포 등 입지적으로 더 위 천장에 있는 지역의 새 아파트가격이 올라가는 것은 당연한 일 아닐까? 위 천장지역 아파트가격이 오르면 그 아래 지역으로 눈을 돌리는 것이 좋고, 아래 지역이 움직이면 위 지역 아파트도 밀려 올라갈 가능성이 높으니 위아래 천장지역에는 항상 관심을 가지는 것이 좋다.

천장지역의 범위를 더 넓히면 서울과 지방으로 확대할 수도 있다. 서울이 먼저 오르면서 갭을 벌리면 시차를 두고 지방 아파트가 따라갈 수 있으며, 반대로 갭이 줄어들면 서울 아파트가 다시 오를 힘이 커진다.

새 아파트 갭 메우기 | 새 아파트가 좋은 것은 말이 필요 없다. 소득수준이 높아지면서 집이라도 다 같은 집이 아니어서 이왕이면 새 아파트를 선호하는 사람들이 많아졌다. 특히 여성의 목소리가 커지면서 새 아파트 선호는 더 높아졌다. 하숙생 수준인 남편과 달리 여자들한테 집은 직장이자 삶의 터전이기 때문이다.

여기에 서울의 경우 아파트를 지을 땅이 없다보니 재건축·재개발을 통한 새 아파트 공급만이 가능한데 당연히 희소가치가 높아질 수밖에 없다. 그래서 2015~2017년까지 새 아파트가격이 지나치다 싶을 정도로 많이 올랐다.

반면 입주 연도가 10년 이상 넘어가는 기존 아파트들의 가격은 새 아파트가격 상승에 비하면 아쉬운 수준이었다. 하지만 2018년 이후 기존 아파트가격 상승이 새 아파트보다 더 무섭다. 앞에서 기존 아파트 상승에 대해 이미 설명했듯이 '새 아파트가 트렌드'라는 말이 무색할 정도다.

이렇듯 기존 아파트가격이 새 아파트가격 상승을 넘는 이유는 그동안 새 아파트가격 상승폭이 커지면서 새 아파트와 기존 아파트 간 매매가격이 적정 수준 이상으로 벌어졌기 때문이다. 소비자는 새 아파트가 좋기는 하지만 '과연 그만큼 돈을 지불할 만한 가치가 있을까' 하는 합리적 비교선택을 할 수밖에 없다.

상대적으로 저평가된 기존 아파트로 눈을 돌리면서 기존 아파트가격이 크게 올랐다. 새 아파트와 기존 아파트 간 매매가격 차이가 어느 정도 벌어지는 것은 당연한 현상이지만 그 차이가 70~80% 수준이 아니라 5~70% 차이까지 벌어지면 수요자들은 기존 아파트로 눈을 돌린다. 새 아파트가 먼저 상승하면서 기존 아파트와 가격 차이가 많이 벌어진다면 기존 아파트로 눈을 돌리는 것도 좋은 방법이다.

소형아파트 갭 메우기 | 새 아파트뿐만 아니라 소형아파트 역시 최근 아파트 투자의 트렌드였다. 물론 지금도 소형아파트 선호도는 여전히 높다. 하지만 앞에서 살펴보았듯이 대형아파트도 전혀 오르지 않는 것은 아니다. 아무리 소형아파트가 인기 있고 트렌드라고 하지만 소형아파트만 천정부지로 오를 수는 없다.

일부 단지이긴 하지만 소형아파트 절대가격이 중대형아파트보다 더 높게 형성된 곳도 있다.

이는 정상이 아니다. 3.3m²당 가격이야 이미 소형이 역전한 지 오래고 소형선호도가 높은 상황에서 높은 것이 정상이지만, 면적 차이가 나는데 소형아파트 매매가격이 중대형 매매가격보다 높은 것은 정상이 아니다. 당연히 중대형아파트 가격이 저평가된 것이고, 때가되면 이런 비정상은 정상으로 돌아온다.

투자 판단을 합리적으로 하는 수요자들은 저평가로 눈을 돌릴 수밖에 없다. 아무리 관리비가 부담되고, 큰 면적이 부담스럽고, 환금성이 떨어진다 해도 어느 정도 차이가 좁혀지면 대형아파트 수요는 뒤따라온다. 같은 아파트단지나 마을인데도 소형아파트 대비 대형아파트의 차이가 지나칠 정도로 벌어졌다면 대형아파트로 눈을 돌려보는 것도 좋다. 특히 가족이 많거나 대형아파트가 필요한 이들이라면 더욱 그렇다.

도시재생 뉴딜사업에
돈 벌 기회가 있다

문재인 정부의 1호 경제공약인 도시재생사업은 대규모 재원이 투입되는 만큼 어떻게 되었든 부동산시장에는 효과가 나올 수밖에 없는 사업이다.

서울 집값을 잡기 위해 규제하는 상황에서 2018년 도시재생사업지 중 서울이 7곳 선정된 것을 두고 '투기를 부추길 수 있다'는 우려의 목소리와 '낙후된 도심을 재생하는 것은 당연히 해야 하는 일'이라는 찬성의 목소리가 엇갈리고 있다. 문재인 정부는 도시재생 추진 의지가 강하고, 어떻게든 대규모 재원이 투입되어 도시환경이 개선되는 만큼 도시재생으로 기회가 생기는 지역에는 관심을 가져야 한다.

　문재인 정부는 1호 경제공약인 도시재생 뉴딜사업에 따라 노후 저층 주거지나 구도심, 전통산업단지, 재래시장, 쇠퇴한 농촌지역 등 해마다 100곳씩 5년간 500곳을 선정해 5년간 총 50조 원의 막대한 자금을 쏟아부어 지역에 따라 우리동네살리기(5만 m² 이하 소규모 주거), 주거지지원형(5~10m² 주거), 일반근린형(10~15m² 준주거), 중심시가지형(20만 m² 상업), 경제기반형(50만 m² 산업), 이렇게 5가지 유형의 도시재생 뉴딜사업을 할 계획이다.

집값 상승의 중요한 재료 | 기존 뉴타운사업은 낙후된 노후주거 지역을 정비하는 것까지는 좋았지만 전면개발방식으로 아파트를 대량 건설함으로써 각 지역의 오래된 역사와 문화적 보존가치를 없애버렸고, 정작 원래 거주하던 원주민들은 다른 지역으로 밀려나는 동시에 투기 수요가 극성을 부리면서 집값 상승 재료가 되었던 문제점이 있었다.

반면 도시재생사업은 낙후된 도심과 노후주거 밀집지역을 전면 철거해서 아파트를 짓는 것이 아니라 지역·역사·문화적 보존가치가 있는 것은 그대로 유지하면서 주차장을 확보하고 도로를 넓히는 등 정비하는 동시에 노후도가 심한 시설물을 공공임대주택과 공공임대상가로 개발함으로써 문화가치는 보존하되 주거환경을 개선하고 도시경쟁력을 높이며 일자리를 창출할 수 있는 사업이다.

2017년 말 통영폐조선소 50만여 m² 부지에 호텔과 테마파크가 조성되는 등 투기 우려가 있는 서울을 제외한 전국 68곳의 도시재생 뉴딜사업 시범지역이 선정되었다. 하지만 2017년 8·2 부동산 대책 발표로 투기과열지구로 지정된 서울이 제외되면서 큰 관심을 받지 못했다. 2018년 도시재생사업에는 서울 7곳을 포함한 99곳이 선정되

▼ 2018년 도시재생 서울 사업지 7곳

구분	선정	신청·제안	사업지역		사업유형	사업명
			시군구	읍면동		
서울 (7)	시도	중랑구	중랑구	묵2동	일반근린형	장미로 물들이는 재생마을
		서대문구	서대문구	천연동	일반근린형	일상의 행복과 재미가 있는 도심 쉴터, 천연충현
		강북구	강북구	수유1동	주거지지원형	함께 사는 수유1동
		은평구	은평구	불광2동	주거지지원형	사람 향기 품은 불광2동 향림마을
		관악구	관악구	난곡동	주거지지원형	관악산 자락 동행마을, 평생 살이 난곡
		동대문구	동대문구	제기동	우리동네 살리기	젊은이와 어르신이 어우러져 하나 되는 '제기동 감초마을'
		금천구	금천구	독산1동	우리동네 살리기	예술과 문화가 숨 쉬는 반짝 반짝 빛나는 금하마을

출처: 국토교통부

었다.

서울은 중랑구 묵2동·서대문 천연동·강북구 수유1동·은평구 불광2동·관악구 난곡동·동대문구 제기동·금천구 독산1동, 이렇게 서울 7곳이 포함되었고, 국비 1조 288억 원 등 총 13조 7,724억의 예산이 투입될 예정이다.

**도시재생사업,
물론 문제도 있다**

이명박 정부의 4대강 사업 비용의 2배가 넘는 50조 원이라는 엄청난 재원 마련도 문제고, 남은 임기 동안 얼마나 속도를 내느냐에 따라 자칫 예산 나눠 먹기식 선심성 행정사업으로 전락할 가능성도 있다. 실제로 2017년 사업지 중에서 투자비 규모가 크거나 주변 파급 효과가 큰 알짜 사업 지역의 58%가 3선 이상 거물급 국회의원 지역구였다.

문제가 없는 완벽한 정책은 없다. 문재인 정부 1호 경제공약인 도시재생사업은 어떻게 되었든 진행될 테고, 낙후된 도심을 재생해야 하는 것은 당연히 해야 할 일이기도 하다.

2018년 사업지 선정에서 당초 서울은 10곳이 선정될 예정이었지만 투자 규모가 커서 투기 우려가 있는 동대문 장안평차시장, 종로 세운상가, 금천 독산우시장 3곳은 막판에 제외되었는데, 서울 주택시장이 안정을 찾으면 이런 지역들은 다시 추진될 가능성이 있다.

환경문제도 그렇고 미래 세대를 위해 남겨두어야 할 그린벨트를 풀어 주택을 공급하는 방식에서 낙후된 구도심을 재정비해서 생활 인프라를 개선함과 동시에 젊은 층이 거주할 수 있는 소형 임대아파트를 많이 지을 수 있는 방안도 같이 고민해야 할 것이다. 아무튼 서울의 도시재생사업지는 입지나 노후도, 지역발전 측면에서 개발 압력이 높은 지역인 만큼 관심을 가져보는 것이 좋다.

2018년 선정된 7곳과 투기 우려 때문에 탈락된 3곳 외에도 후보지역이 많이 남아 있다. 도시재생사업은 문재인 정부에서 처음 시작한 것이 아니라 박근혜 정부 시절 시작했고, 서울시에서도 여러 프로젝트로 추진하고 있다. 그동안 정부와 서울시에서 추진하던 중점추진지역, 53지구중심, 지역생활권, 활성화 1단계 등을 종합 정리해 다음의 표로 만들었다. 2018년 발표된 사업지는 당연히 포함되었고, 앞으로 발표되어 포함될 지역들도 이 표에 있는 지역에서 나올 것이다.

▼ 서울시 도시재생사업 분석에 따른 서울 도시재생뉴딜 예상 수혜 지역

권역	지역	근거
도심권	용산 해방촌	중점추진지역, 활성화1단계, 일반지역
	용산 한남	53지구중심, 지역생활권, 뉴타운 해제지역
	서울역	중점추진지역, 활성화1단계
	남산	중점추진지역
	창신·숭인	중점추진지역, 활성화1단계, 지역생활권, 선도지역
	홍제	53지구중심, 지역생활권, 뉴타운 해제지역
	낙원상가	중점추진지역, 활성화1단계
	세운상가	중점추진지역, 활성화1단계
	성곽마을	중점추진지역
동남권	영동MICE	중점추진지역
	암사	중점추진지역, 활성화1단계, 53지구중심, 뉴타운 해제지역
	가락	지역생활권, 53지구중심
	고덕 명일	지역생활권, 53지구중심
	둔촌	지역생활권, 53지구중심
	방배	지역생활권, 53지구중심, 뉴타운 해제지역
동북권	창동·상계	중점추진지역, 활성화1단계, 2030서울플랜, 지역생활권, 뉴타운 해제
	성수	중점추진지역, 활성화1단계, 2030서울플랜
	장안·장안평	중점추진지역, 활성화1단계, 53지구중심, 뉴타운 해제
	광운대역	중점추진지역
	마장 용담	도시재생 2단계, 지역생활권
	면목	53지구중심, 지역생활권, 도시재생추가, 뉴타운 해제
	묵동	도시재생2단계, 53지구중심, 뉴타운 해제
	미아	2030서울플랜, 지역생활권, 뉴타운 해제
	중계 백사마을	중점추진지역
	수유 우이	도시재생2단계, 53지구중심, 지역생활권, 뉴타운 해제
	쌍문	53지구중심, 지역생활권, 뉴타운 해제지역
	장위·석관	중점추진지역, 활성화1단계, 지역생활권, 뉴타운 해제

동북권	중곡	53지구중심, 지역생활권
	종암 월곡	53지구중심, 지역생활권, 뉴타운 해제
서남권	영등포 경인로	2단계, 2030서울플랜, 지역생활권, 뉴타운 해제
	G-valley	중점추진지역, 활성화1단계, 지역생활권, 2030서울플랜, 뉴타운 해제
	신길	지역생활권, 뉴타운 해제
	개봉 고척	53지구중심, 지역생활권, 뉴타운 해제
	독산우시장	2단계, 53지구중심, 지역생활권, 뉴타운 해제
	난곡	2단계, 53지구중심, 지역생활권
	상도	중점추진지역, 활성화1단계, 53지구중심, 지역생활권
	마곡	2030서울플랜, 지역생활권
	목동	2030서울플랜, 지역생활권
	신월	지역생활권, 추가지역, 뉴타운 해제
	신정	53지구중심, 지역생활권
	봉천	2030서울플랜, 지역생활권, 뉴타운 해제
	사당 이수	2030서울플랜, 지역생활권, 추가지역
	여의도	2030서울플랜, 지역생활권
	시흥	53지구중심, 지역생활권, 뉴타운 해제
	오류	53지구중심, 지역생활권
	화곡	53지구중심, 지역생활권
	흑석	53지구중심, 지역생활권
	노량진	53지구중심, 지역생활권
서북권	상암·수색	중점추진지역, 2단계, 지역생활권, 2030서울플랜
	신촌	중점추진지역, 활성화1단계, 지역생활권, 2030서울플랜
	응암	53지구중심, 지역생활권, 도시재생추가, 뉴타운 해제
	공덕	2030서울플랜, 뉴타운 해제
	가좌 남가좌	지역생활권, 53지구중심, 뉴타운 해제
	합정 당인	중점추진지역, 53지구중심
	불광 연신내	2단계, 지역생활권, 뉴타운 해제

돈 되는 신규 택지는
분명 따로 있다

정부가 주도적으로 공급하는 공공택지 아파트 분양은 좋은 기회다. 서울 집값 안정을 위해 대규모 주택공급 드라이브를 걸고 있는 것에 주목하자.

정부는 규제카드만으로는 급등하는 서울 집값을 잡기 어려워지자 공급확대 카드를 꺼내들었다. 2018년 9·21 부동산 대책에서 수도권 주택공급의 큰 방향은 입지가 우수한 공공택지를 확보해 30만 호를 공급하고, 신혼희망타운도 전국 10만 호를 조기 공급 목표로 2022년까지 수도권 5만 4천 호를 분양할 계획이며, 소규모 정비사업을 활성화함과 동시에 서울 도심 내 주택공급을 확대하겠다고 한다.

그린벨트 해제로 대규모 주택을 공급하는 방법은 30년 전인 노태우 정부 시절, 즉 인구와 경제가 폭발적으로 증가하던 시대에 맞는 정책으로 인구 감소와 경기침체, 환경 문제가 심각한 현 상황에는 맞

▼ 1차 17곳 3만 5천 호

지구명		면적 (천 m²)	주택 수 (호)	입지특성 등
합 계		3,112	35,242	
서울 (SH)	소계	413	10,282	
	구성동구치소	52	1,300	• 오금역(지하철 3·5호선 교차)과 도보 2분 거리(200m)
	개포동 재건마을	13	340	• 매봉역(지하철 3호선) 1km 거리
	비공개 9개 부지	348	8,642	• 사전 절차 이행 후 서울시가 공개
경기 (LH)	소계	1,906	17,160	
	광명 하안2	593	5,400	• 광명IC(제2경인고속도로) 2.5km, 금천 IC(서해안고속도로) 2.0km 거리
	의왕 청계2	265	2,560	• 인덕원역(지하철 4호선) 2.0km 거리, 국 지도 57호선 연접
	성남 신촌	68	1,100	• 수서역(SRT, 3호선) 3km, 복정역(지하철 8호선, 분당선) 1.8km 거리 • 송파IC(서울 외곽고속도로) 2.0km 인접
	시흥 하중	462	3,500	• 신현역·시흥시청역(소사–원시선) 2km 거리
	의정부 우정	518	4,600	• 녹양역(지하철 1호선) 연접
인천 (인천 도공)	검암 역세권	793	7,800	• 검암역(공항철도, 인천 2호선) 연접, 검바위역(인천 2호선) 1km 거리 • 인근에 청라지구 입지(5km 이내)

출처: 국토교통부

지 않는다. 엄청난 토지 보상 비용이 풀리면 과잉 유동성이 증가하면서 오히려 서울 수도권 부동산시장을 자극할 가능성도 높다. 그래도 주택공급을 늘려야 한다면 서울 도심재생으로 임대아파트를 대량 공급해야 한다.

이유야 어떻든 정부에서 서울 수도권에 새 아파트를 공급한다면 투자자로서는 기회가 될 수 있다. 이명박 정부 시절 그린벨트를 풀어 공급한 보금자리주택이 서울 집값 안정에는 큰 도움이 되지 않았지만 분양을 받은 이들의 재테크에는 큰 도움이 되었기 때문이다.

30만 호라고 하지만 갑자기 30만 호를 공급할 수는 없다. 1차로 17곳 3만 5천 호(서울 1만 호, 경기 5곳 1만 7,160호, 인천 1곳 7,800호)를 선정해 우선공급을 하고, 향후 서울과 1기 신도시 사이 대규모 택지 4~5개 20만 호를 포함한 26만 5천 호의 2차 물량 택지를 확보할 계획이다.

신규 택지에 주목하라 아직 확정되지도 않은 2차 물량 26만 5천 호를 제외하면 확정된 1차 물량은 3만 5천 호밖에 되지 않는다. 그것도 집값 과열이 문제가 되는 서울은 1만 호뿐이고, 9개 부지는 아직 비공개다.

그나마 구성동구치소 부지 1,300호, 개포 재건마을 340호는 눈에 확 띄는 곳이고 매우 경쟁이 치열할 것으로 예상된다. 당연히 자격만 되면 도전 1순위다. 1차 공급확대 방안에 포함된 경기도 광명, 의왕, 성남, 시흥, 의정부 5곳(1만 7,160호)과 인천 검암(7,800호) 중에는 성남 신촌과 의왕 청계, 광명 정도가 관심을 가져볼 만하다. 새 아파트가 부족한 곳은 서울인데, 아파트가 부족하지 않은 경기도에 공급 계획이 많이 잡힌 것은 문제가 있다.

1차 확정된 택지 외에 남양주 진접, 구리 갈매, 성남 복정, 성남 금토, 의왕 월암, 군포 대야미, 부천 괴안, 김포 고촌, 성남 서현 등 이미 발표된 지구 14곳 중에서는 성남 복정(4,700호), 성남 금토(3,300호), 성남 서현(3천호), 구리 갈매(7,300호) 정도는 충분히 청약 도전을 해봐도 좋다.

3기 신도시로 거론되는 지역은 고양 화전, 광명 시흥, 하남 강북, 과천 등이다. 서울 집값 안정에는 별 도움이 되지 않겠지만 그래도 서울 인근 신도시의 시범단지는 대부분 성공했고, 시간이 지날수록 분양 가격이 오를 가능성이 높아서 3기 신도시 시범단지 분양물량은 기회가 되면 적극 도전해보는 것이 좋다. 위례 신도시, 광교 신도시, 동탄2 신도시 시범단지도 한때는 미분양이 발생했고 마음만 먹으면 충분히 잡을 수 있었던 곳이었다.

신혼희망타운은 여러 지역 중 서울 양원(405호), 수서역세권(635호), 고덕감일(3,538호) 등 서울 내 단지는 당연히 관심을 가져야 하고, 경기도 대상 지역은 옥석을 잘 가릴 필요가 있다. 위례, 화성 동탄2, 남양주 별내, 하남 감일, 과천, 구리 갈매, 성남 금토·복정, 광명 하안 정도는 해볼 만할 것 같다.

유주택자에 대한 규제가 강화되면서 무주택자들은 오히려 당첨 가능성이 더 높아졌다. 무주택자들이 신규 택지 시범단지 청약에 관심을 가져야 하는 이유다.

의외로 서울시 정책에
기회가 있다

'작은 정부'인 서울시의 정책은 서울 부동산시장에 큰 영향을 준다. 서울시의 개발
사업은 투자자들의 기대감을 높여주기 때문에 관심을 가져야 한다.

2018년 7월부터 8월까지 급등한 서울 집값의 방아쇠는 박원순 서울
시장이 당겼다. 여의도와 용산을 개발하는 마스터플랜 발언에 이어
강북을 강남처럼 개발하겠다는 강북 투자 계획을 발표하면서 서울
집값은 난리가 났다. 울고 싶은데 뺨 때리고, 불붙이고 싶은데 휘발
유 뿌린 격이다.

폭등하는 집값에 화들짝 놀란 정부 압력으로 한 발 물러서긴 했지
만 차기 대선을 노리는 박원순 서울시장에게는 개발 성과가 필요하
다. 실제 개발로 연결될지는 미지수이고 지켜봐야 하지만 개발 기대
감이 높아졌다는 것은 투자 측면에서는 기회가 될 수도 있다.

서울시는 대한민국 수도이자 경제, 사회, 문화의 중심이다보니 재정 지출 규모나 지역별 개발 호재가 다른 지방자치단체와 비교 자체가 안 될 정도로 크다. 특히 부동산시장에 미치는 영향은 절대적이라고 할 수 있다.

서울 아파트가 먼저 상승하면서 가격 차이를 벌리면 지방은 시차를 두고 따라간다. '작은 정부'라 해도 지나친 말이 아닌 서울시의 정책은 정부의 정책과 버금갈 정도로 영향력이 크기 때문에 서울시 정책을 잘 이해하고 따라가면 좋은 기회를 잡을 수 있다.

여의도·용산 마스터플랜 | 여의도·용산 마스터플랜은 박원순 서울시장이 7월 10일 싱가포르 방문 중 동행기자단과 간담회할 때 여의도·용산 개발 청사진을 밝히면서 시작되었다. 여의도 마스터플랜은 1970년대 개발 후 50년이 지나 노후화 문제가 심각한 여의도 아파트를 개별 재건축이 아닌 국제금융 업무 중심지와 주거지가 어우러진 신도시급 재개발을 하겠다는 계획이다. 용산 마스터플랜은 용산과 서울역 철도구간을 지하화하면서 회의·관광·전시시설과 쇼핑센터를 건립하는 MICE 개발을 하겠다는 계획이다.

그런데 왜 여의도와 용산일까 하는 의문이 든다. 2013년 발표한 2030 서울도시기본계획에서 그 이유를 찾을 수 있다. 다음 페이지의 지도에서 보듯이 2030 서울도시기본계획에서 3도심은 서울역과 용산의 도심, 강남, 영등포 여의도다.

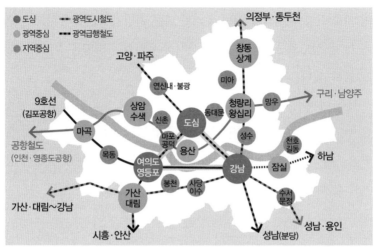

이 3도심 중 강남은 이미 삼성동과 잠실을 잇는 MICE(기업회의 Meeting, 포상관광Incentive trip, 컨벤션Convention, 전시박람회와 이벤트Exhibition & Event) 개발이 진행중이고, 많은 노후 아파트가 개별적인 재건축사업을 진행중이다. 과열인 부동산시장을 잡기 위한 정부 규제가 강화되는 상황에서 서울 부동산의 핵심인 강남을 자극할 수는 없다. 그러면 남은 지역이 도심과 영등포 여의도다.

당초 여의도가 개발되었을 때는 매우 큰 인기를 끌었다. LG트윈타워와 63빌딩이 지어지고 KBS · MBC 방송국이 들어오면서 서울에서 최고 인기 지역이었다. 시간이 흘러 여의도는 금융 중심의 상업지와 작은 규모 아파트 단지가 어중간하게 섞여 이도저도 아닌 어중간한 지역이 되어버렸다. 재건축사업도 지지부진해 노후화 문제가 심각해지는 상황이었기 때문에 이미 완성단계인 대규모 금융상업 지역과 어우러진 신도시급 재개발로 완전히 뜯어고치겠다는 것이 마스터플랜이다.

용산은 교통과 입지의 요충지이자 민족공원과 한강로 개발 등 개발 호재가 많은 핵심 지역으로, 서울역과 용산 지상 철도구간은 도시재생 차원에서도 필요한 사업이다. 서울 집값 과열로 일단 보류되었지만 영등포 여의도와 서울역과 용산 구간은 여전히 개발 압력이 높다.

2030 서울도시기본계획에는 3도심뿐만 아니라 7광역중심(용산, 청량리 왕십리, 상암 수색, 창동 상계, 마곡, 가산 대림, 잠실), 12지역중심(연신내, 미아, 신촌, 마포 공덕, 목동, 사당 이수, 천호 길동, 동대문, 성수, 망우, 봉천, 수서 문정)으로 밑그림이 그려졌다.

당연하지만 이들 지역은 서울시에서 인정한 핵심 지역이라는 말이기에 적어도 3도심과 7광역중심, 12지역중심에 속하는 부동산을 소유한 이들은 꼭 팔아야 하는 이유가 아니라면 굳이 무리해서 팔 이유가 없다. 투자자라면 이들 지역에 관심을 가져보는 것이 좋다.

강북도심 개발사업 2018년 8월 19일 박원순 서울시장이 옥탑방 한달살이를 정리하면서 도시철도(경전철) 사업과 빈집 1천 호의 청년·신혼부부 주택사업 등 강북을 강남처럼 개발하겠다는 강북도심개발사업을 발표했다.

강남·강북 간 불균형을 바로잡기 위해 지지부진했던 비강남권 도시철도(경전철) 사업을 2022년 이전에 조기착공하고, 빈집 1천 호를 매입해 청년·신혼부부 주택으로 만드는 등 강북에 집중 투자할 계획이라고 한다.

1970년대 강북의 과밀을 해결하기 위해 교통, 주거, 학군 등 대대적인 도시개발로 현재 강남이 탄생한 영동개발을 한 것처럼 강북의 생활기반 시설을 대폭 확대하겠다는 것이다. 틀린 말이 아닌데, 안 그래도 과열인 서울 부동산시장을 자극하기에 충분한 발언이었다. 낙후된 강북을 강남처럼 개발한다니 말이다.

사실 토지구획사업으로 신도시를 개발한 강남과 달리 이미 개발이 완료된 강북을 강남처럼 개발한다는 것은 현실적으로 불가능하다. 다소 정치적 목적이 있는 발언임을 감안해야 하겠지만 강북 개발에 집중하겠다는 의지를 보여준 것만으로도 의미는 있다. 기존 9개 도시철도 노선 중 민자 사업자 선정에 난항을 겪으면서 제대로 진행되지 않는 면목선, 우이신설선, 목동선, 난곡선의 4개 노선을 박원순 시장 3기 임기 내인 2022년 안에 착공할 계획이다. 지하철과는 차이가 있지만 그래도 경전철이 조기 착공된다는 것은 해당 지역에는 호재다.

지하철 신설 또는 연장은 매우 큰 개발호재이기 때문에 지하철 호재가 있는 서울과 수도권지역은 투자 1순위다.

2018년 12월 개통인 지하철 9호선 3단계 연장구간(삼전사거리-배명사거리-석촌-방이사거리-올림픽공원-보훈병원)를 비롯해 추후 연장예정인 9호선 4단계 연장구간(생태공원-한영외고-고덕), GTX-A(파주운정-킨텍스-대곡-연신내-서울-삼성-수서-성남-용인-동탄), GTX-B(송도-인천시청-부평-당아래-신도림-여의도-용산-서울-청량리-망우-별내-평내-마석), GTX-C(금정-과천-양재-삼성-청량리-창동-의정부), 8호선 연장구간(암사-선사-토평-구리-동구릉-진건-별내), 4호선 연장(당고개-별내-장래-오남-진접), 5호선 연장(상일-하남), 위례-신사선(위례-동남권유통단지-가락시장-가락시영-학여울-삼성-봉은사-청담-학동사거리-을지병원-신사) 등은 오랜 시간이 걸리겠지만 그래도 관심을 가져야 할 곳들이다.

서울시는 또한 구릉지 주택가, 어르신 거주자가 많은 강북 특성을 고려해 경사형 모노레일, 곤돌라 등 새로운 교통수단을 도입하고, 2020년부터 5개 권역에 1개씩 신교통수단을 설치하며, 주차 공간 부족 문제를 해결하기 위해 공유차량을 보급하고 공영주차장도 확대할 계획이다. 그리고 2022년까지 강북 내 방치된 빈집 1천 호를 매입해 청년·신혼부부 주택 4천 호를 공급할 계획이다.

이렇게 한다고 해서 강북이 강남처럼 되지는 않겠지만 돈이 투입되고 불편함이 조금이라도 개선되어 주거환경이 나아진다면 어떤 식으로든 호재다. 나쁠 이유는 없다. 정치적 목적이 있어서 무조건 낙관적 기대만 해서는 안 되지만 서울 도심지역은 어떻든 개발 압력이 있고 문재인 정부에서 도시재생사업도 추진하므로 낙후된 강북 도심지역에 충분히 관심을 가져볼 만하다.

서울에 주택공급을 확대하기 위해 종로, 중구, 동대문 등 도심의 기존 노후 건물에 층수가 높은 주상복합 빌딩을 짓는 방식으로 공공임대주택을 늘리는 방안도 추진하겠다고 한다. 도심 접근이 불편한 그린벨트를 해제한 뒤 임대아파트를 짓는 방법보다는 훨씬 더 효과적일 것으로 기대되며, 도심 부동산시장에도 신선한 바람이 불면서 기회가 생길 것이다.

다만 법적·제도적 검토가 필요한 문제이고, 비용이나 용적률 상향, 고층화 문제도 있어서 간단한 일은 아니다. 또 서울의 고밀도문제를 제기하면서 무분별한 종상향을 막겠다고 잠실주공 5단지 등 재건축 아파트 단지에 지나치게 엄격한 잣대를 들이댄 것과 비교하면 형평성 문제도 있다. 도심 빌딩뿐만 아니라 어차피 주택으로 개발되는 기존 재건축·재개발사업에도 파격적인 용적률 인센티브를 주고 그만큼 임대아파트로 환수하는 방법도 고려했으면 좋겠다.

지역별 입주물량 영향에 따른
투자전략은 이것이다

입주물량 영향이 제한적인 서울도 구별 입주물량은 편차가 크다. 지역별 입주물량을 체크해 입주물량 영향에 따른 투자전략을 세울 필요가 있다.

입주물량이 아파트가격에 절대적인 영향을 준다고 할 수는 없지만 의미 있는 영향을 주는 것은 분명한 사실이다. 서울 아파트시장이 호황인 배경에는 그나마 제한적인 입주물량도 큰 영향을 미쳤다. 그렇다면 서울이라고 해서 모두 안전하고 투자가치가 높을까?

물론 개발호재도 다르고 그동안 상승했던 가격 폭과 시기, 기간도 달라서 여러 가지 요소를 모두 감안해 분석해야 하겠지만 서울 내 지역별 입주물량의 영향도 따져볼 필요가 있다. 인구 대비 입주물량의 영향이 큰 지역은 전략적으로 기다리거나 쉬어가는 타이밍을 잡을 수도 있고, 매도자라면 입주물량의 영향이 있을 때 무리해서 팔기보다는 영향이 희석될 때 매도하는 것이 더 효과적인 매도전략이 될 수 있다.

입주물량으로 매매 타이밍을 결정한다

다음 페이지의 표는 2018~2020년까지 주택 입주물량을 서울과 경기도 지역별로 정리한 것이다.

먼저 대한민국 수도이자 투자 핵심 지역인 서울부터 살펴보자. 서울은 이미 제한적인 입주물량의 영향과 두꺼운 투자 수요로 안정성이 검증되었지만 그대로 서울 내 구별 입주물량 차이는 있어서 체크가 필요하다.

절대법칙이 있는 것은 아니지만 거주인구 대비 연간 입주물량이 0.3% 이하면 안정적이라 할 수 있고, 초과 범위가 커질수록 부담이 된다고 할 수 있다. 물론 투자를 거주인구만 하는 것이 아니고 다른 지역과 지방, 해외에서도 투자 수요가 유입되기 때문에 절대기준이 될 수는 없고 지역별 특성에 맞는 선택과 판단을 해야 한다.

2018~2020년 3년 입주물량이니 인구와 비율기준을 1%로 잡자. 1% 아래면 안정, 1% 초과면 부담이라 가정해보면 강서구, 양천구, 관악구, 금천구, 중구, 종로구, 용산구, 노원구, 강북구, 도봉구, 중랑구, 성동구, 광진구 정도가 안정적이라고 할 수 있다. 특히 강서구, 관악구, 중구, 종로구, 노원구, 도봉구, 강동구, 광진구는 입주물량이 많이 부족한 상황이다. 반면 강남 4구를 비롯해서 영등포, 서대문, 마포, 성북, 동대문 등은 입주물량이 부족하다고 할 수 없을 것 같다. 하지

▼ 2018~2020년 서울 및 경기도 주요도시 입주물량(2018년 5월 기준, 편의상 10자리 단위는 반올림)

	구분	인구 (명)	2018년 (가구)	2019년 (가구)	2020년 (가구)	합계 (가구)	비율 (%)
서울	강서구	600,800	0	500	0	500	0.08
	양천구	467,700	400	400	3,000	3,800	0.81
	영등포구	369,200	300	1,300	6,600	8,300	2.25
	구로구	407,500	1,200	1,900	1,800	4,900	1.20
	관악구	504,000	0	1,500	0	1,500	0.30
	금천구	233,600	1,200	400	0	1,700	0.73
	동작구	394,600	1,270	0	1,000	4,300	1.09
	강남구	548,700	1,270	3,300	4,300	8,800	1.60
	서초구	440,200	3,700	2,000	1,100	6,900	1.57
	송파구	665,700	10,700	1,000	1,200	12,900	1.94
	강동구	433,000	72	10,900	5,100	16,100	3.72
	마포구	374,600	1,400	2,600	500	4,500	1.20
	서대문구	311,500	2,400	1,500	1,300	9,500	3.05
	은평구	485,100	2,800	2,300	4,400	9,500	1.96
	용산구	229,900	300	500	1,100	1,900	0.83
	중구	126,200	200	200	0	400	0.32
	종로구	154,100	0	200	0	200	0.13
	노원구	550,200	0	900	800	1,700	0.31
	도봉구	342,200	200	0	0	200	0.06
	강북구	322,800	0	1,000	0	1,000	0.31
	성북구	440,900	0	6,300	0	6,300	1.43
	중랑구	406,100	300	600	2,200	3,100	0.76
	동대문구	348,500	2,400	2,200	300	4,800	1.38
	성동구	307,600	1,600	0	0	1,600	0.52
	광진구	356,200	900	0	0	900	0.25
경기	경기도	12,908,000	164,500	122,700	93,000	380,200	2.9
	수원	1,201,900	8,100	6,800	300	15,200	1.26
	성남	967,000	500	800	4,600	5,900	0.61
	광주	360,000	5,100	5,600	2,400	13,100	3.60
	안양	585,200	200	3,000	400	3,600	0.62
	부천	851,800	1,400	600	2,200	4,200	0.49
	광명	330,600	2,400	0	3,600	6,000	1.81
	평택	484,200	9,000	17,200	4,600	30,800	6.36
	의정부	442,700	5,200	2,000	5,000	12,200	2.76
	안산	671,600	6,800	5,000	10,200	21,000	3.13
	고양	1,041,400	6,000	10,900	5,300	21,900	2.10
	남양주	669,600	8,200	1,300	4,000	13,500	2.02
	구리	200,000	2,300	1,600	0	4,000	2.00
	하남	236,700	9,200	3,600	3,300	16,100	6.80
	용인	1,007,800	15,900	12,400	1,500	29,800	2.96
	김포	395,500	13,900	500	13,200	27,600	6.98
	화성	707,100	32,300	17,600	4,000	53,900	7.62

만 서울이라는 좁은 땅덩어리 안에서 구별로 단정 지어 판단하는 것은 다소 억지스러운 부분도 있다.

강남이 1%가 넘는다 해도 전국적 투자 수요를 확보하고 있어서 결코 공급물량이 넉넉하다고 할 수는 없다. 또 서울은 신규 택지공급이 아닌 멸실이 수반되는 재건축·재개발로 신규 주택을 공급하기 때문에 실질주택 증가는 더 적고, 입주물량 영향도 오래가지 않는다.

반면 경기도 입주물량이 부담스러운 수준이라는 것은 이미 앞에서 확인했다. 인구대비 3년 입주물량 비율이 1%를 넘어 2.9%로 매우 높다. 그래서 경기도는 시별 입주물량 영향을 더욱 면밀히 분석해 투자전략을 세울 필요가 있다. 성남, 안양, 부천을 제외한 대부분 지역이 1%를 초과하고 있다.

3%를 초과하는 입주물량 과잉지역인 광주, 평택, 안산, 김포, 화성은 입주물량 영향을 충분히 감안해야 한다. 즉 옥석을 가리는 선택과 집중의 투자전략을 세우는 것이 좋다.

주택시장 침체의 대안은
수익형 부동산이다

주택시장이 침체되면 투자 수요가 수익형 부동산으로 유입된다. 하지만 예금금리
가 상승할 경우 수익형 부동산시장도 옥석을 가려야 한다.

부동산이라고 하지만 아파트 등 주택시장과 상가 등 수익형 부동산
시장은 전혀 다르다. 대부분 부동산이라고 하면 아파트를 떠올리고,
뉴스나 정부의 부동산 대책이 서민 주거와 밀접한 아파트에 집중되
어 있는 것이 현실이지만 상가와 오피스텔 등 임대수익이 목적인 수
익형 부동산시장은 꾸준한 성장세를 이어왔다.

우리나라 경제성장을 이끌었던 베이비붐 세대의 은퇴가 시작되거
나 임박하면서 안정적인 임대수익을 원하는 수요는 점점 늘어나고
있다. 뿐만 아니라 저성장 시대로 접어들면서 예금금리가 꾸준히 낮
아지자 은행예금 이자로 노후를 준비하던 시대도 끝나고 있다.

**수익형 부동산으로
노후를 준비한다**

예금금리는 1997~1998년 IMF 경제위기와
2008~2009년 금융위기를 제외하고는
1991년부터 꾸준한 하락세를 보이고 있다.
1998년 예금금리가 14% 정도였으니 현금 10억 원을 예금했다면 이
자수익만 연 1억 원이 넘었다. 즉 수익률이 10%가 넘는 월 1천만 원
시대였다. 자산가가 아닌 중산층의 경우 상가 등 수익형 부동산 투자
보다는 예금을 선호하던 시대였다.

하지만 2018년 11월 기준 시중은행 예금금리가 1.6~2%이니 10억
원을 은행에 예금하면 이자는 연 2천만 원, 월 160만 원 정도밖에 되
지 않는다. 10억 원을 은행에 넣어두고 받는 이자가 중소기업 신입
사원 연봉보다도 못한 것이다. 월 1천만 원 수익을 얻으려면 60억
~80억 원 이상을 예금해두어야 한다. 그런데 누가 월 1천만 원 벌려
고 80억 원을 은행에 넣어두겠는가? 수익률이 4% 나오는 수익형 부
동산에 투자하면 월 2천만 원 이상 얻을 수 있는데 말이다.

▼ **예금금리 추이**　　　　　　　　　　　　　　　　　　　　　(단위: %)

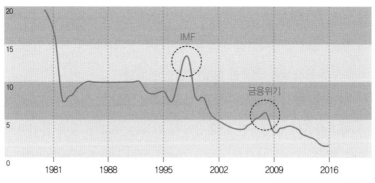

출처: TRADINGECOMICS.COM

군이 투자를 하고 싶지 않은 이들도 은행에 돈을 넣어두면 답이 나오지 않으니 등 떠밀리다시피 부동산 투자를 하는 경우가 많다. 주택시장 분위기가 좋아서 투자수익 기대감이 높을 때는 아파트 투자로 투자 수요가 유입되는 반면, 주택시장 흐름이 불안해지면 투자 수요는 임대수익이 목적인 수익형 부동산으로 이동하는 경향이 있다.

2018년 6월 기준 강남 3구 아파트의 경매 낙찰가율은 92.2%로 5월 110.7%보다 낮아진 반면, 근린생활시설의 낙찰가율은 101.1%로 5월 91%보다 높아졌다. 2018년 5~6월 다주택 양도세 중과 시행과 정부가 보유세 인상을 추진하면서 주택경기 불안에 대한 분위기가 잠시 주춤하자 불안감을 느낀 투자 수요가 안정적인 임대수익이 가능한 수익형 부동산으로 눈을 돌린 것이다.

수익형 부동산 투자는 분위기를 따르면 필패다

투자자로서는 주택시장 분위기가 좋을 때는 아파트에 투자하고, 반대로 좋지 않을 때는 상가나 오피스텔 투자를 하면서 다음 주택시장 상승을 기다리는 전략이 최선의 투자전략이었다. 필자 역시 주택시장이 침체일 때는 꼬마빌딩, 상가 등 수익형 부동산에 더 집중하는 경향이 있다.

하지만 이런 투자 패턴이 불패 투자전략이 될 수는 없다. 안정적인 임대수익이 필요한 은퇴 수요 증가와 더불어 수익형 부동산의 성장 동력인 저금리 기조에 최근 변화 조짐이 있기 때문이다.

미국의 기준금리가 2015년 12월 제로 금리를 탈출한 후 꾸준히 상승하면서 2018년 10월 기준 2.00~2.25%로 우리나라 기준금리 1.5%와 0.75%p 역전되었다. 또한 가계부채 급증을 잡고 주택시장 안정을 위해 대출규제 압력을 높이면서 대출금리는 이미 2016년보다 2%p 정도 올랐다.

예금금리는 아직까지는 대출금리 상승폭보다 매우 미흡한 수준이고 당장 큰 폭으로 오르기는 어려워서 단기간에 수익형 부동산으로 들어왔던 투자자들이 은행예금으로 돌아가지는 않을 것이다. 예금금리가 조금 올랐다 해도 아직까지는 예금이자와 임대수익 차이가 2배 이상으로, 임대소득에 대한 과세와 임차인 관리의 번거로움보다 임대수익의 달콤함이 더 크기 때문이다.

하지만 예금금리가 더 올라 3% 가까이 가면 문제는 달라진다. 예금금리와 임대수익률 차이가 1%p 이내로 줄어들거나 역전되면, 굳이 골치 아프게 아파트 세금 내고 임차인 신경 쓰면서까지 등 떠밀려 수익형 부동산에 투자할 이유가 없어진다.

미국의 기준금리 인상이 가속되어 우리나라와 미국의 기준금리 차이가 1%p 이상 벌어지면, 우리도 어쩔 수 없이 기준금리를 인상할 수밖에 없는 상황이 될 수 있다. 향후 주택시장 침체가 오면 수익형 부동산으로 눈을 돌리는 것은 좋다. 하지만 높은 수익률을 고집하기보다는 공실空室을 최소화하고 안정적인 수익률을 유지할 수 있는 옥석을 잘 가리는 투자전략이 반드시 필요하다.

상가 등 수익형 부동산은 아파트와 전혀 다른 시장이다. 아파트에 투자하듯이 분위기 따라 투자하면 거의 필패必敗다. 수익형 부동산은 안정적인 고정 유효수요와 수요의 흐름인 주동선, 흐르는 입지 등을 발품을 팔면서 철저히 분석한 뒤에 투자 타당성을 확인해야 한다. '얼마가 오른다, 월세가 잘 나오고 공실이 없다, 걱정할 필요가 없다'는 분양 관계자의 말만 믿고 계약했다가는 큰 코 다칠 수 있다.

아파트는 제대로 분석하지 않고 엉겁결에 계약해도 도심지역 아파트라면 시간이 해결해줄 수 있다. 하지만 상가 등 수익형 부동산은 시간이 지나도 시간이 해결해주지 않는 경우가 많다.

임대사업자

알면
힘이 되는
부동산
지식

주택임대사업자 등록을 하면 다양한 세제혜택이 주어진다. 반면 의무보유기간과
임대료 인상 제한을 지켜야 하기 때문에 각자 상황에 맞춰서 선택해야 한다.

그동안 임대사업자 등록을 꺼리는 이들이 많았는데 2018년 등록이
급증했다. 그만큼 혜택이 많았기 때문이다. 조정대상지역 다주택자
가 8년 장기 임대를 등록하면 양도세 중과 제외와 종합부동산세 합
산 배제를 해준다. 하지만 2018년 9·13 부동산 대책 발표로 임대사
업자 혜택이 줄어들었다.

1주택 이상 보유한 사람이 조정대상지역에 신규로 취득한 주택에
대해서는 임대등록을 하더라도 양도세 중과 제외와 종합부동산세 합
산 배제 혜택을 받을 수 없게 되었다. 또 최대 80%까지 해주던 임대
사업자 대출한도도 40%로 줄였다. 2017년 12월 다주택보유자들에

게 일종의 출구전략으로 임대사업자 등록자에 대한 세금감면을 확대해준 지 불과 8개월 만에 정부의 태도가 바뀐 것이다.

주택임대사업자는 LH, SH 등 공공기관을 통해 임대아파트를 공급하는 공공방식과 달리 민간 주택소유자에게 혜택을 주는 대신 의무보유기간과 임대료 인상제한을 걸어 공공에서 충분히 제공해주지 못하는 서민 주거공간을 민간에서 제공할 수 있도록 하는 제도다.

임대사업자는 상가나 업무용 오피스텔이 임대대상인 일반임대사업자와 임대대상이 주택인 주택임대사업자로 구분된다. 주택임대사업자는 건설임대주택(300세대 이상)이나 매입임대주택(100세대 이상)을 8년 이상 의무 보유해야 하는 기업형 임대사업자와 준공공 임대주택(8년 이상), 단기 임대주택(4년 이상)의 일반형 임대사업자로 구분할 수 있다.

우리는 주택임대사업자의 일반형 임대사업자 이야기를 하고 있다. 2018년 7월 17일부터 단기임대주택은 단기민간임대주택으로, 준공공 임대주택은 장기일반민간임대주택으로 용어가 변경되었는데 편의상 '단기임대, 장기임대'라는 용어를 사용하겠다.

주택임대사업자 등록을 하면 어떤 혜택이 있을까?

주택임대사업자 등록을 하면 재산세, 임대소득세, 종합부동산세, 양도소득세 등 다양한 세제혜택이 주어진다. 2018년까지 신규 공동주택과 주거용 오피스텔을 등록하면 취득세 감면 혜택도 주어진다. 특히 많은 다주택자가 임대주택 등록에 관심을 가질 수밖에 없는 부분이 2019년부터 강화될 임대소득세와 종합부동산세에 대한 혜택 때문이다.

2019년부터 연 임대소득 2천만 원 이하 소액 임대소득 과세가 본격 시행된다. 임대사업자 등록 여부에 따라 필요경비율(등록 70%, 미등록 50%)과 공제금액(등록 400만 원, 미등록 200만 원)이 차이가 발생하고, 전용 85m², 공시가격 6억 원 이하 주택은 단기임대 30%, 장기임대 75% 감면 혜택도 주어진다.

고가 다주택보유자들을 무겁게 누를 것으로 예상되는 종합부동산세 역시 임대사업자 등록에 따라 무게가 달라진다. 정부에서 발표한 종합부동산세 인상안에 따르면 2019년부터 공정시장가액비율이 현행 80%에서 85%로, 2022년에는 100%로 오른다. 과세표준 6억 원 초과분에 적용하는 세율은 구간별과 3주택 및 조정대상지역 2주택에 따라 0.1~1.2%p가 더 오른다.

▼ 등록 임대주택에 대한 주요 세제 혜택

구분	대상	단기임대	장기임대
재산세	전용 85m² 이하 2가구 이상	전용 60m² 이하 50% 60~85m² 25% 감면	전용 60m² 이하 75% 60~85m² 50% 감면
임대소득세	제한 없음	필요경비율 70%(미등록 50%) 공제금액 400만 원(미등록 200만 원)	
	전용 85m² 공시가격 6억 원 이하	30% 감면	75% 감면
종합부동산세	공시가격 6억 원 이하	없음	합산배제 보유 주택 수 제외
양도소득세	제한 없음	없음	장기보유특별공제 70% 중과 배제

여기에 공시가격 6억 원 이하 장기임대의 경우 종합부동산세는 합산배제와 보유 주택 수 제외가 되고, 양도소득세는 장기보유특별공제 70%와 중과 배제가 된다. 이 정도 혜택이면 등록을 안 하는 것이 이상할 정도다.

이런 혜택들 때문에 종합부동산세와 양도세를 피하기 위해 많은 이들이 임대사업자 등록을 하거나 사업자대출로 다시 투자하는 부작용이 발생했다. 이에 정부가 2018년 9·13 부동산 대책에서 조정대상지역 신규 취득 임대주택에 대해 양도세를 중과하고 종합부동산세를 과세하며, 현행 전용면적 85m² 이하 주택이어도 공시가격 수도권 6억 원(비수도권 3억 원) 이하 주택에 한해서만 양도세 감면혜택을 적용하고, 최대 80%까지 해주던 사업자대출을 40%까지 줄인 것이다.

임대사업자 등록을 하는 것이 좋을까?

재산세, 임대소득세, 종합부동산세, 양도소득세까지 혜택을 주는데 아직도 등록하지 않은 사람들이 더 많다는 것은 이런 혜택보다 더 큰 부담이 되는 부분이 있다는 것이다. 정부가 다주택보유자들이 예뻐서 이렇게 혜택을 줄 리는 만무하다. 정부가 이렇게 많은 혜택을 주면서까지 임대사업자 등록을 권장하는 이유는 임대사업자 등록으로 투명 과세를 실현하는 동시에 서민 주거안정에도 큰 도움이 되기 때문이다.

아직도 많은 다주택자가 임대사업자 등록을 하지 않은 가장 큰 이유는 소득 노출을 꺼리기 때문이다. 지금 당장이야 다양한 세제 혜택을 주지만 한번 등록해 임대소득이 노출된 후 혜택을 없애거나 줄여버리면 '결국 정부만 좋은 일 시켜주는 것 아닌가' 하는 걱정을 하는 이들이 많다. 물론 소득이 있는 곳에 과세가 뒤따르는 투명 과세는 당연하지만 그래도 고민이 되는 것은 사실이다. 세금을 내고 싶은 사람은 없으니까 말이다.

임대사업자를 등록해 임대주택이 되면 의무보유기간이 적용되어 단기임대는 4년, 장기임대는 8년 동안 팔면 안 된다. 만약 의무보유기간을 어기고 팔아버리면 집 한 채당 최대 1천만 원 이하 과태료뿐만 아니라 그동안 받은 세제혜택을 모두 토해내야 한다. 더군다나 의무보유기간에는 연간 임대료를 5% 이상 올리지 못한다.

집주인으로서는 8년 동안 임대료도 마음대로 올리지 못하는 불편함이 있지만 세입자로서는 8년 동안 집주인이 집을 팔지도 못하고 임대료도 많이 올리지 못하니 마음 편하게 잘 살 수 있고, 이것이 바로 서민 주거안정에 도움이 되는 것이다. 어떻게 보면 정부가 해야 할 서민 주거안정을 민간이 해주는데 이 정도 혜택을 주는 것은 당연하다고 할 수도 있다.

임대사업자 등록을 하는 것이 유리할지는 개인마다 보유 주택 수와 공시가격에 따라 차이가 있어서 계산해본 다음 판단해야 한다. 예를 들어 서울 시세 15억 원(공시가격 12억 원 정도)에 거주하면서 전용 84m² 8억 원(공시가격 5억 9천만 원) 집을 구입해서 임대를 준 후 10년이 지나 양도차익이 3억 원 발생했을 때 임대주택 등록을 했을 경우와 하지 않았을 경우의 양도소득세는 얼마 정도 차이가 있을까?

임대주택을 등록하지 않으면 조정대상지역 2주택으로 장기보유특별공제를 받지 못하고 중과 10%p를 적용받아 양도세를 1억 3,500만 원 정도 내야 한다. 장기임대등록 후 8년이 지나 양도하면 장기보유 특별공제 50%와 중과 배제가 되어 양도세는 4천만 원 정도로 줄어들고, 10년 후 양도하면 장기보유특별공제는 70%까지 올라가 양도세를 1,700만 원 정도만 내면 된다. 또 2018년까지 전용 85m² 이하, 공시가격 6억 원 이하 주택을 장기임대 등록해 10년 보유하면 양도세 감면 혜택도 받을 수 있다.

주택 수와 등록대상 요건(전용 85m², 공시가격 6억 원 이하)에 따라 양도소득세, 종합부동산세와 임대소득세의 혜택 편차가 큰 만큼 혼자 대충 계산하지 말고 비용이 좀 발생하더라도 세무사를 찾아가서 정확한 세금 시뮬레이션을 받아보는 것이 좋다. 시뮬레이션 결과를 보고 혜택이 클 것으로 예상되면 당연히 장기임대를 등록하면 된다.

9·13 부동산 대책으로 임대사업자 대출 축소, 조정대상지역 양도세 중과, 종합부동산세 과세, 양도세 감면 가액기준 적용 등 규제를 강화했다. 하지만 여전히 혜택이 존재하는 만큼 장기보유가치가 있는 주택이라면 임대사업자 등록을 해볼 만하다.

국내 최고 재테크 전문가들의 명쾌한 투자 해답
2019 재테크 대전망

서기수, 곽문경, 백영, 신진혜, 이재국, 전래훈, 최병문 지음 | 값 17,000원

저성장시대와 불황의 시대를 맞아 누구에게나 소중하고 특별한 '돈' 이다. 때문에 숨 쉬 듯이 경제와 재테크에 관심을 가져야 할 때다. 최근의 글로벌 경제 상황 및 우리 경제가 결 코 녹록지 않은 투자 환경이기에 경제·부동산·국내주식·해외주식·금융상품·세무 등 각 재테크 분야의 최고 전문가 7명이 신중에 신중을 거듭해 의견을 내놓았다. 2019년 재테크 핵심 전략과 투자의 방향성을 잡는 데 실질적인 도움을 주면서 경제 전체를 보는 통찰력 도 키워줄 것이다.

한 권으로 끝내는 대한민국 경제 특강
곽수종 박사의 대한민국 경제 대전망

곽수종 지음 | 값 17,000원

삼성경제연구소 수석연구원을 거쳐 한국 조지 메이슨 대학교 경제학과 교수로 재직 중인 곽수종 박사는 한국 경제의 지속 가능한 성장을 위해 새로운 글로벌 패러다임의 변화를 읽어내고 전략적으로 국가의 이해관계를 극대화해야 한다고 말한다. 한국 경제 성장의 주 요 변수는 원자재 가격 및 국제 금리를 포함한 환율의 변동성, 미국과 중국 등 주요 수출 시장 경제의 경제상황의 안정성 등을 꼽을 수 있다. 이 책을 통해 한국 경제를 넘어 글로벌 경제 전체를 바라보는 폭넓은 시야와 통찰력을 가질 수 있을 것이다.

금리인상기에 현명한 투자자가 되는 방법
금리는 주식시장의 미래를 알고 있다

정웅지 지음 | 값 15,000원

주식시장에 있어 금리의 중요성과 영향력을 설명하고, 개인들이 주식투자를 할 때 쉽게 따 라 할 수 있는 금리활용법을 소개하는 책이다. 금융시장의 일반적인 지식들로부터, 투자의 기준인 금리에 대한 이해를 지나, 실제 주식투자의 연결고리까지 일련의 내용을 이어가기 위해 노력을 기울였다. 투자하는 데 있어 정답은 없지만, 옳은 방향은 존재한다. 우리는 모 두 옳은 방향으로 가기 위해 노력해야 한다는 공통분모를 갖고 있다. 이 책을 통해 옳은 방 향의 투자를 어떻게 실천할 것인지 깨달을 수 있을 것이다.

모든 경제는 환율로 시작해 환율로 끝난다
경제의 99%는 환율이다

백석현 지음 | 값 15,000원

환율을 보면 글로벌 경제와 금융시장 흐름을 알 수 있고 환율에는 한 국가의 총체적 경제 력이 투영된다. 때문에 '모든 경제는 환율로 시작해 환율로 끝난다' 라는 표현이 있다. 환율의 모든 것을 알려주는 나침반 역할을 하는 이 책은 한국인에게 가장 적합한 환율 교 양서라고 해도 과언이 아니다. 이 책은 이론적 지식을 토대로 저자가 직접 외환시장에서 경험한 실무 노하우를 곁들여, 쉬우면서도 실감나게 환율과 외환시장의 진면목을 보여준 다. 이 책 한 권이면 환율 완전정복은 충분하다.

돈을 지배하는 경제의 핵심원리

경제는 돈의 흐름을 알고 있다

김종선 지음 | 값 18,000원

경제를 보는 시야를 한층 틔워주는 경제 교양서다. 나아가 경제를 통해 소중한 자산을 어떻게 관리할지를 알려주는 자산관리 지침서이기도 하다. 이 책을 통해 복잡다단한 경제의 운동원리를 이해하고, 이를 이용해 자신의 자산관리 수준을 끌어올릴 수 있을 것이다. 우리가 흔히 경제라고 알고 있는 경제성장, 고용, 또 금리 등이 모두 이 비즈니스 사이클에 맞추어 움직인다. 이 책을 통해 비즈니스 사이클을 읽어낼 수 있다면, 그동안 내 편이 되어주지 않았던 경제를 내 편으로 끌어들일 수 있을 것이다.

금융이란 무엇이며 어떤 것인가

보통 사람을 위한 금융 공부

대니얼 코나한, 댄 스미스 지음 | 값 19,800원

돈이 곧 힘이며 권력인 시대, 하지만 우리는 금융에 대해 너무나도 모르고 있다. 금융은 도대체 무엇이고 어떤 역할을 할까? 금융 세계는 과연 어떤 곳일까? 이 책은 소소하지만 중요한 개인의 재무관리에서부터 세계금융의 거대한 흐름까지 인간의 중대 관심사인 금융의 핵심을 명쾌하게 알려준다. 이 책은 재미있는 교과서의 방식에 아주 충실하게 작성되어져 있다. 기초부터 점점 깊이 있는 이야기까지, 부담감 없이 금융의 역사와 속성을 쉽게 이해할 수 있을 것이다.

위험한 미래에서 어떻게 살아남을 것인가

트럼프발 경제위기가 시작됐다

정인호 지음 | 값 17,000원

트럼프의 정책이 세계경제를 뒤흔들고 있다. 그의 정책을 정확하게 파악해야 코앞까지 다가온 세계경제 위기를 정확하게 예측할 수 있다. 저자는 트럼프가 미국 대통령이 되고 나서 나타난 '트럼프 현상'을 객관적으로 보여주기 위해 이 책을 저술했다. 이 책을 통해 트럼프의 정책뿐만 아니라 미국, EU, 일본, 중국, 한국의 경제까지 살펴볼 수 있다. 트럼프발 세계경제 위기는 이미 진행되고 있어, 우리가 피할 길은 없다. 이 책을 통해 경제위기를 통찰하고 현명하게 대응하는 법을 얻을 수 있을 것이다.

금리상승기, 곧 다가올 위기를 대비하라

경제흐름을 꿰뚫어보는 금리의 미래

박상현 지음 | 값 16,000원

이 책은 투자자들에게 가장 민감한 금리의 흐름과 금리가 미칠 영향을 면밀히 분석·진단하고 있다. 저자는 이코노미스트로 지난 10년간 금융시장 현장의 체험과 집필한 리포트를 활용해 투자자들과 일반 독자에게 향후 금융시장, 금리 변화를 이해하고 리스크를 관리하는 데 도움을 주기 위해 이 책을 썼다. 저자는 이 책에서 저금리 시대의 잠재 리스크를 점검하고 금리상승기의 투자전략을 모색하고 있다. 이 책으로 과거의 저금리 시대를 정리해보고, 미래의 금리를 전망해볼 수 있을 것이다.

■ 독자 여러분의 소중한 원고를 기다립니다

메이트북스는 독자 여러분의 소중한 원고를 기다리고 있습니다. 집필을 끝냈거나 혹은 집필중인 원고가 있으신 분은 khg0109@hanmail.net으로 원고의 간단한 기획의도와 개요, 연락처 등과 함께 보내주시면 최대한 빨리 검토한 후에 연락드리겠습니다. 머뭇거리지 마시고 언제라도 메이트북스의 문을 두드리시면 반갑게 맞이하겠습니다.

■ 메이트북스 SNS는 보물창고입니다

메이트북스 홈페이지 www.matebooks.co.kr

책에 대한 칼럼 및 신간정보, 베스트셀러 및 스테디셀러 정보뿐만 아니라 저자의 인터뷰 및 책 소개 동영상을 보실 수 있습니다.

메이트북스 유튜브 bit.ly/2qXrcUb

활발하게 업로드되는 저자의 인터뷰, 책 소개 동영상을 통해 책에서는 접할 수 없었던 입체적인 정보들을 경험하실 수 있습니다.

메이트북스 블로그 blog.naver.com/1n1media

1분 전문가 칼럼, 화제의 책, 화제의 동영상 등 독자 여러분을 위해 다양한 콘텐츠들을 매일 올리고 있습니다.

메이트북스 네이버 포스트 post.naver.com/1n1media

도서 내용을 재구성해 만든 블로그형, 카드뉴스형 포스트를 통해 유익하고 통찰력 있는 정보들을 경험하실 수 있습니다.

메이트북스 인스타그램 instagram.com/matebooks2

신간정보와 책 내용을 재구성한 카드뉴스, 동영상이 가득합니다. 각종 도서 이벤트들을 진행하니 많은 참여 바랍니다.

메이트북스 페이스북 facebook.com/matebooks

신간정보와 책 내용을 재구성한 카드뉴스, 동영상이 가득합니다. 팔로우를 하시면 편하게 글들을 받으실 수 있습니다.

STEP 1. 네이버 검색창 옆의 카메라 모양 아이콘을 누르세요.　STEP 2. 스마트렌즈를 통해 각 QR코드를 스캔하시면 됩니다.
STEP 3. 팝업창을 누르시면 메이트북스의 SNS가 나옵니다.